图书出版必备

张芬之　周杨◎编著

中国书籍出版社
China Book Press

图书在版编目（CIP）数据

图书出版必备 / 张芬之，周杨编著. — 北京：
中国书籍出版社，2017.8
ISBN 978-7-5068-6396-4

Ⅰ.①图… Ⅱ.①张… ②周… Ⅲ.①图书出版—基
本知识 Ⅳ.①G23

中国版本图书馆CIP数据核字（2017）第202182号

图书出版必备

张芬之　周杨　编著

责任编辑　宋　然
责任印制　孙马飞　马　芝
封面设计　尚刘阳
出版发行　中国书籍出版社
地　　址　北京市丰台区三路居路 97 号（邮编：100073）
电　　话　（010）52257143（总编室）　（010）52257140（发行部）
电子邮箱　eo@chinabp.com.cn
经　　销　全国新华书店
印　　刷　北京盛通印刷股份有限公司
开　　本　690 毫米 ×980 毫米　1/16
字　　数　282 千字
印　　张　18.5
版　　次　2018 年 3 月第 1 版　2018 年 3 月第 1 次印刷
书　　号　ISBN 978-7-5068-6396-4
定　　价　49.00 元

序　言

优质图书和优秀编辑从哪里来?

摆在读者面前的这本书，名为《图书出版必备》，乍听起来似乎觉得“必备”二字，有点夸大其词，但当你认真读完全书，一定会觉得它货真价实，名副其实。

当今市场，有关图书出版之类的书籍并不多，有的也颇有阅读和指导价值。此次面世的《图书出版必备》一书，别开生面，与众不同，有其独特的编辑构想和鲜明的实用价值，值得从事图书出版工作的同仁必备阅读。

从事图书出版工作的同志都知道，编辑出版一本书并不难，但要出版一本导向正确、文字生动、无错别字、标点符号及语法修辞无误且装帧设计精美、真正符合社会需求的精品佳作，谈何容易?!

众所周知，一本好书、新书乃至精品图书的出版，作为著作权人的作者，其综合素养、文字功力高低固然重要，但作为图书出版的“助产士”和专为他人做嫁衣的图书编辑，同样如空气、阳光一样不可或缺，有时甚至能起到“锦上添花”和“推波助澜”的关键作用。《图书出版必备》一书，本着出好书、出精品和培养优秀图书编辑的宗旨和愿望，紧紧围绕我国图书出版的方针政策与法律法规，紧密结合图书出版整个系统工程的具体实践，运用在日常编辑书稿过程中发现并予以改正的海量资料和典型案例，力求理论与实践相结合，从图书“三审三校”的全过程，从图书编辑的培训与成长上，进行一次全景式、全方位的展示与论述，相信对坚持社会主义先进文化的正确方向，对培养合格的图书出版人，对提高图书出版的整体质量，以获取良好的“双效益”和可持续发展的潜力与后劲，有着现实的指导和借鉴作用。

为了充分展示该书“必备”的功能，我们特意约请国家新闻出版总署的老领导和我国出版界的专家、学者，为本书撰写专论，他们深沉细致的理论思考，丰厚睿智的实践经验，将会给读者以深刻的启迪。与此同时，我们将国家有关图书出版工作的重要法律、法规，作为附件刊录于后，可供图书出版工作者和广大读者随时学习遵循。

你想成为一名合格而优秀的图书编辑吗？你想使自己的出版企业在激烈的市场竞争中，勇立潮头，扬帆远航，永远立于不败之地，永远“风景这边独好”吗？那就请你读读《图书出版必备》吧！是为序。

张芬之

2017 年 8 月 16 日

目　录

第一编 编校短论集萃

这里精心选编的二十二篇编校短论，长则三四百字，短则一二百字，以深入浅出的语言，画龙点睛的笔法，从宏观到微观，从外延到内涵，从理论到实践，围绕图书出版整个系统工程和各个环节，做了简明扼要的阐述，值得从事图书出版工作的领导者和实践者参阅。

1. 图书出版是思想文化战线的一个重要组成部分，是社会主义先进文化的引领者、创造者，亦是为人民群众生产精神食粮的一项系统工程，务必遵章守纪、依法依规、胸怀大局、心系人民、如履薄冰、辛勤耕耘。

2. 多出书、快出书、出好书，是图书出版工作的永恒主题。但多出不等于滥出，要讲究质量，精益求精。快出不等于仓促，要一丝不苟，不能“萝卜快了不洗泥”。出好书，出“双效益”的书，是出版工作者的神圣职责，亦是永远立于不败之地的根本所在。

3. 图书市场竞争残酷，你死我活。要搞好市场调研，抓好选题策划，避免“隔靴搔痒”和“隔山打牛”；要坚持“内容为王，质量至上”，这是适应市场法则，立于不败之地，保持可持续发展的“宝典”“真经”。

4. 出好书、出精品，是图书出版安身立命之责任、之所在，也应是咬定青山、一以贯之的不懈追求。为此，负责图书选题策划、约稿、组稿和编审书稿的相关同志，必须注意两点：一是把好策划和组稿关，对作者不只看“名气”，看“粉丝”量，看网络点击率，更要看立场，看学养，看思想政治倾向。二是把好书稿内容关，政治倾向性不好，出版导向不对头，通篇充满负能量，就要像打“老虎”和拍“苍蝇”一样，决不手软，“一票否决”。

5. 当前，书业市场形势严峻，整个图书出版业销售流转额呈下滑趋势，究其原因有三：低层次重复出版多，总“吃别人嚼过的馍”，读者感到乏味；缺少周密的市场调研，适销对路、“投其所好”的产品少；创新意识不强，带着“露珠”的“鲜花”和“吸人眼球”的、原创的、高质量的图书少。置身于阳光与风雨同在的书业市场，要做到“风景这边独好”，没有什么灵丹妙药，也没有什么捷径可走，只有老老实实地加强市场调研，真真切切地摸准市场“脉搏”，头脑清醒且周密细致地加大图书选题筛选力度，强化市场意识和精品意识，才能取得“双效益”，柳暗花明又一村。

6. 出版无小事，质量无止境。成功与失败，鲜花与笑容，永远属于不畏辛劳、遵章守纪、穷尽智慧、锐意创新的人们；失误与错漏，受罚与痛苦，永远与不负责任、不守规矩、甘于平庸、不求上进的人如影随形，这是图书出版的辩证法。

7. 俗话说，事在人为。又说，无限风光在险峰。做图书出版工作，也要有这种眼光、这种胸怀、这种担当。只有敬业精业、瞄准目标，咬定青山、不懈追求，才能多出书、出好书，构建图书精品群落，实现出版家的绚丽梦想，为建设宏大的社会主义先进文化大厦添砖加瓦。

8. 图书出版的政治性、政策性很强，属于酿造精神食粮的“特殊行业”，也是政治上的“敏感地带”。务必胸怀大局，把关守土，来不得半点麻痹与懈怠。图书市场风云变幻，竞争激烈，胜败在产品，优劣看原创。必须加强选题策划，追求原创，力推新品、精品，才能高人一筹，抢占先机，赢得更多的市场份额，获得可持续发展的潜能与后劲。

9. 为少年儿童编辑出版课外读物，意义深远，责任重大。这是为祖国培育“花朵”和后备军，是关乎民族兴旺、千秋伟业的大事，必须严谨细致，精益求精，恪尽职守，准确无误。否则，将谬误流传，误人子弟，后患无穷。

10. 图书审读是出版工作的一个重要环节，是确保“万无一失”的最后一道防线，要组建队伍，明确责任，加强培训，提高素养，使之真正具有“火眼金睛”和“沙里淘金”的硬功夫。否则，一本书编校不合格，甚至政治上“触雷”“踩线”，势必“一粒老鼠屎，坏了一锅汤”。

11. 出好书、出精品、出“双效益”图书，一个重要的关节点，是图书选题策划，是书稿创作者综合素质的优劣。实践一再证明，图书出版如同农民种庄稼，一要紧跟“时令”，适时“播种”；二要紧贴地气，优选“良种”；三要精业敬业，辛勤耕耘。那些有思想、有品位、有专业水准的作家，不只是出手快，书稿质量高，而且正能量突出，市场销售前景广阔，可望获得“好收成”。反之，不仅书稿思想消极，质量平庸，而且编校差错居高不下，有的甚至存在严重的政治性错误，可谓“地雷”多多，险象环生！因此，搞好图书出版，要特别注重在策划选题和挑选作者上花心血，下功夫。

12. 图书出版贵在创新。不要一味地跟风炒作，图省事，炒“剩饭”，这与出新品、出精品、出“双效益”图书格格不入。当前，图书市场竞争激烈，优胜劣汰，这更彰显出志在一流、追求创新的紧迫性与重要性。临近年终岁尾，“运筹帷幄、未雨绸缪”尤其显得珍贵和重要。

13. 习近平总书记在文艺座谈会上一针见血地指出，当前文化市场，有“高原”，缺“高峰”，低级、平庸的“文化快餐”很多。我们对此要有清醒的认识，要有自觉的责任担当。作为一家出版企业，出一百种、一万种好书，是职责使然，不能有丝毫的松懈与自满。但要出了一本坏书，就是失职，就会给国家和企业带来不可估量的损失。所以，做出版，不是玩出版，出好书，不是喊口号，要认清责任，甘当苦力，一以贯之，追求精品。

14. “无错不成书”，是读者对图书出版的一贯嘲讽，应看作是出版人的一种失职与耻辱，绝不能当作“耳边风”，习以为常，漫不经心。消灭图书编校差错，确保内容“万无一失”，既是出版工作者的神圣使命，也是经过努力完全可以做到的。这里的关键在队伍，在编校人员的素质高低。只要敬业精业，忠诚勤勉，依规办事，严防死守，“无错不成书”的顽疾必将连根拔除，图书出版的面貌也将一改旧颜，焕然一新。

15. 图书出版的“双效益”，即政治效益和经济效益，在一定的意义上说，决定着一家出版企业的生死存亡。那么，“双效益”来自何方？一言以蔽之：“上天入地。”“上天”，即紧跟党中央，在政治上、思想上与党中央保持高度一致；“入地”，即贴近“地气”，贴近市场，贴近读者的需求。因此，做图书出版工作，首先要向党中央看齐，向老百姓看齐，顺应天时地利，唱好“春夏秋冬”四季歌，按时令、政令适时“播种”；其次要强化图书选题策划，精心挑选“优良品种”，剔除“歪瓜裂枣”；再就是志存高远，追求创新出彩，多出富有时代精神、讲好中国故事的精品力作。

16. 图书出版要获取“双效益”，拥有可持续发展的坚实后劲，必须坚持两个基本点：一是加强图书选题策划，切实摸准市场的“脉搏”，多出、快出紧跟中央、紧贴地气的适销对路产品；二是适当压缩数量，锐意追求原创和创新，在坚持“数量适中、质量至上”的原则下，下决心、下大力构建图书精品群落，真正做到：以一胜十，以十当百，充分发挥和挖掘畅销书和超级畅销书的市场效益。

17. 从近阶段的书稿审读来看，主要存在两个明显的缺陷：一是选题策划不够精当，一般化的书稿多，令人眼睛发亮、具有畅销书潜质的书稿少；再就是引进版图书多了些，而真正品位高、文字美，可读性、实用性强，符合我国图书市场需求的产品少。这样的结果往往造成：出书品种、数量不少，但销售不畅，图书流转额上不去，回款率低，利润空间在萎缩，这种状况应当引起高度重视。

18. 俗话说，志存高远，事在人为。当前，图书市场竞争激烈，图书销售疲软，出版发行利润在萎缩，这是不争的事实。但是，我国偌大的图书市场需求仍然潜力巨大，党中央提倡建设学习型企业，号召用书香点亮中国梦，为我国图书出版发行创造了难得的机遇。只要认清形势，埋头苦干，抓住机遇，乘势而上，就可以创造佳绩，重铸辉煌。

19. 图书封面，好比人的面孔，“五官端正”“眉清目秀”为上品，也是读者最先看到和接触的“部位”，理当格外重视，追求最好。

图书封面设计和文字简介，大气、庄重、简洁、新颖，才有“视觉冲击力”，方能吸引读者“眼球”，带来可观的“双效益”。为此，每一本书的图书编辑和装帧设计人员，要像对待自己的着装和容貌一样，精心设计，精心施工，精心“打扮”，使其做到“淡妆浓抹总相宜”，时尚时髦，适销对路，下得了“厨房”，也上得了“厅堂”。

20. 图书出版的一个重要任务，是传播知识、弘扬正气、凝聚人心、释放正能量。要做到这一点，加强图书选题策划，把好书稿的内容关、质量关，至关重要。近来，国家新闻出版广电总局发文，对三家出版社和三家期刊做出停业整顿的行政处罚，究其原因就是对出版物质量把关不严，出现了低级庸俗描写，甚至渲染暴力、色情等等。这是一次严重的红色预警，出版人理应吸取教训，警钟长鸣。

21. 有一句流行语，叫：细节决定成败。此话对于图书出版来说也具有一定的指导意义。

何谓细节，应当指的是“细枝末节”，乃一件事物的细微处。看起来不起眼，不那么重要，但要把一件事情干成功，做完美，不讲究细节、不追求细节不行。有时甚至由于细节上的失误，造成了全局的失败，可见细节之重要。

我们做图书出版工作，也有诸多细节，比如：书稿审读中不只是要把好政治关、文字关，还要力求“万无一失”，连一个标点符号也不能错，标点符号与书稿的主题思想相比就是细节。再如：图书封面和腰封的设计，包括作者及作品简介等等，也属于图书出版整个流程中的一个个细节。学习和发扬工匠精神，认认真真地做好了，就会给图书增光添彩，增强视觉冲击力，有利于宣传与营销。不注重细节，思想上麻痹大意，做起来马马虎虎，将会产生许多错漏，其结果，不只是遗憾，还会损害出版社的声誉。按这个标准来衡量我们的一些图书封面，确有一些细节做得不讲究，不完美。一是有错别字，二是文字语法不通，三是字号使用欠规范，四是封面文字不精练。诚望相关部门、相关同志引起注意，让我们共同在细节上下功夫，把每一本书都打理得漂漂亮亮，像“新娘”出嫁一样端庄靓丽。

22. 邓小平同志说过，科学技术是第一生产力。在一定的意义上说，就图书出版而言，书稿的著作者也是第一生产力。因为，决定一本图书的质量高低，主要是思想内容和语言文字优劣，作为产品经理和责任编辑、审读编辑，当然有一定的关系和责任，但起主导和基础作用的还是书稿的创作者，这是毫无疑义的。

实践一再证明，凡是策划出版过的优质书、畅销书，包括动辄发行几十万册的超级畅销书，无一不是出自名家、大家或崭露头角的新人之手。而一些经过责编和终审不能通过的书稿，基本上都出在思想素质和写作能力较差的著作者身上。这些被枪毙的书稿不仅浪费了我们的大量时间和精力，造成了无效劳动，而且有的还白白葬送了我们的物力和财力，还有的甚至给我们带来了名誉上的重大损害。这就有必要提醒策划部门的负责人和产品经理，在以后的组稿、约稿工作中，务必在筛选作者上下功夫。中国有句俗话，水涨船高。就是说，只有作者的思想理论水平深厚，文字能力强，图书出版的这艘“大船”才能扬起风帆，凯歌高奏，获得良好的“双效益”。

注：上述短论，系本书编著者之一张芬之撰写，有的已在相关报刊和内部刊物发表。

第二编

百字书评赏析

编辑完二十万字或三十万字的一本书稿，能以一二百字的篇幅，简略、中肯、生动而又不失重点地写出一则合格的书评，并不容易。这里特意选编二十余则，作为示范，以飨读者。

1.**《毛泽东与尼克松——改变世界的一周》**，该书为纪实作品，属于重大选题，关注度较高。书稿讲述了20世纪70年代初中美两国从相互敌视到外交“握手”的前前后后的历史内幕。书稿文笔流畅，内容具体，对涉及的重要历史人物均做了较为客观的叙述与评价，融真实性与故事性于一体，具有较高的史料价值和阅读价值。

2.**《新文化苦旅》**，著名作家余秋雨基于“贴地”的“热能”，艰辛跋涉几万里，纵横“穿越”数千年，在经历、体验、感悟天地沧桑之后，站在俯仰古今人世间文明的角度，进行立体的文化反思并付诸笔端，因此，少了肤浅，多了厚重，带给我们的是油然而生的视觉快感，思想上的广泛而深刻的共鸣。细细品味作者笔下的文字，有一种苦涩后的回味，焦灼后的会心，冥思后的放松，苍老后的年轻，几许淡淡的忧伤潜藏于残景之后，使读者在那些文明辉煌、一片废墟面前，努力追忆人类古老文明的魅力所在，并为它的部分消失而痛惜！

3.**《累了，你就停一停》**，作者将“累了，你就停一停”作为全书所倡导的口号，用简短、亲切的文字，以作者在国内外的一些见闻和所思所悟为引线，鼓励人民越是身处快节奏的社会，越要勇敢打破固有的习惯和思维模式，拥有走出去的勇气，发现内心真实的自己，从而平静、淡定地面对生活，找到最适合自己的位置。

4.《**不要吵醒青春的悲伤**》，一部游记体散文作品，作者以流畅的语言与细腻的情感，描述了自己在印度旅行的心路历程。书稿语言精练，文从字顺，字里行间流露出作者对印度的好感，也毫不隐晦地描述了旅行过程中遇到的一些尴尬场面。通篇虽然没有跌宕起伏的情节，但融会贯通的真情实感和真实生动的场景，使人读起来饶有兴味。

5.《**毛泽东评述中国历代帝王**》，记述了一代伟人毛泽东对中国历代帝王的评价，对于我们阅读“二十四史”和其他古典书籍、看待帝王的功过是非、看待历史和历史事件，都有很好的借鉴意义，还可以开阔眼界，增长见识。今年（2013 年）正值毛泽东诞辰 120 周年，会有一定市场卖点。

6.《**写给柏林的 54 封情书**》，以拟人化的诗性语言，从散文游记的角度，叙写在柏林的所见所闻所思，叩问生命的悲欢离合，历史与现实交织，思考与联想交融，还有对于美的无尽追求。在一篇篇优美的散文之中，文学的魅力、文字的技巧、诗情的抒发尽显令人快慰的雅趣，散发着魅人的异彩，让人们将美感带入日常生活，使该书拥有较好的赏读性。

7.《**中国梦学习读本**》，紧跟中央，立意高远，洋溢着对中华民族灿烂历史、伟大成就的高度自信，具有很好的鼓舞人心的励志作用。此外，书中对中国现实社会存在的各种棘手问题、困难和矛盾，有着比较清醒的深刻剖析，有一定的学习、参考、研究价值。

8.《**成功的开头很简单**》，以深入浅出和通俗易懂的简洁笔法，记述了伽利略、达芬·奇、爱因斯坦、巴斯德、莱特兄弟、爱迪生等世界著名科学家、发明家的故事，告诉人们“成功的开头很简单”，只要有好奇心，并努力钻研，就有可能获得成功。该书图文并茂，形象生动，对培养青少年的科学兴趣很有意义。

9.《**你的形象价值百万**》，是一部职场指导类再版书。也是作者 14 年在海外寻求创业成功和 7 年从事形象设计工作的经验总结。该书结合案例讲道理，总结出从内到外的 7 种提高形象的方法，值得借鉴。书稿语言表述准确，生动流畅，章节题目富有特色，能引起读者的注意和思考。

10.《**飞行者——特级飞行员手记**》，是一部记叙、描绘我军空军飞行员训练、生活和情感经历的散文集。作者以自己的亲身经历，用白描的手法，刻画了我军飞行员崇高的思想境界——对祖国、对人民、对航空事业的热爱，和人民解放军一往无前的革命精神和光荣传统；书中还记叙了作者在国外军事学院求学期间与其他国家飞行员所结下的深厚友谊，是一部弘扬主旋律的优秀作品。

11.《**快乐职场礼仪**》，系日文翻译书籍，分为礼宾礼仪、仪式礼仪、社交礼仪、餐饮礼仪、服饰礼仪等专题板块。全书以生动活泼的漫画、浅显易懂的语言，从问候寒暄开始，到与客户、主管对话中的遣词用字以及电话交流中的应对进退、处理投诉等各个方面，解说职场礼仪的诸多诀窍。其主要特色是集规范性、知识性、技巧性于一体，可供企事业单位或公司职员在各种礼仪场合参考使用。

12.《**留守儿童日记**》，书稿取材独特，文字质朴，感情真挚，以日记的形式记录了留守儿童天真无邪而又感人至深的生活场景，并配有部分孩子劳作时的插图。从他们一篇篇青涩真切的日记中读者可以看到，留守儿童虽有对贫困和孤独的情景描述，但更多的还是表现出天真快乐、乐观向上、阳光灿烂的积极心态，使人能触摸到留守儿童特殊生活的真实画面。

13.《**职场进化手册**》，文字流畅，真实生动，人物刻画细腻，幽默风趣，切合当今时代很多企业单位的工作实际，是一部真正让人受益的好书，不少职场读者可能会感兴趣。

14.《**八月炮火**》，书稿依据大量翔实的史料，全景式地描述了一战之初特别是欧洲政治格局错综复杂的形势，展现出一批政界、军界人物在一战中的鲜明形象，是一部研究第一次世界大战的难得的史料性作品。

15.《**从写字楼到玉米地**》，书稿通过一个白领人士从大城市去偏远山村种地创业的过程，揭示人的精神追求，关注社会热点问题，给人以启迪，励志作用显著。该书稿文笔朴实，行文流畅，议论恰当，编校质量上乘。

16.《**心灵资本**》，角度独特，观点新颖，重视从"心灵智商"这样一个比较少见的角度观察、分析、处理问题，重视从心灵"深度自我"的开放、完善以及对客观世界的责任来定位"天人合一"的价值，具有较高的学术参考价值。

17.《**中国维和行动**》，作者以开阔的独特视野，饱含大国责任之心，以战地记者的身份，全方位地介绍了人民子弟兵代表中国人民、中国军队为维护世界和平所做出的极其艰苦、极其重要的贡献，读来令人感慨良多。本书告诉我们，当今世界并不安宁，战争的阴影依然笼罩在一些国家和地区，战争的灾难会使许多平民百姓流离失所，甚至在死亡线上煎熬。和平、安宁的国际环境，需要全世界的共同努力，消除分歧、远离战火、争取和平的道路依然任重道远。

18.《**想爱就爱**》，系爱情题材小说，具有时代特色，反映的是现实生活中青年女性的爱情倾向。作品叙述了当代两个年轻女性截然不同的爱情观，其中一个是典型的拜金主义者，在爱情上表现得非常主动，只要是富豪，就愿意嫁，不管年龄多大，不管结局如何；另一个是典型的传统主义者，在爱情上非常保守，生怕上当受骗。故事情节安排精妙，迂回曲折，可读性强；人物形象刻画得惟妙惟肖，结局令人颇感意外。

19.《**九天看透男人心**》，本书分九章，即“九天”，通过分析男人性格的不同侧面和男女婚前、婚后对生活的不同态度，教女人如何了解男人、看透男人，从而更好地与男人相处，更好地经营家庭与婚姻。作品文笔流畅，语言诙谐，观点鲜明而又客观。

20.《**官德**》，围绕权力、职守、人格等重要理论课题，有针对性地分析当前干部队伍存在的新问题、新矛盾，提出了加强官德建设的一些合理化建议。官德是社会风气的风向标，官德影响民德，影响社会风气，官德的高度决定社会的文明程度，官德水平决定一个政权的兴衰成败。做官先做人，从政德为先。加强官德修养，不仅是干部的立身之本，更是强国之基。在从严治党、提倡廉洁从政的今天，《官德》的出版是一件非常有意义的事情。

21.《**富兰克林·罗斯福自传**》，再现了罗斯福作为一位政治家的不凡人生。书稿选材得当，文字简练，言辞幽默，记述了罗斯福当选总统前后各个时期的重大历史事件。从书中能够看出他禀赋出众、个性鲜明、经历丰富，具有强烈的人格魅力。

22.《**读历史，你伤不起**》，内容涵盖广泛，活脱一幅千姿百态、活灵活现的历史众生图。作者从细处入手，以读书人的严谨态度、人性解读的独特视角、轻松幽默的笔触，去探寻那些给人内心带来“伤害”的人性之最，展现与众不同的文史风情。

23.《**言语如刀——别伤了孩子**》，全书以大量鲜活的事例，详尽介绍了父母在各种情况下与孩子说话的方法和技巧，形式与内容颇为新颖，文字清新，逻辑严密，方法可行，具有较强的针对性及实用性，是一本家庭常用、实用的教子必备书。

24.《**做标准的共产党员**》，是一部讲述共产党员责任、正气、人生、奉献和作为的专著，洋溢着对理想、信念的执着，充溢着奋斗、牺牲精神，彰显了共产党员应该具备的惩恶扬善、激浊扬清、勇于进取等高尚情操，是加强党员党性修养，坚持从严治党的一本好书。

第三编

书稿编审中发现并纠正的二十五种典型性差错

按照图书出版管理条例的规定，书稿要经过严格的“三审三校”编辑流程，方才有可能确保质量，“万无一失”。实践一再证明，坚持书稿的三审（初审、复审、终审）三校工作制度，是十分正确的，完全必要的，它符合图书编校出版的一般规律，是在长期的出版工作实践中积累和总结出来的宝贵经验，务必坚决遵循，认真执行。否则，就可能出差书、出坏书，后果不堪设想。

近六年来，笔者在书稿编审过程中，所读、所见、所改、所思，真可谓：“五花八门，险象环生，战战兢兢，如履薄冰。”有的书稿差错性质不同，程度不一；有的书稿差错率居高不下，表现各异；有的属于语法修辞、语言文字的推敲和质量问题；有的则涉嫌诋毁和攻击现实；还有的属于涉嫌“两国论”和民族、宗教或军事、外交等机密敏感问题。如果不认真加以识别、删节、修改，有的就等于是“定时炸弹”，一旦出版发行，势必给党和人民乃至所在单位带来不可估量的损失。

为了总结经验教训，为了深刻认识书稿必须坚持“三审三校”的重要性，我们特意将审读过的一千余种各类书稿，按照初审和复审笔记的原始记录，把发现并已经删改纠正过的二十五种较为典型的差错，按照合并同类项和轻重有别的原则，加以筛选、归纳和分类整理如下。

一、涉嫌攻击党和政府及现行法律、法规、政策

在书稿中涉嫌攻击党和政府及现行法律、法规、政策，虽然数量不多，但也时有发生，只是错误程度和语言表述不同而已。作为图书编辑，应有一双“火眼金睛”，要善于识别隐藏在字里行间的“地雷”和“毒素”，并恰到好处地“排除”和修改。

1.《中国真问题》书稿中，有这样一段话：一些专家学者说当前中国“富人一掷千金，穷人无立锥之地”，“问题的根子在特权”，认为“中央和地方关系要重构，财政关系也要重构”，提出“中国百姓何时才能安居乐业”的问题，又说“中国有‘小三’，是社会的一大进步”，等等。

点评：此书稿为广东某电视台访谈节目的结集稿，想问之于世，就要讲大局，讲政治，务必慎重。改革开放三十多年了，国家的面貌、人民的生活已发生翻天覆地的变化，尽管党内有腐败问题，也有一部分群众生活并不富裕，有的还比较困难，但也不能感情用事，以偏概全，把中国人笼统分为富人和穷人，并说“穷人无立锥之地”，甚至提出“百姓何时才能安居乐业”的疑问，这是对国人多数已实现“小康”这一社会现实的无视。至于说“中国有‘小三’，是社会的一大进步”，更是无稽之谈。

2.《看懂世界经济的第一本书》序言中说：“中国如果只要面子不要里子，难免哪一天动荡会从内部爆发，那就不好收拾了。”在另一些章节里说：“劳动密集型产业注定不能长久，底层劳动人民不会永远无动于衷，当人们的工资不能应付水涨船高的物价水平时，一场动乱不可避免。”又说：“中国援助非洲，竟成了花钱不讨好。”又说：“我们的国家富裕了，为什么我们还会衣食俱忧呢？”等等。

点评：不讲具体事实，并随意预言“动荡会从内部爆发”，让人觉得有点莫名其妙。按照一定的程序和恰当的方式方法，如实地指出党和政府工作中的

问题和不足，勇当诤友，是正当正常的，也是爱党爱国的一种表现，应予提倡。片面地说“中国只要面子不要里子”，事实何在？更不能妄说“劳动人民不会永远无动于衷”，“一场动乱不可避免”。至于说“援助非洲，是出力不讨好”，还有“国家富裕了，我们为什么还会衣食俱忧”，这种对现实的否定和责难，错在哪里？读者不言自明。

3.《**姑娘，欢迎降临这残酷世界**》书稿中，第69页有这样一段话：“中国女性不敢离婚的原因是因为在这个国度里，法律不保障女性的权利，社会规则又歧视女性。”第43页：“‘剩女恐慌症’的罪魁祸首是中国现阶段盛行的保守的来自中世纪的婚姻文化，还有无意保护女性的法律，反而在‘剩女恐慌症’上推波助澜。”第80页：“通常对于一夜情的已婚女士我只有一个建议，那就是一夜情是不足虑的，更值得焦虑的反而是你的日常生活。”第178页：“新婚姻法关你屁事，爱情不靠谱关你屁事……”

点评：说我国妇女不敢离婚，而且把原因归结为国家不保障妇女的权益和社会规则的歧视，这是完全违背法律事实和社会现实的。说“一夜情是不足虑的”“新婚姻法关你屁事”，等等，这些文字所表达的思想，有违公序良俗，充满负能量，不删节怎能出版？

4.《**你我皆凡人**》第100页：“这种‘慕容复型性格’，小到个人关系，大到国家外交，都常常有所体现。……在生活中，有的人只喜欢和比自己能力弱的人混，沉湎于这种‘众星捧月’的感觉，遇上能力强的人就处不好；在国际上，有的国家或是只善于拉拢收买大批弱国，比如慕容复对岛主、洞主们的‘折节下交’‘患难相助’，或是只会无底线地巴结、紧跟一个强国，比如慕容复对大理延庆太子的‘忍辱负重’‘卑躬屈膝’，始终难以构建一个正常、有序、良好的国际关系圈子，交不到对等的好朋友。”

点评：这段文字看起来好像是谈论“慕容复型性格”，无关痛痒和大局，但实际上细细品味，则是在含沙射影地诋毁国家的外交政策，有损我国的国家形象。

5. 四年前，在一本书稿中有这样一段文字：“现在国家实行一对夫妇一个孩的政策，是对人民权利的严重侵犯，违背人伦道德，应当提倡一对夫妇两个孩。”

点评： 四年前，按照我国当时实行的《人口与计划生育法》的有关规定，国家“提倡一对夫妻生育一个子女；符合法律、法规规定条件的，可以要求安排生育第二个子女”，“少数民族也要实施计划生育”，不符合相关规定生育子女的公民，应当依法缴纳社会抚养费，是国家工作人员的，还应当依法给予行政处分，其他人员应当由其所在单位或者组织给予纪律处分。这是当时国家的明文规定，公民必须自觉遵行。当年作者在书稿中这样说，是对国家法律和国策的无视与挑战，此言论也迎合了某些西方国家对我国计生政策的诽谤和责难，是非常错误的。现在，国家从国情实际出发，允许一对夫妇生两个孩，这是国家政策与时俱进的结果，并不能以此说明作者当年的言论是有先见之明。

二、涉嫌“两国论”，将台湾当作一个国家

前些年，由于台湾地区原领导人马英九任职期间坚持“九二共识”的核心意涵，使海峡两岸处于和平、稳定的时期。所以，从台湾引入大陆的图书较多。但由于作者是台湾人，受到多方面因素的制约，书中有不少内容涉嫌“两国论”，审读中尤应引起高度重视。举例如下：

1.《**和父亲去旅行**》书稿中有“国校”“国立”“台日”等诸多表述。

点评：台湾是中国的一个省，不能将台湾与日本等其他国家并列，应写作“台湾地区”或“中国台湾”。书中的“国中”“国小”“国立”等用法，可直接写“台湾××中学”、“××小学”或“××大学”，如实在不好回避，必须加引号，写作“国中”“国小”“国立”，等等。

2.《**做最好的团员**》书稿第149页：“从此离心机再也不用依赖英国和台湾的维修商了。”

点评：将“英国”与“台湾”并列，虽然中间有个“和”字，也显得不妥。应改为：不用依赖英国或台湾地区（中国台湾）的维修商了。

3.《**悄悄不归：老兵讲述我在台湾四十年**》书稿第15页，将台湾视为“国家”，不妥，应改作“台湾地区”。第73页：“新、马、泰、香港”（香港是中国的一个特别行政区，不能与其他国家并列，应改为：新、马、泰和中国香港或香港地区）。第109页：“美国、加拿大、台湾”（应改为：美国、加拿大、中国台湾或台湾地区）。

4.《**累了，你就停一停**》书稿中，将从外国回到台湾称为“回到国内”，去国外旅行称为“出国”。

点评：此种表述容易让人产生误解，认为台湾是一个国家。因此，类似的表述需要修改，“回到国内”应改为“回到台湾”或“回到台北”，“出国留学”应改为“出去留学”或直接写从台湾去某国某大学留学。

5.《**世界戏剧学**》书稿第1页中有“其中包括台湾、香港、新加坡的一些大学”的表述。

点评：台湾、香港都属于中国的一个地区，新加坡是一个国家，三者之间不能用顿号并列在一起。看起来，仅是一个标点符号错误，但实际上把香港和台湾混同于国家，有“两国论”之嫌。

6.《**新文化苦旅**》书稿第295页：“台湾、日本、马来西亚”（应改为：中国台湾、日本、马来西亚）。

7.《**清朝皇帝列传（上）**》书稿第146页：“统一台湾”（书中多处使用“统一台湾”，提法不妥，应改为“收复台湾”较为准确）。

8.《**听从自己内心的安排**》书稿，将“去纽约”写成“去国外”，将“去美国念书”写作“出国念书”，等等。

点评：台湾是我国的一个省、一个地区，由台湾去美国、法国等国家旅游或求学，不能说是出国，这样表述实际上把台湾当作一个国家了。

9.《**如果可以这样做农民**》书稿第27页：“靠种菜还能出国旅行”（“出国”一语，往往容易误把台湾当作国家，应改为“靠种菜还能出去旅行”较适当）。

第92页：“行政院蒋经国院长”（应改为：台湾地区行政机构负责人蒋经国先生）。

第146页：“即使在国外”（应改为：即使在岛外）。

第157页：“以节省国家人力物力”（应改为：以节省人力物力，去掉“国家”二字）。

第163页：“招徕国外游客”（应改为：招徕外地游客）。

第270页：“在国内外声名远扬”（应改为：在岛内外声名远扬）。

10.《**袁崇焕传**》书稿第239页：“台湾、香港、澳门、美国、日本”（应改为：中国台湾、香港、澳门地区以及美国、日本）。

此外，还有将我国其他地区当作国家来表述，也是不妥当的。下面举几个例子：

1.《**看人还是人：段子5**》书稿第137页：“有一年去云南瑞丽，朋友带我四处去转，那里有一家巨大的保税翡翠市场，看看东，摸摸西，买了不少用不上的小东西。朋友搞珠宝多年，帮我选了三对翡翠镯子，说比国内便宜多了。”

点评：在中国某个地区的商场购物，怎能说比国内便宜多了？应改为“比国内其他地区的市场便宜多了”。

2.《**所有的幸福都来之不易**》书稿目录第 5 页与正文第 64 页：称云南迪庆为“飘荡着田野牧歌的理想国度”。

点评：“国度”通常用来指代国家，形容云南迪庆，怎可称为“国度”？应改为“飘荡着田野牧歌的地方”。

第 70 页：“浇灌在西藏这片充满灵性光辉的佛国之境”。

点评：西藏是中国的一个自治区，将西藏称为“佛国”，给搞“藏独”的人以口实，显然不妥，应改为“佛教之地”。

三、借古讽今，涉嫌攻击现实及党和国家领导人

近些年所谓的“穿越剧”和“穿越文学”较为盛行，有的人就打着穿越历史的幌子，在书稿中借古人之口含沙射影、指桑骂槐，涉嫌攻击现实及党和国家领导人，这种现象应该引起我们的高度警觉。

1.《中国往事：上海风云》书稿，多处“借旧事说今事”，有贬低现实而美化流氓大亨杜月笙的嫌疑，如：“连半文盲状态的帮派大亨杜月笙都尊重文化，而我们为什么却不能呢？”言下之意是今不如昔。

2.《中国之谜》书稿，有的文字写中国“恐怖，混乱不堪，污染严重”。

第 9 页：“这个国家正在通过各种手段吸引各式各样的资本……有人说，中央帝国正受到‘超级资本主义’的控制，借用共产主义的前驱思想家马克思的话来说，出现了历史上少见的榨取‘剩余价值’的良好环境。”

第 20 页：“一位外国人经历了中国之行之后写道：‘仅为几毛钱就用匕首刺穿手腕的街头小混混，污染严重的城市，能把人挤成碎片的火车站……如此古老、如此混乱、如此陌生……回忆起来如在梦境……’”

第 21 页：“在这奇迹的发展中，中国要面对一个不合格的司法制度，控制言论与宗教自由。”

第 111 页：“共同富裕也许是一个遥远的话题。”

第 175 页：“民营企业仿佛为匪为盗。”

第 238 页：“太平盛世，中小企业似乎活起来更加艰难。”

点评：在作者笔下，中国从司法制度到言论自由、宗教信仰，从环境污染到交通拥挤，从民营企业到共同富裕，仿佛都是问题，到处一团糟。如此写法完全背离了现实，是明明白白地抹黑中国。

3.《自由与荒凉——中国独立知识分子的人生沉浮》书稿中，有贬损毛泽东之嫌。如第 75 页：“有人问‘毛泽东……是不是你的学生？’胡适说：‘不

是……以毛泽东当时的水平是考不上北大的。’这句话传到毛泽东耳朵里，他才决定发动一场彻底批判胡适的全国规模的运动。”

点评：如此说法纯属臆测和武断，是说毛泽东心胸狭窄，听到胡适说他的坏话，便利用职权，予以报复，令人难以置信。

4.《**唐朝绝对很邪乎**》书稿，原来有不少文字是借古人之口，借古讽今，影射现实。比如：“就听到刘景仁大叫一声：‘稳定，稳定，当前压倒一切的是稳定，不稳定就没有和谐，所以大家要稳定，要和谐，现在请大家解散，先离开者有奖金，后离开者不扣工资，不肯离开的，一律予以严打……’”

点评：此段话显然影射现实，唐朝何来“稳定、和谐、严打”和“奖金”之说？如此穿越戏说，旨在嘲讽现实。

5.《**我想陪你到老**》书稿，主要写一位美籍华人从纽约带一条狗到北京旅游，这条很“聪明”的狗在主人的引导下，走遍了北京城区和郊区的大街小巷，满眼看到的是：外国的“小杰克”被人贩子抢走了；采煤工在深深的矿井里悲惨地死亡；“公安局”有关人员与“地下黑社会”（所谓的“丐帮”）相勾结，一大批无辜儿童陷入“恶势力”的手中，备受摧残。书的结尾是写穿“西服”者（指公务员）的无法无天……给人一种感觉，“狗眼”里的中国一片黑暗，深层次的社会问题“堆积成山”，到处都是“民不聊生”的景象，人民生活在“水深火热”之中。于是，这位美籍华人很生气，很郁闷，不再有心思旅游，便带着这条“狗”乘飞机回美国去了。

点评：这部小说书稿，表面上看是写美籍华人来京旅游，实际上是借“狗眼”来观察我国社会现实丑化中国政府和人民。像这样的书稿有一定的隐蔽性，不认真审读把关，就可能认为，写得很生动、很具体，放其出“笼”。

四、调侃贬损知识分子和老一辈革命者

审读书稿中，有时发现一些作者不知出于什么样的目的，会以多种手法，编造各种所谓的情节和故事，调侃、丑化现实，恶意攻击贬损知识分子和老一辈革命者。这里特意原文照录两则“奇文”，供读者剖析。

1. 一个键盘侠的知识构成

此文不是指责一些人没有知识，而是在说：人必须要先有知识，然后才好有观点。

在旧式武侠文学日益没落的网络上，一种独特的侠客类型却欣欣向荣。他们被称为 KBman，即“键盘侠”。

人们如是赞誉他们——天下武功，唯键盘不破。

“键盘侠”们以键盘为主要格斗兵刃，精通 QQ 拼音输入法、百度拼音输入法等外门武功。老一代“键盘侠”还擅长失传已久的五笔字型神功。遇上使用这一路功夫的“键盘侠”，你最好先行躲避。

“键盘侠”要形成战斗力，还须依赖一门高深内功，叫作愤怒神功。它必须由一些热点事件激发，使“键盘侠”不断发射几种可怕的武器：逼人表态、猛爆粗口、深挖阴谋、牵强附会等。主要诉求一般是“凌迟这些坏人，当街示众”“把人渣们全家女性都 ××，看他们怕不怕”，等等。

与赛亚人的升级情况类似，“键盘侠”的武功练到一定层次，就将进化成“爱国键盘侠”，相当于超级赛亚人。“爱国键盘侠”的必杀技是“冲天愤怒”，发功的时候，他们往往要念诵一种神秘的心法口诀：“是中国人就转起来……是中国人就转起来……”

他们的主要知识来源是三部分：二三十年前的中小学课本，一二十年前的

电视新闻，加上最近几年的一些网帖。在下文中，我将详解一名标准“键盘侠”的知识构成。

首先，他们所有的历史知识，大约就是两个词语“五千年辉煌”和“百年耻辱”。先说“五千年辉煌”。他们所能知道的是：“我们是最牛的四大文明古国之一！”不过，最好避免追问他们是哪“四大古国”，否则你得到古希腊、古罗马之类答案的概率是很大的。

他们会说：“我们的好多好牛的发明都领先西方几百年、一千年！”但如果询问具体是哪些“发明”，“键盘侠”们会先抢答：圆周率！然后便面露难色，尝试着列举出诸如赵州石桥、风筝、铁器、陶瓷、太极拳等五花八门的东西。

他们会告诉你：“我们有很牛的算术书！”但很难说出具体名目，甚至会答出孙思邈的《周髀算经》、祖冲之的《九阴真经》之类的答案来，并告诉你“哎呀，你问那么细做什么，总之就是些很伟大的书啦……”

“对了，对了，我们有四大发明！”他们会兴奋地表示：没有四大发明，整个欧洲将处于暗无天日的凄惨境地，没有罗盘他们就不能大航海，没有火药他们就造不出枪炮，没有造纸术和印刷术他们就……嗯，就印不出航海地图？

然后是“百年耻辱”。他们在这方面的知识有：“鸦片战争！八国联军！烧杀抢掠！好多外国人来欺负我们！”不过假使你再稍微问细一点：八国联军是哪八国？有没有西班牙葡萄牙？有没有意大利荷兰？有没有奥地利匈牙利？“键盘侠”就将支吾起来，瞪视着你，愤懑地反问：“这个重要吗？”

他们的意思是，自己记不住侵略者并不重要。但有时他们又喜欢把另一句完全矛盾的话挂在嘴边：忘了国耻就是汉奸！连侵略者都没记住，算不算是标准的忘了国耻？

再看文化板块。“键盘侠”的知识几乎只有一句：传统文化博大精深。如果你胆敢对这句话不敬，他们就会异常愤怒。但你绝不能问他们传统文化究竟是怎么博、如何大、什么精、什么深，那将严重伤害他们的脑部健康。

李白有没有填过词？《金瓶梅》和《水浒传》哪个在前面？胡适和胡适之是什么关系，周树人和周作人是不是两兄弟？天啊，千万不要用这些非人道的问题折磨他们。甚至不要问他们唐朝人是否穿唐装，马褂是否是汉服。

我相信他们非但不明白“八王之乱”和“七国之乱”的区别，甚至连五代十国和南北朝哪个在前都不确定，但他们坚持：我们的历史最光辉！

他们搞不清楚孙思邈和张仲景的朝代，不知道《金匮要略》和《伤寒杂病论》的关系，但你放心，这不影响他们誓死捍卫传统医学，坚称谁质疑这一点就是数典忘祖。

同样地，如果你问他们先有《汉书》还是先有《史记》，或是“二十四史”里有没有《旧唐书》和《资治通鉴》，他们就会凌乱和抓狂。但这也不影响他们表示自己刻骨深爱国学和传统文化。

然后是军事知识。大部分“键盘侠”大概只知道一句话：当年咱用兵真如神。这自然没错。但如果你详细问问他们：为什么“真如神”？从什么事上看出来“真如神”？我想有七成人会答：“四渡赤水！”

千万要避免问他们四渡赤水的背景、原因、敌我形势、战术部署等，那对于他们来说过于苛刻和高端。你甚至不能问他们“四渡赤水”在哪个省，是四川、贵州还是广西，这也会使他们陷入凌乱。

另外有两成人会回答：反围剿！但如果你多问一句：红四方面军有没有反围剿，反了几次围剿，谁指挥的，我保证你会听到他们脑花碎裂的声音。

还有一成人会回答：东北关门打狗！请你一定对这部分“键盘侠”表示敬意——能答出这个，已经算是“键盘侠”里的高阶知识分子。

但这仍然难以阻止他们脑花碎裂的趋势。你只需多问一句：关门打的是谁？是卫立煌还是陈诚还是杜聿明？请确保你提问之前，能为他们喊到救护车。

或者有人问：这些知识我偏不知道，不行吗？我不感兴趣不行吗？当然可以。我并非是在挖苦人们的知识缺陷，而是在说：人必须要先有知识，然后才好有观点。

最后，我还要善意地提醒，务必要避免和“键盘侠”讨论问题。他们当年曾熟读《高中历史》等专业学术著作，尽管长大成人、步入社会后忙于生计，忘记了不少，但至少死死记住了“经济基础”“资本主义”等一堆义理名词。

随着年齿日增，他们几乎不再认真读其他书籍，以便使自己的认知能力精准地停留在幼年时代，避免过多的知识搅乱了脑细胞。

当然，他们在各大论坛的学术讨论中得到了充分磨砺，十分善战。和他们开展讨论，你将遭遇致命的打击。你和他们讲事件，他们会和你讲立场；你和他们讲立场，他们会和你讲阴谋；你和他们讲阴谋，他们会和你讲动机；你和他们讲动机，他们会对你说 f 开头的单词。

更可怕的是，他们有着满满的正义。要知道，自以为拥有满满正义感的人是无敌的。

点评：作者在文首宣称“此文不是指责一些人没有知识……”，这是此地无银三百两。文中提到的“键盘侠”，实际上指的是老一代革命者和爱国知识分子，是其影射攻击的主要目标。这则奇文里面的关键词是：“百年耻辱”“五千年辉煌”“刻骨深爱国学和传统文化”，以及戏说“四大发明”“八国联军”“四渡赤水”“愤怒神功”“真如神”“反围剿”“脑花碎裂”和“满满的正义”等。细细读来，作者的调侃很恶毒，其用心不良不言自明。之所以全文照录，意在“立此存照”，证据确凿，并提请出版单位和有关编辑举一反三，深长思之，增长见识，引起警觉。

2. 善联

“善联”要回中国了。在他走之前，我得给他写个鉴定。

“善联”是中国教育部资助的访问学者，教育部给像“善联”这样的访问学者每月一千美元。比起二十年前的访问学者，“善联”是富人。他的第一个决定是：决不用家里一分钱。有国家每月给的这一千美元，吃喝拉撒、老婆来访、小孩上学、外出旅游、回国送礼…… 全都会有的。“善联”非常有信心。

“善联”要求不高，所有的好事都能掉他头上。所有的好日子就像小雨点儿一样，眼睛一闭，就浇自家地头上去了。

一千美元是很多的，“善联”要好好计划，让全家都得福。为了省下钱来，

"善联"住在一个美国人家里，房租才两百美元。

那美国人家里养了三条狗、八只猫。"善联"对我说："我在农村长大，猪和鸡都养在院子里，看惯了，闻惯了，就跟自家院里的树桩、磨盘一样，不臭。"

"善联"能容忍，这一点是没话可说的，祖宗遗传下来的好品质。"善联"甚至都能容忍被叫作"善联"！

其实，"善联"并不是"善联"的名字，"善联"的名字叫"善联富"。房东老太太以为"富"是姓，"善联"是名字，就管"善联富"叫"善联"，偶尔，还叫他"富先生"。"善联"很大度，也不纠正，说："随她随她。她方便，怎么叫都行。"行不改名，坐不改姓，这样的老传统，到了美国，没有亲戚朋友在场，就像上了一趟人家的戏台，在台上唱了几句跑堂的，下了台，拿钱回家。用啥名字都是戏名，用不着当真。所以，"善联富"就成了"善联"。

要说"善联"不拿自己的名字当回事儿，也不对。"善联"知道，有些时候，他的名字必须以正确的形式出现，要不然不能升为正教授，升为正教授就像再分五亩地到手，好事！必须要把名字写对了，不能忙了半天，地分别人头上去了。

不过，要是有哪个冤大头，犯傻，能把分到自己头上的五亩地划到"善联"头上来，那"善联"也当仁不让！天上下来的不是雪，是白银，那日子多好过?

这种叫作"人性"或"恻隐之心"的东西本应该是人人皆有的，但是，在物欲横流、你死我活的竞争中，很多人却轻而易举地把它丢失了。

"善联"绝不做赔本的事，"减肥"这两个字在"善联"听来，就像是"赔本"，"善联"是不会干的。

"善联"在一个星期内，在我们的校园里找到了一家学生餐厅，六点五美元，管饱。自助餐，吃五次，还得一次免费。"善联"一算：一顿才五美元多一点儿，值！每吃第一顿的时候，他就想到那第六顿是免费的，心里就充满希望。

不仅如此，"善联"还告诉我："我每天中午去吃一顿，吃得多多的，晚饭就可以混过去。吃一顿，等于两顿！"

一年下来，"善联"的成果很大，脸成了月亮，肚子成了地球。"善联"叫我给他写鉴定的时候，圆脸黑红，像极了月食。他有一点儿不好意思，说："回去减肥。”“吃人家，省自己”的好作风依然如故。

要说“善联”是个访问学者，他一年里总得学点儿什么吧？学了什么呢？一共听了两堂本科生的课，一上课就睡觉。不过，“善联”对自己上小学的女儿倒要求严格。

“善联”说：“你不知道她有多粗心！每次考试前，我都要找理由把她打一顿，第二天考试她就能考好一点儿。”

我大吃一惊，还有这样的教育逻辑？那些亚洲的“虎妈”一定要自愧不如这位“虎爸”了！根据“善联”这个逻辑，他的家长就该在他来之前把他打一顿，那他好歹还能学点儿东西。

点评：“善联”这个题目，很有意思，会引起我们许多联想。“善联”是中国教育部选派去美国深造的访问学者，他在美国的所作所为居然是这样一种令人可笑而又可悲的形象，其背后的潜台词是：中国教育部和中国政府是“不长眼睛”的冤大头，怎么选了这么一位“精明”的访问学者？中国高级知识分子在国外“深造”就是这样混日子、混职称的，出国一年总共听了两堂课，还“一上课就睡觉”，回国后副高还可能升正高，岂不是“衣锦”回国，一举多得吗？作者别出心裁地如此描写，其主旨用心不是一清二楚了吗？诚然，国家选派的访问学者中，在国外可能确有不争气的，即使这是事实，但也不应一叶障目、以偏概全。

五、渲染凶杀暴力和封建迷信

凶杀、暴力和封建迷信，在现实生活中是不同程度存在的。因而纪实文学和小说中有一些适度、适当的描写无可厚非，有时为了揭露黑社会组织的残暴，甚至可以写得比较具体，这也是文学作品应有的功能与品格。但是，我们在审读中，却发现一些书稿，对凶杀、暴力或封建迷信的描写很无度，很卖力，不只是过于直白、详细，而且是血肉横飞，情节离奇，让人看了顿觉血腥、恐怖，这就违背了出版法规的相关规定，有点不正常，不正当了。

1. 例如：在《保险师》一文中，作者这样写道：一个男人在街头闲逛，遇到一个戴面具的怪人，他告诉这个男人，“他们新开了一家保险公司，只要在这里签个名，就可以得到超值的意外伤害保险”。男人回到家里，告诉在厨房切菜的老婆，“只要你受点苦，钱自然就来了……只是切破手指而已，赔偿金几乎是医药费的10倍”。老婆沉默了。然后，男人把他老婆的左手小拇指切断。接着，男人打开手机，收到短信，上面说：“您好，9958号客户。被保险人获得意外伤害赔偿4700元，已汇入您××行账户，请注意查收，……”男人将短信告诉老婆，老婆咽下了口水，颤抖着手，点了点头。接着，男人又把他老婆的手指全部切断。此时，男人又收到短信，上面说：“您好，9958号客户。被保险人获得意外伤害赔偿18800元，已汇入您××行账户……”男人看了短信说，“太慢了，我们必须弄得严重点”。于是，他将老婆的大腿折断了。紧接着，这个男人又把老婆残杀了。这时，面具保险公司又来短信，告诉他，又给他汇去意外伤害保险30万、100万。男人现在已跻身百万富翁的行列了。正在男人清洗现场血迹的时候，手机短信未响，门却被敲响了，这时，面具保险公司的工作人员给他领来了一个女人，说是来“跟踪服务，给他送来一个女子，以代替他死去的老婆”。

点评：像这样一个残忍、血腥、荒诞的故事，能给读者带来什么印象和教益呢?！无非是教唆人们为了骗保，可以随意残杀亲人，末了，保险公司还能“跟踪服务”，赔偿你的所有损失，这不是天大的诱惑和鬼话吗？同时，也从另一个侧面诋毁中国老百姓是多么残忍与无知。想想看，这样的恶作剧，这样的血腥描写，哪有一点正能量？

2. 再例如，有一部书稿，大约十五万字，通篇皆是唯心主义的说教，公开宣传“神算”“巧合”，因果报应，等等。这是运用“心理恐惧”的表现手法，使用“危言耸听”的语言文字，描写那些稀奇古怪的人生意外事件，意在制造一个个令读者惊悚的意境，宣传封建迷信，负面作用很大。

3. 有一个题为《猫可以做证》的书稿，由 13 个所谓离奇的故事组成。“凶宅”一节，写主人公是记者，主要跑突发新闻，他亲眼见过跳楼、自缢等各种死亡现场，情景令人毛骨悚然。“杀了我丈夫”一节，内容尤其充满负能量，脏话贯穿始终，并用大量文字写女主人公的混乱性史。

点评：写故事、说故事，本来是人民大众喜闻乐见的文学表现形式。但有的作者以写故事为名，随心所欲，胡编乱造，渲染凶杀、暴力，严重污染了文学阵地，毒害了人们的心灵。

4.《小明同学》是一本以图为主的漫画书，是写给少年儿童看的。但书稿中却有不少内容在渲染暴力和买卖儿童，有的虽是以半开玩笑的口吻表述，但对青少年的成长也有负面作用。

例如：第 13 页，小明的妈妈说：“老是那么调皮，信不信妈妈把你卖到四川去……”

第 17—20 页：小明的妈妈让小明上学，说：“嘚瑟个毛线，还不快滚！”并配图一脚将小明踢出去。

另外，书稿中还有多处类似情节，小朋友互相玩耍时，将对方打飞；上课回答不出问题或与老师顶嘴时，老师将同学踢飞等。

第 68 页：“哇塞对呀”，“哇塞”是闽南方言中的脏话，不雅词语，居然也从儿童口中喊出。

第 108 页：“你瞅啥？”“瞅你咋的?！”配图内容是在动手打人。

第 112 页：“打你两下能咋的?！给老子忍住喽!！”又是配有打人的图片。

第 135 页：老师对小明说：“你先滚出去……”

第 145 页：小明的爸爸说：“小明啊，你小时候爸爸差点把你送人……当时谈好了 200 块，结果对方就带了 198……不过你知道，爸爸在乎的不是钱……两块钱虽然不多！那可是诚信啊!！”

第 149 页：小明的爸爸说：“你知道爸爸有多爱你吗？……你小时候有一次犯错误，我特意请了半天假回家打你。”

点评：青少年是祖国的花朵和未来。给少年儿童写书，给他们酿造精神食粮，必须是优质的、健康的，有益而无害的。该书稿通篇是“打”“滚”或“卖”，这样的图书若给儿童看，负能量很大。此类图书尤应把好政治导向和文字内容关，不能有一丝一毫的马虎与懈怠。

六、低级庸俗的色情描写

人，是高级动物，是有血有肉有理智有感情的。因此，在描写和刻画男女之间的婚姻恋爱和两性生活时，可以写真挚的恋情，也可以有分寸、有道德地展示性爱之纯之美。但不应该荒诞无度，把性爱写得露骨、肮脏、庸俗。

1.**《姑娘，欢迎降落在这残酷世界》**

第61页：事毕，王先生在月光下打量着陈小姐的身体，调笑道："还行，硬件不错，软件有待提高！"

陈小姐脸刷一下子就红了，幽幽说道："我当然不行，训练不够嘛。你是我的第三个，我是你的第一百个，对吗？"

王先生得意地一笑，"当然不是，我也是很挑的，第二十个吧……嗯，你的技术我来负责，帅哥手把手教，革命任务传帮带，一定让你成为专家。"

"你这个坏东西，谁要成为专家……"

"等你再成熟一点，你就明白成为专家有多么重要了……"王先生淫笑着又扑了过来。

2.**《单身指南》**这部引进版小说，"在里约"一章约有5600字，是描写"我"与乔治娅招男妓的全过程，其中第147—149页全部为细节描写："他从我身后抱住了我，吻了我。他的嘴唇、舌头很轻柔，像羽毛一样，……他的手慢慢地裹住了我的乳房、我的腰部，滑到了T恤的下面。我把头转向他，他转过身子来吻我，同时爱抚着我的乳房。他的左手现在开始慢慢地移向我的腿部，放在我的大腿上。他把手划到我又长又松的裙摆下面，轻轻地撩起我的裙子。我们的喘息加速，在他触碰我双腿之间的时候，我大喘了一口气。我的右手放在桌子上，在他压住我的时候保持平衡。他把我的左腿放在桌子旁边的凳子上，我的左手和左胳膊在身后，触碰他的臀部、大腿。我可以感觉到他坚挺地顶在我的后背上。我们站起来的时候，我感到自己每一个敏感、性感的区域都在被触碰，或是被亲吻。但是这个就好像三个人一起做一样，而这个可爱的男人都是自己在做。我发出超高的声音，而在之前从来没有发生过。他的节奏一点都没有差错，我扭动着身体，弓着腰，我高潮了。我回头看着他，深深地吻了他的嘴唇……接着他抬头望着我，把我推上他那边，亲吻着我，把手放在我的头发里。这时候他用身体压着我，我的腿盘住他的躯干，他时不时睁眼看着我，微笑地吻着我，用葡萄牙语说着：'我的上帝！我的上帝!!'"

3.**《巴州往事》**书稿中有一段性描写，乍看上去似乎写得很真实，其实仔细想想，就觉得有点庸俗恶心。

第 112 页：小隔间只有三四平方米，能安下一张床。进屋以后，胖妞三下五除二将裤子脱下来，道："快点，冷得很。"

包强站在床边有些愣神，高中毕业的男学生即使没有看过琼瑶和三毛，也看过金庸和古龙，爱情在眼中还是一件浪漫的事。此时胖妞如此赤裸裸地直奔主题，反而让包强有点难以接受。

胖妞不屑地道："想出来玩就得放开点，难道是个童子军？"

包强确实还是童子军，被胖妞说出真相以后，自尊心严重受挫，反击道："你才是童子军。"他跪在床上，手从胖妞上衣里钻进去，顽强地越过几重障碍，握住了饱满得不像话的胸脯……

点评：书稿审读中，发现色情描写的内容还有不少，这些描写让人感到动作粗鲁，语言低俗，画面肮脏，有的已属于淫秽内容，这些不雅文字不经删改，是不能公开出版的。

七、政治观点表述错误

审读书稿时，我们经常看到在序言、正文或后记里，有一些表述不当的观点，有的甚至很“出格”，表现出明显的愤青情绪和舆论煽动性，如果不加删节，就可能出问题。诚然，由于作者的思想理论水平参差不齐，在写作中出现一些政治观点表述上的问题，在所难免，有经验的编辑帮助修改过来即可。但令人感到吃惊的是，有的作者资历不浅，甚至还小有名气，但在他（她）的书稿中，仍然存在着大量不可思议的问题，这就值得深思和重视了。图书编辑是为他人做嫁衣，既要充分尊重作者的劳动，也要依据党的方针政策和出版法规，认真细致地精雕细刻，“量体裁衣”。这要求我们对摆在案头的书稿，时刻保持应有的警惕，并善于从花花草草和香风迷雾中明辨是非、判断正误，该修改处要修改，该动“手术”不留情。只有如此，才能坚持出好书、出精品，永远保持正确的出版方向。

1. 有一本书稿中有这样的文字：“禁毒是有害的。”第 24 页竟然提出“向拉登学习，自成一派”。第 135 页又说：“你 30 岁之后还信马克思主义就是没头脑……”等等。

点评：写书号召国人向拉登学习，公开宣传禁毒有害；对马克思主义肆意诋毁。据悉这个书稿的作者曾为新闻人，按说应有一定的政治理论水平和守土有责的使命感。竟然写出上述明显“出格”的错误文字和观点，实在令人有点吃惊！

2. 有一本书稿，开篇章节标题《为泡妞之成功而读书》。第 11 页有这样一句：“你想跟谁聊天，我管他是蒋介石还是毛泽东（别的什么人），来，陪爷聊两句。”

点评：作者将泡妞与读书相联系，立意低俗，误人子弟。自称为爷，肆意调侃毛泽东这样的领袖人物，有点不知天高地厚！

3. 有一本书稿，第 43—45 页有否定国家、否定相关组织的内容，且对一些负面人物的历史结论有“开脱”“翻案”之嫌。比如第 17 页对汪精卫的描述，第 18—22 页对秦桧的描述，等等，都存在偏离历史公论、信口开河、不负责任的问题。第 211 页：“这个世界的进步大多是靠没怎么吃苦的年轻人推动的，老人们反倒是坐享其成。有些道理啊，经老家伙们反复说看着像真理，离远了其实荒谬得很。”第 213 页：“虽然所有人都知道，现在社会不公平。”

点评：从以上摘录的这些内容看，我们明显感到，作者的立场观点有问题。粉饰秦桧、汪精卫；把老干部称为老家伙，说他们“坐享其成”；还笼统地说“所有人都知道，现在社会不公平”。这些言论一是违背客观事实，二是充满负能量，通篇具有舆论煽动性，如不删节修改，带来的社会负面影响不可估量，当编辑的不警觉行吗?!

4. 有一本书稿政治性差错也很明显，特别是其中的《是非不谈精神可赞》一节，涉嫌为“拉登恐怖主义”涂脂抹粉，将拉登的“9·11”滥杀无辜称为“勇敢、伟大的行为”。第 155 页称：“他的信徒们牺牲自己的生命，驾驶飞机撞向美国大楼，这是一个很高的宗教情操。……没有什么对不对，这种精神是伟大的。”等等。

点评：是非不谈，精神可贵，这样的观点本身就不能自圆其说。既然不分是非，还有什么可贵可言？作者对“9·11”事件所持的这种观点与我国政府的结论以及世界舆论是相悖的。

5.《**海瑞官场笔记**》书稿第 106 页有：“有背景的朋友，是好朋友。”此类语言是网络语言，具有市侩主义、功利主义色彩，容易误导舆论。还有的书稿称“中国是超级大国”，说我国实行的是“国家资本主义”“中国要占据周围的资源”，等等。

点评：目前世界上的超级大国只有美国，中国已向世界宣告，永远不称霸。说我国实行的是国家资本主义，是对中国特色社会主义的歪曲，说中国要“占据周围的资源”，更与我国的和平外交政策相悖，等于是给敌对势力送“炮弹”。著书立说务必讲政治，讲大局，不可胡言乱语。

6.《**麻辣经济学**》书稿，表面上说的是一些经济现象，反映了社会上的热点问题，实际上却把矛头直指现实、直指政府，是讲政府的昏庸与无能，尤其对某些政府工作中的失误和有待解决的问题，如拆迁、垄断经营、教育、交通运输、安全事故等，看起来是为民请命，实则是攻击中伤现实。文中有如“朱元璋为何杀尽功臣”“为什么八旬老太逃不过无家可归的命运”“为什么政府办事用‘日’，老百姓办事却用‘天’？”第 14 页说被拆迁老太“逃过了军阀混战，逃过了日本鬼子扫荡，逃过了‘四人帮’的迫害……逃过了反右、逃过了三年自然灾害却逃不过拆迁……真可谓：强拆硬迁何时了，冤魂知多少”。

点评：拆迁是乡镇城市化的必然趋势，把拆迁统统归罪于现实，归罪于政府，并说：八旬老太被拆迁弄得无家可归，这是说今不如昔，也是说现实残酷，仔细想想，这不是攻击现实又是什么?!

7.《**看懂中国经济的第一本书**》第 152 页有：“这是一个最好的时代，也是一个最坏的时代……因为日益高涨的房价让他们安居的梦想遥不可及。”

点评：此类结论性语言，主观，片面，绝对化，舆论导向错误，负能量很大。

8.《**你配得上更好的世界**》书稿中有这样一段文字：“我想起土改和‘文革’时期，贫下中农分了浮财与土地之后，便开始瓜分或轮奸地主小老婆，甚至他们的女儿。”“人民无论就智力，还是德行，大都庸常。他们有保守、愚钝的一面，习惯站在新事物的对立面，或打击异端，或排斥外来者，常常不辨是非，甚至助纣为虐。”

点评：这些文字是对人民大众的诽谤攻击。其观点片面，偏激，完全违背历史事实。毛主席说过，人民是真正的英雄。如此嘲讽和攻击人民实属罕见。

9.《**党员正能量**》书稿第 33 页说：“现在如果再来一场人民战争，恐怕能像方志敏、江姐、刘胡兰那样坚贞不屈、视死如归的党员已经没有了，最起码说不多了。”

点评：党内虽有腐败分子、贪腐现象，但毕竟是支流，是少数。党员队伍的主流是好的，否则哪有我国繁荣富强的今天？写党建图书，要讲究党性党规，要有正能量，就是讲问题，也要讲辩证法，分清主流和支流。

10.《**生活中的博弈学大全集**》书稿第39页，“1.施以报复：让背叛行为不敢发生”。

点评：生活中常有忘恩负义或其他背叛行为的发生，这是不以人的意志为转移的客观存在。对此，正确的态度应当是，对背叛行为，可以在适当的场合，运用适当的方式加以揭露与谴责，但不能以牙还牙，不能像书稿中提倡的那样，对背叛行为实施报复。如果这样，哪里还有法治？哪里还有和谐社会？弄得不好，还会违法犯罪，因此惹上官司。出书要宣传正确理念，不能有意无意地误导读者。

11.《**为生民立命——梁漱溟传**》书稿中说“上个世纪人格成就最高的无非鲁迅、梁漱溟两人而已”“在我们这样一个造神的时代”“亦可在万众腹诽共产党的时代”，等等。

点评：这里的“上个世纪”，指的应是20世纪。书稿中这段话把20世纪人格成就最高的两个人仅仅限制在鲁迅和梁漱溟两个人身上，一是太夸张绝对，二是违背历史事实。全中国十多亿人，英雄辈出，人才济济，仅说人格成就最高，也绝非一二人。尤其是“亦可在万众腹诽共产党的时代”这句话，更是一叶障目，以偏概全，旨在否定中国共产党。说话要有分寸，结论务必严谨。

12.《**男养精，女养血：最全面的中医养胎学**》书稿第23页：“俗话说：‘一方水土，养一方人’，穷山恶水的地方，很难造就伟大的人物，长年在严寒或酷暑地区居住的族群，除了生育率较低外，好像也未曾听说出过什么伟大的人物，此无他，大环境使然也。”

点评：环境决定论荒谬片面，既不符合事实，也不符合毛泽东主席关于穷则思变的哲理。古往今来，时势造英雄，穷山沟里飞出金凤凰的真实事例不胜枚举，此番言论对偏远落后地区的人民有贬损之意，实属不当。

13.《**幸福想你了**》书稿第9页：“功名是一场谎言，繁华是一段云烟，情仇是一种虚幻，天下没有任何东西值得我们用自己的善良心灵和幸福生活去交换。”

第16页：“人生最终都是一场空。”

第45页：“如果你继续对生活、对朋友、对家人发出你的牢骚，吐出你的口水，那你和那只从粪坑中被救出来的老母鸡有何区别？”

第 55 页：“回头看，还他人间一片白茫茫。”

第 108 页：“人活一辈子，拼搏一辈子，到头来不过南柯一梦，不过一场水月镜花。”

第 111 页：“既然我们都如蜻蜓点水般地掠过人间，是好是坏又有什么对错之分呢？”

点评：上述言论，格调灰暗，消极不堪，与我们这个时代的特征格格不入，与我们所倡导的社会主义核心价值观背道而驰。这样的书稿不加删节修改，怎能出版发行?!

14.《**花开花落两由之**》书稿第 75 页谈到地震时，说“孩子，你向国旗敬礼，可这个国家，甚至没有为你提供一间安全的教室”。

点评：孩子，从地震的废墟中被军人救出，激动地向国旗敬礼，这不是很自然的一种正常的感恩举动吗?！作者这种论调不把祖国当母亲，不把子弟兵当救星，而是把矛头对准国家，攻击国家不为孩子提供一间安全的教室，其言之谬，明明白白。

15.《**她的城**》书稿第 2 页：“就这，一口香烟吞吐的吸相，蜜姐当兵的底子就出来了。”

第 3 页：“汉正街是最早复苏的小商品市场，绝望而敏感的劳改释放犯等社会闲杂人等在这里嗅到改革开放气息甩开膀子大干。”

第 4 页：“警句格言与粗口国骂，都是部队生活培养出来的。”

第 4 页：“这就是民意。民意许多事情上就是蛮横，但它就是很难违抗。”

第 45 页：“随便哪一个都是文豪或者名人，像沈钧儒，李公朴，邹韬奋，连瞿秋白毛泽东都是后起之秀。”

第 62 页：“宋家在水塔街的威望，相当于中国的毛主席。”

点评：这几段文字的问题主要有两点：第一，一些文字描述有贬低伟人毛泽东及军队和民众之嫌。第二，小说中有些人物形象很负面，又很具体，极易导致对号入座，引起不必要的民事诉讼或法律纠纷。

16.《**青春是用来看世界的**》书稿第 60 页有：“但在中国这么一个制度尖刻、人情尖刻、生活尖刻的国度里……”

第 165 页："我们能吃的东西越来越少。"

第 162 页："在这个地沟油、毒奶粉层出不穷，河流里漂死猪，出门必须戴口罩的时代，人们对于危险的觉知已经渐渐麻木。"

第 172 页："冰川在消失，湖泊在消失，藏羚羊在消失，无人区也在消失，寺庙在消失，文化在消失，风俗在消失。历史在消失，青年人的精神也在消失。整个世界都在以我们想象不到的加速度在消失。"

点评：当前我国社会中存在一些阴暗面，这是不容否认的事实。但是，这对于繁荣发展、日益富强的中国来说，毕竟是支流，也是党和政府正在着力解决的问题。书稿以偏概全，辛辣嘲讽，把现实说得一团糟，说一切美好的事物都在消失，这是不符合事实的，是对党和政府工作的全盘否定。

17.**《美丽长夜（III）》**书稿第 152 页："现在乱是乱……是拼关系拼后台了。"

第 173 页："她感觉自己有点像历史上的周恩来……"

点评：论现实要客观、辩证；说自己要谦虚、自律，上面这些话有点狂妄，有点语无伦次。

18.**《北洋大时代——军事篇》**书稿第 128 页："袁世凯在谈判中所做的牺牲和让步，属于委曲求全的屈辱外交，并非完全卖国性质。"

第 128 页："忍辱负重、智斗日本的袁世凯，最终还是因 21 条被历史误判为卖国贼。这不是他一个人的悲剧！而是民国的悲剧、民族的悲剧！"

第 284 页："蒋介石这个重情重义的军人当众洒下了热泪。"

点评：历史是最公正的法官。袁世凯及蒋介石的所作所为历史已有定论，当今写书不应随意推翻历史结论，为其涂脂抹粉。

19.**《慢慢习惯这个世界不再有你》**书稿，写老人花三千元买了个女童来抚养，两人相依为命。

点评：不管有何种理由，也不论从何种角度说，在我国买卖儿童都是违法的，此类事例真假尚且不知，这样的事例当作好人好事拿来公开宣传，说明作者缺乏起码的法律常识。

八、 涉及党和国家领导人姓名、职务等方面的差错

涉及党和国家领导人姓名、职务等方面的差错，在书稿中时有发现。这类差错，属于重大政治性差错，审读书稿时尤应格外注意纠正，一定要保证党和国家领导人姓名、职务准确无误，万无一失。

1.《抗日战争时期陕甘宁边区财政经济史料摘编》原书稿第七编“互助合作”文前第 2 页：将毛泽东同志的“泽”错写成“译”。

2.《第一公民——陈嘉庚传》原书稿第 182 页将周恩来的“来”错为“未”。

3.《胡耀邦》原书稿将胡耀邦的“邦”错为“帮”。

4.《名校新校本》原书稿将陈毅副总理错为陈毅副总经理。

5.《抗日战争时期陕甘宁边区财政经济史料摘编》第七编“互助合作”正文第 146 页将《毛泽东选集》错为《毛泽东选择》。

第九编“人民生活”：第 26 页将《毛泽东选集》错为《毛泽东选辑》。

点评：将毛泽东和周恩来的名字写错；将《毛泽东选集》错为《毛泽东选择》和《毛泽东选辑》，这些耳熟能详的伟人和著作，居然错成这样，说明相关人员工作马虎，责任心太差！

6.《新编党支部工作手册》原书稿存在个别低级错误，如第 159 页一处表述为：“2012 年 9 月 1 日习近平总书记在中央党校 2012 年秋季学期开学典礼上的讲话……”2012 年 9 月 1 日，习近平同志还没有担任总书记。另外，第 195 页的“附录三 中国共产党发展党员工作细则”是 1990 年版，该版本已经废止，应更换为 2014 年 6 月 11 日发布的新版内容。

点评：与一般文字差错相比，姓名、职务方面的差错往往更加刺目，何况又出在党和国家领导人身上，此类差错更不应该，应引以为戒。

注：涉及党和国家领导人的差错，书稿中还有一些，如：将温家宝的“宝”错写为“室”，将李长春的“长”错写为“常”，等等。考虑到诸多因素，这里不再一一刊出。

九、涉及我国古代名人的差错

审读中，发现一些书稿写到我国古代的诸多名人，其姓名或生平履历等均有错讹的现象，作为一个具有五千年优秀文化传统的文明古国，作者在著书立说、谈及我国古圣先贤时，务必认真核对，务求准确。出现此类差错，令人汗颜。

1.《你还不来，我怎敢老去》，全书 198 页，前 150 页主要叙写唐婉在陆家为媳的屈辱生活以及那些丫鬟之间的钩心斗角，几乎没有正面写陆游与唐婉的感情生活，即使写也是“点到为止”的“浅墨”，陆游与唐婉那种“日日花前月下、饮酒做诗”的“情郎与才女”之情、之爱、之恋、之苦，在书中并没有细腻的体现。文稿第 150 页以后，渐入佳境，却已接近全书的结尾，给读者很不爽的遗憾。特别是：作者笔下的陆游是一个没有主见的小色鬼、胆小鬼、封建礼教的孝子贤孙，在陆母面前只有唯唯诺诺的应承、毫无男子汉大丈夫的志气和勇气，活脱脱一介懦夫，有失史实，也有点片面。

陆游（1125 年 11 月 13 日—1210 年 1 月 26 日），字务观，号放翁，越州山阴（今浙江绍兴）人，南宋诗人、词人。

唐婉，又作唐琬，字蕙仙，陆游母舅唐诚女儿，自幼文静灵秀，才华横溢。她是陆游的第一任妻子。

2.《孔丘说明书》书稿中，不乏一些比较偏颇的观点和不够准确的表述，如第 2 页“孔子出世之前，中国社会处于封建社会状态，完全没有教育”。事实上，孔子时代的中国是奴隶社会向封建社会过渡的时代，“完全没有教育”的说法过于绝对。第 4 页“孔子是第一个提出治国理念的人”的说法也太武断。事实上，大禹分九州，就是治国理政的一种形式。孔子之前的大小诸侯国，都有自己的治国实践，只是没有形成系统的文字记录。全书对孔子在历史上的作用有夸大之嫌。中国有五千年文明史，文人墨客数不胜数，从一些表述上看，有点否定孔子之前的文明传承。燕伋比孔子小 11 岁，他 22 岁拜孔子为师，孔子应该为33岁，这里的“次年追随孔子周游列国”，意味着孔子34岁就周游列国，事实上，那时孔子才刚开始收徒讲学。孔子是55岁时开始周游列国的，书中对有关孔子史实的描述不尽准确。

孔子（前551年9月28日—前479年4月11日），名丘，字仲尼，生于春秋时期鲁国陬邑（今山东省曲阜市），中国著名的思想家、教育家。

3.《赏国宝，知中国历史 CCTV 国宝档案特别节目（隋唐—辽金卷）》第40页说：“贤相房玄龄、杜如惠”，其中的“杜如惠”应为“杜如晦”。

杜如晦（585年—630年），字克明，汉族，京兆杜陵（今陕西西安市长安区）人，是李世民夺取皇位、开创贞观之治的主要谋臣之一，深受李世民的重用。他是“凌烟阁二十四功臣”之一，中国唐初名相。

4.《中国全史》古人名字差错甚多。比如：

第31页：拓拔硅（应为：拓跋珪）

拓跋珪（371年8月4日—409年11月6日），又名拓跋开、拓跋什翼圭、拓跋翼圭，字涉珪，鲜卑族，北魏开国皇帝。

第56页：李白成（应为：李自成）

李自成（1606年—1645年），原名鸿基，明末农民起义军领袖。

第57页：钱弘傲（应为：钱弘俶）

钱弘俶，吴越忠懿王（929年—988年），公元948—978年在位。初名弘俶，小字虎子，改字文德，钱镠孙，钱元瓘第九子。是五代十国时期吴越的最后一位王。

第65页：谭绍恍（应为：谭绍光）

谭绍光（1835年—1863年），广西桂平（一说象州或平南）人。太平天国慕王，壮族。1851年1月参加金田起义。

第134页：太吴（应为：太昊）

太昊（伏羲），伏羲生于陇西成纪（今甘肃天水），有文字记载的出现时代在战国以后。又称宓羲、庖牺、包牺、牺皇、皇羲及太昊等，《史记》中称伏牺，传说中的中国古代君主。

第 143 页：太嗥（应为：**太皞**）

太皞，一作太皓，姓风。传说为古代东夷族的首领，风姓，居于陈地（即现在河南淮阳县）。

第 258 页：胶西王印（应为：**胶西王卬**）

胶西王卬，刘卬（？—前 154 年），初被立为昌平侯，后进封为胶西王，景帝三年（前 154 年）参与七国之乱，兵败自杀。

第 377 页：却俭（应为：**郤俭**）

郤俭（？ —188 年），字不详，河南偃师人。东汉末年益州刺史。

第 384 页：荀或（应为：**荀彧**）

荀彧（yù）（163 年—212 年），字文若，颍川颍阴（今河南许昌）人。东汉末年曹操帐下首席谋臣，杰出的战略家。

第 385 页：彭菜（应为：**彭羕**）

彭羕（184 年—220 年），字永年，广汉（今四川广汉北）人。东汉末年官吏。

4.《一个帝国的生与死——水浒里不为人知的历史密码》书稿中一些古人名字有差错。如：

赵桢（应为：**赵祯**）

赵祯，宋仁宗（1010 年 5 月 12 日—1063 年 4 月 30 日），宋朝第四位皇帝（1022 年 3 月 23 日—1063 年 4 月 30 日在位）。

范仲俺（应为：**范仲淹**）

范仲淹（989 年 10 月 1 日—1052 年 6 月 19 日），字希文，谥文正，亦称范履霜，北宋著名政治家、文学家、军事家、教育家。

米蒂（应为：**米芾**）

米芾（fú）（1051 年—1107 年），北宋书画家。

晃保正（应为：**晁保正**）

晁保正，山东郓城县东溪村人，东溪村保正，本乡富户。平生仗义疏财，专爱结交天下好汉，闻名江湖。

周喻（应为：**周瑜**）

周瑜（175 年—210 年），字公瑾，东汉末年名将，庐江舒县人。正史上周瑜“性度恢廓”，“实奇才也”，范成大誉之为“世间豪杰英雄士、江左风流美丈夫”。宋徽宗时追尊其为平虏伯。位列唐武庙六十四将、宋武庙七十二将之一。

黄剿（应为：黄巢）

黄巢（820 年—884 年），曹州冤句（今山东菏泽西南）人，唐末农民起义领袖。

点评：书稿中的名人差错还有许多，因限于篇幅，不再一一列举。上面所述只是典型事例。但从这里可以看出，图书出版对编辑文化素养的要求很严格，不读点历史，不懂点古文，不认真编辑校改怎么行呢？

十、涉及外国政要的差错

外国政要均是世界各国领导人或政务活动家，有的还多次访问过我国，与党和国家领导人建立了良好的私人友谊。书稿中涉及他（她）们的姓名、生平和相关观点及行为描写，必须遵守外交纪律，做到客观公正、实事求是。然而，在审读中，却发现有的书稿在涉及一些国家的政要时，有的将姓名、生平写错，有的随意嘲讽贬损，弄得不好会引起外交风波，尤其值得注意。

（一）姓名、生平及相关史实有误

1. “希特勒”写成“希特”。

希特勒，阿道夫·希特勒（德语:Adolf Hitler，1889 年 4 月 20 日—1945 年 4 月 30 日）出生于奥地利布劳瑙，德意志第三帝国总理，纳粹党党魁，发动第二次世界大战的元凶之一。

2.《最伟大的演讲词》书稿第 325 页将丘吉尔的出生时间写为“1974 年”，正确的应该是“1874 年”，整整差了一百年。

丘吉尔，温斯顿·伦纳德·斯宾塞·丘吉尔（ 1874 年 11 月 30 日—1965 年 1 月 24 日），英国政治家、历史学家、画家、演说家、作家、记者，出身于贵族家庭，父亲伦道夫勋爵曾任英国财政大臣。

3. 有一本书稿，将英国首相希思写为我国官方媒体不常用的“希斯”，建议使用“希思”的译名。

希思，爱德华·理查德·乔治·“泰德”·希思爵士（1916 年 7 月 9 日—2005 年 7 月 17 日），英国军人和政治家， 1970 年至 1974 年任英国首相。

4.《临水照花人：张爱玲传奇》书稿第 194 页：（她）“在印度尼西亚，做了尼赫鲁姊姊的英文秘书”。典型的张冠李戴。印度总理尼赫鲁，“跑到”

了印度尼西亚。

贾瓦哈拉尔·尼赫鲁（1889年11月4日—1964年5月26日），印度开国总理，也是印度在位时间最长的总理（1947年—1964年）。

（二）随意丑化、嘲讽

1.《**战斗，玩爆地球（下）**》书稿中写道：克林顿除了擅长性丑闻外，还擅长搞政治丑闻，各种由他主演的“门”层出不穷，花样翻新，如：“白水门事件”“旅行门事件”“档案门事件”“特赦门事件”。说克林顿收人好处，特赦诸多罪犯。克林顿“光荣”地成为20世纪政坛最牛的丑闻高手，绝对是一个名副其实的“丑闻帝”。

克林顿，威廉·杰斐逊·克林顿，美国律师、政治家，美国民主党成员，曾任阿肯色州州长、全美州长联席会议主席、联合国海地事务特使、克林顿基金会主席、第42任美国总统。

点评：克林顿系美国第42任总统，在任八年，与我国党和国家领导人交往甚多，总体上对我国友好。因此，在书中写到克林顿时，应客观公允，不应戏说、嘲讽。

2.《**美丽长夜**》第202页：据说玛丽莲·梦露就是被美国总统肯尼迪干掉的，因为她不仅跟肯尼迪有一腿，还跟别的男人有一腿，甚至跟肯尼迪的哥哥有一腿，所以最终死于非命。

点评：这种说法有点捕风捉影，没有确凿的证据，也没有比较可靠的权威说法，以这种语言来描写美国前总统与好莱坞演员玛丽莲·梦露的私生活，很不严肃。

玛丽莲·梦露，1926年6月1日出生在加利福尼亚州洛杉矶市，美国女演员。

肯尼迪，约翰·菲茨杰拉德·肯尼迪（1917年5月29日—1963年11月22日），美国第35任总统。

3.《**希拉里·克林顿**》书稿第6页将克林顿和希拉里比作黑手党，违背他们的人，或他们原来的对手，都会招致他们的仇恨，并遭到无情的打击。第五章“死亡挑战书”讲的是对“不听话”的记者的无情打压，说希拉里和克林顿是冷酷无情、唯利是图的人，对成为自己累赘的人会尽快甩开，如第294页对待自己曾经的得力助手班德就是如此。

第7—9页所描述的希拉里完全是一副冷漠无情的形象。在“失控的大选”中，克林顿最后的失误也让人觉得他是故意为之，让希拉里输掉选举，因为希拉里入主白宫会让他名声扫地。看后让人觉得他们是两个不可理解的人。

在“白宫最后的时光”一节中，克林顿的形象完全是一个只顾自己利益而不管国家与人民利益的人，完全没有总统风度，只是一个可笑的小丑。

第七章“画地为牢的泡泡”中，讲了奥巴马政府对希拉里的排斥，而希拉里在国务卿的职位上，除了给自己2016年的大选铺路，并未有什么政绩，是个说的比做的好的人，是一副自私虚伪的形象。

点评：希拉里曾任美国国务卿，又曾参与竞选美国第58届总统，是当前美国的一位重要政治人物。因此，对希拉里的描写要把握好分寸，尤其是涉及评述克林顿、奥巴马与希拉里三人之间关系的，更要以我国的外交政策做依据，不能信口开河，信笔写来。

4.有一本书稿写道：“卡特是个低能的总统……”

点评：卡特是美国第39任总统，也曾多次来我国访问，还曾骑自行车与北京市民近距离接触，展现了与我国友好的一面，称其“低能”，这是对其人格的贬损和侮辱。

十一、有关中外知名人士的姓名差错

在审读书稿中，我们经常发现中外古代和现代一些知名人士姓名被写错。其中，有的人堪称“大人物”，其姓名及生平如雷贯耳，家喻户晓，却在编辑笔下成了“灯下黑”，岂不怪哉?！列举如下：

1.《蒋介石自述（上）（下）》书稿：

蒋介石错为蒋介氏。

蒋介石（1887 年 10 月 31 日—1975 年 4 月 5 日），名中正，字介石。生于清朝末年浙江省宁波府奉化县（今浙江省宁波市奉化市）。

宋美龄错为蒋美龄。

宋美龄（1897 年 3 月 5 日—2003 年 10 月 24 日），广东文昌（今属海南）人。蒋介石的夫人。

张作霖错为张作霜。

张作霖（1875 年 3 月 19 日—1928 年 6 月 4 日），字雨亭，汉族，奉天省海城县驾掌寺乡马家房村西小洼屯（今辽宁省海城市）人。

冯玉祥错为冯主祥。

冯玉祥（1882 年 11 月 6 日—1948 年 9 月 1 日），谱名基善，表字焕章，安徽巢县（今巢湖市夏阁镇竹柯村）人，生长于直隶省保定府（今河北省保定市），国民革命军陆军元帅，西北军领袖。

谭延闿错为谭延恺。

谭延闿（1880 年—1930 年），字祖安、祖庵，号无畏、切斋，湖南茶陵人，曾经任两广督军，三次出任湖南督军兼省长兼湘军总司令，授上将军衔，陆军大元帅。曾任南京国民政府主席、行政院院长。

2.《国学经典一日一句》书稿：

释迦牟尼错为释迦摩尼。

释迦牟尼，原名乔达摩·悉达多，古印度著名思想家，佛教创始人，出生于今尼泊尔南部。被后世尊称为佛陀、世尊等；汉地尊称他为佛祖，即“佛教祖师”。被世人尊为神明。

3.《民进党沉浮内幕》书稿：

游锡堃错为游锡。

游锡堃，1948 年 4 月出生在台湾省台北市宜兰县。2006 年 1 月 15 日，当选民进党主席。2007 年 9 月 21 日，因“首长特别费”之争议遭到最高检察署特侦组起诉，辞去党主席一职。

4.《第一公民——陈嘉庚传》书稿：

阎锡山错为阎西山。

阎锡山（1883 年 10 月 8 日—1960 年 5 月 23 日），山西五台县河边村人。民国时期，历任山西省都督、督军、省长、北方国民革命军总司令、国民党中央政治委员、军事委员会副委员长、太原绥靖公署主任、第二战区司令长官、山西省政府主席、行政院院长兼国防部长等职。从辛亥革命开始统治山西达 38 年之久。

蔡廷锴错为蔡挺锴。

蔡廷锴（1892 年—1968 年），字贤初，汉族，广东罗定广府人。行伍出身，由士兵升任 19 路军上将总司令。中华人民共和国成立后，任中国人民政治协商会议第四届全国委员会副主席。

5.《麻辣经济学》书稿：

易中天错为易天中。

易中天，生于 1947 年 2 月 8 日，湖南长沙人，中国知名作家、学者。

6.《“十三个如何”学习读本》书稿：

吴敬琏错为吴敬链。

吴敬琏，1930 年 1 月 24 日出生，南京人，当代中国经济学家。

7.《燕步集》书稿：

努尔哈赤错为努尔哈亦。

努尔哈赤，清太祖爱新觉罗·努尔哈赤（1559年2月21日—1626年9月30日），清王朝的奠基者。

8.《风雨北大，水木清华》书稿：

蒋中正错为蒋中。

蒋中正，即蒋介石。

邓稼先错为邓稼。

邓稼先（1924年—1986年），中国科学院院士，著名核物理学家，中国核武器研制工作的开拓者和奠基者，为中国核武器、原子武器的研发做出了重要贡献。

叶企孙错为叶企荪。

叶企孙（1898年7月16日—1977年1月13日），上海人。中国卓越的物理学家、教育家，中国物理学界的一代宗师，中国科学史事业的开拓者。

9.《党支部书记实用方法与规程一本通》书稿：

秦始皇错为奏始皇。

秦始皇（前259年—前210年），嬴姓，赵氏，名政。秦庄襄王之子。中国历史上著名的政治家、战略家、改革家，首位完成中华大一统的铁腕政治人物。

10.《断死师》书稿：

蔡桓公错为蔡恒公。

蔡桓公，即田齐桓公，田氏代齐以后的第三位齐国国君，谥号为“齐桓公”。

11.《愿你被这世界温暖相待》书稿：

孙犁错为孙梨。

孙犁（1913年5月11日—2002年7月11日），中国现当代小说家、散文家。原名孙树勋，河北安平人。

夏丏尊错为夏丐尊。

夏丏尊（xià miǎn zūn），名铸，字勉旃，后（1912年）改字丏尊，号闷庵。文学家，语文学家。浙江绍兴上虞人。

12.《走向善治》书稿：

胡光墉错为胡惟庸。

胡光墉，字雪岩，清代著名徽商。

13.《神秘的吸血鬼》书稿：

郑振铎错为郑振锋。

郑振铎，我国现代杰出的爱国主义者和社会活动家、著名作家、文学评论家、文学史家、翻译家、艺术史家，也是国内外闻名的收藏家。

秦国大将王翦错为王剪。

王翦，战国时期秦国名将，关中频阳东乡（今陕西富平东北）人，秦国杰出的军事家。

14.《民国范儿》书稿：

吴佩孚错为吴佩宰。

吴佩孚（1874 年 4 月 22 日—1939 年 12 月 4 日），字子玉，山东蓬莱人，民国时期军事家，中国国民革命军一级上将，官至直鲁豫两湖巡阅使等。

陈果夫错为成果夫。

陈果夫（1892 年—1951 年），名祖焘，字果夫。浙江吴兴东林镇人。民国时期知名政治人物。

梁漱溟错为粱漱溟。

梁漱溟（1893 年 10 月 18 日—1988 年 6 月 23 日），蒙古族，原名焕鼎，字寿铭。中国著名的思想家、哲学家、教育家、社会活动家、爱国民主人士，主要研究人生问题和社会问题，现代新儒家的早期代表人物之一。

郭沫若错为郭万若。

郭沫若（1892 年 11 月 16 日—1978 年 6 月 12 日），幼名文豹，原名开贞，字鼎堂，号尚武，是中国新诗的奠基人之一、中国历史剧的开创者之一、古文字学家、考古学家、社会活动家。

宗白华错为宗自华。

宗白华，中国现代新道家代表人物，哲学家、美学家、诗人。

胡絜青错为胡契青。

胡絜青（1905 年—2001 年），满族正红旗人，1931 年毕业于北京师范大学国文系。1958 年受聘于北京中国画院，一级美术师。

15.《斯皮尔伯格传》书稿：

莱维特错为莱维顿。

约瑟夫·高登 - 莱维特（Joseph Gordon-Levitt），1981 年 2 月 17 日出生于美国加利福尼亚州洛杉矶市，美国演员。

16.《党员干部的 15 堂幸福课》书稿：

居里夫人错为居里夫。

玛丽亚·斯克沃多夫斯卡 - 居里（1867 年 11 月 7 日—1934 年 7 月 4 日），通常被称为玛丽·居里或居里夫人，波兰裔法国籍女物理学家、放射化学家。她的成就包括开创了放射性理论，发明了分离放射性同位素的技术，以及发现两种新元素钋（Po）和镭（Ra）。

17.《世界戏剧学》书稿：

亚里士多德错为亚里斯多德。

亚里士多德（前 384 年—前 322 年），古希腊哲学家，柏拉图的学生、亚历山大大帝的老师。

18.《名校新校本经典名著阅读（北京海淀区重点小学内部教材）（下册）》书稿：

拉宾德拉纳特·泰戈尔错为罗宾德拉纳特·泰戈尔。

拉宾德拉纳特·泰戈尔（1861 年—1941 年），印度著名诗人、文学家、社会活动家、哲学家和印度民族主义者。

十二、国名、地名、城市名等方面的差错

国名、地名、城市名，涉及历史沿革和人文地理，是经过国家或有关方面正式批准并公布的，具有真实性、严肃性和权威性。我们审读书稿时，经常发现有一些不应当出现的国名和地名差错，有的甚至错得有点可笑和邪乎。列举如下：

1.《第一公民——陈嘉庚传》书稿：

新加坡错为新家坡。

新加坡，全称为新加坡共和国，旧称新嘉坡、星洲或星岛，别称为狮城，是东南亚一个面积不大的岛国。

2.《旧时光——那些文字里的爱与风景》书稿：

意大利错为意大列。

意大利，全称意大利共和国，主要由南欧的亚平宁半岛及两个位于地中海中的岛屿西西里岛与撒丁岛所组成。

3.《货币的逻辑》书稿：

意大利错为義大利。

泰晤士河错为泰晤土河。

泰晤士河，位于英格兰东南，全长约 338 公里，为英格兰最长之河流，也是全世界水面交通最繁忙的都市河流和伦敦地标之一。

名古屋错为名士屋。

名古屋市，日本爱知县的首府，日本三大都市圈（东京大都市圈，京阪神大都市圈，名古屋大都市圈）之一，属于日本二战前的国内六大都市之一。

威尼斯错为委尼司。

威尼斯是意大利东北部著名的旅游与工业城市，也是威尼托地区的首府。

4.《风雨》书稿：

日月潭错为月月潭。

日月潭，位于中国台湾地区阿里山以北、能高山之南的南投县鱼池乡水社村，旧称水沙连、龙湖、水社大湖、珠潭、双潭，亦名水里社。

5.《中国全史》书稿：

泗水县错为泅水县。

泗水县，属山东省济宁市辖县，位于山东省中南部，泰沂山区南麓，总面积 1118.96 平方公里。

琅琊山错为琅砑山。

琅琊山，位于安徽省滁州古城西南约 5 公里、现滁州市的西郊。主峰小丰山，海拔 317 米，总面积 240 平方公里。

敦煌错为孰隍。

敦煌，甘肃省酒泉市代管的一个县级市，位于甘肃省西北部，历来为丝绸之路上的重镇，是国家历史文化名城。

6.《抗日战争时期陕甘宁边区财政经济史料摘编》第六编“财政”书稿：

晋察冀边区错为晋察翼边区。

晋察冀边区：抗日战争时期中国共产党领导的敌后抗日根据地之一。

7.《神秘的吸血鬼》书稿：

新疆维吾尔自治区错为新疆省。

新疆维吾尔自治区，简称新，位于中国西北边陲，首府乌鲁木齐，是中国五个少数民族自治区之一，面积 166 万平方公里，占中国国土总面积的六分之一。

8.《看懂世界经济的第一本书》书稿：

埃塞俄比亚错为埃塞俄毕业。

埃塞俄比亚，全名埃塞俄比亚联邦民主共和国（旧称“阿比西尼亚”），是一个位于非洲东北部的国家。

9.《一个帝国的生与死——水浒里不为人知的历史密码》书稿：

澶州错为檀州。

澶州：北宋时又称开德府。公元 997 年，宋真宗赵恒以皇太子嗣位，曾经几次御驾亲征，定澶渊之盟（即澶州），给国家创造了一个长期和平发展的有利时机。

卢沟河错为泸沟河。

卢沟河，其源出于代地，名曰小黄河，以流浊故也。自奉圣州界流入宛平县境。

10.《绝望中的巨人》书稿：

株洲错为株州。

株洲，古称建宁，湖南省辖地级市。

小岗村错为小岗头村。

小岗村隶属于安徽省凤阳县，是中国农村改革发源地，全国十大名村之一，国家 AAAA 级旅游景区，沈浩精神起源地、中国幸福村、中国乡村红色遗产名村、全国旅游名村、全国干部教育培训基地。

11.《生如草叶：惠特曼经典诗选》书稿：

佛罗里达错为弗罗里达。

佛罗里达州，中文简称为佛州，是美国南部的一个州，亦属于墨西哥湾沿岸地区，是美国人口第四多的州。

12.《剪烛西窗》书稿：

弗吉尼亚错为维吉尼亚。

弗吉尼亚即弗吉尼亚州，位于美国东部大西洋沿岸，是美国最初的 13 个州之一。

阿肯色州错为肯德基州。

阿肯色州，简称阿州，是美国南部的一个州。

圣彼得堡错为彼得堡。

圣彼得堡，位于俄罗斯西北部，是俄罗斯的中央直辖市、全俄重要的水陆交通枢纽，是世界人口超过百万的城市中位置最北的一个，被称为俄罗斯的“北方首都”。

十三、有关重大历史事件等方面的差错

重大历史事件，有的震惊中外，有的名垂青史，有的令人心痛，至今仍让国人记忆犹新。历史教科书中，多有重大历史事件的记述。书稿中凡涉及重大历史事件的有关史实和背景材料，都要确凿有据，不得错讹。但在编辑书稿时，我们却发现有不少这样的差错。列举如下：

1. 美国南北战争结束是 1865 年，书稿中却写成“1872 年”。

2. 1927 年蒋介石在上海发动“四一二”政变，有的书稿写成 1928 年。

3. 一二·九运动是一场反帝爱国主义运动，却漏了一个“帝”字变成了“一二·九运动是一场反爱国主义运动”，整个意思相反，属于政治性差错。

4.《实话实说邓小平》书稿，“1974 年元月上旬，爆发西沙之战”，此表述不准确，应写明“1974 年 1 月 19 日”即“1·19 海战”。

5.《民国范儿》书稿中写 1945 年 8 月 10 日，日本宣布无条件投降。正确的日期是 1945 年 8 月 15 日。

6.《党员手册》书稿：将党的十八大报告错为八大报告，漏了一个“十”字。

7.《党务工作实用方法与规程一本通》书稿，将十八大报告错为十八报告，漏了一个“大”字。

8.《新编党支部书记培训教材》书稿第 192 页：将党的十八大报告是一篇马克思主义的纲领性文献，错为党的十大报告是一篇马克思主义的纲领性文献，漏了一个“八”字。

9.《道路自信理论自信制度自信学习读本》书稿：将十八大错为十八在。

10.《货币的逻辑》书稿第 232 页：将 1851 年太平天国起义，错为 1860 年太平天国起义，前后相差 9 年。

11.《做最好的党支部书记》书稿，将十八大报告中明确指出，错为大报告中明确指出，漏了“十八”两个字。

12.《**心灵之舞**》书稿，说唐王李世民御驾亲征高句丽，罗成和程咬金赶紧一左一右护卫着李世民。

点评：罗成在正史中并无此人，是历史演义小说中的虚构人物，《说唐演义全传》中说他在622年战死，《隋唐演义》中则说他没有战死，活到了太宗征讨高句丽的时代。程咬金在历史中确有其人，不过正史记载太宗征讨高句丽时他留守长安，部分小说倒是写他随驾征讨高句丽。在正史中李世民也不称“唐王”，小说中才这样写。所以这段材料不是出自正史，而是出自传说、小说，如此不加甄别，拿来就说，有些不负责任。

十四、语法修辞方面的差错

著书立说，既要观点正确，结构严谨，又要讲究语法修辞，力求文通字顺，便于读者阅读和理解。然而，由于作者的写作水平和文字能力所限，我们在书稿审读中，经常看到语法修辞方面的差错，林林总总，比比皆是。有的缺失主语，有的主宾语搭配不当，有的逻辑混乱，词不达意，有的文字颠倒，有的甚至表达了相反的意思。此类差错必须加以认真修改。列举如下：

1.《做最好的团员》书稿第 12 页：发挥了积极的因素（应改为：**发挥了积极的作用**。或改为：**调动积极因素**）。

第 34 页 村干部们被他征服了（应改为：**村干部们被他说服了**）。

2.《微历史@宋朝人——公元960~1279，历史的回声与心声》书稿第 31 页：规定凡七品以上的在京官员皆可入学（应改为：**规定凡七品以上的在京官员子弟皆可入学**）。

第 78 页：经常走动与王侯将相之门（应改为：**经常走动于王侯将相之间**）。

第 97 页：宋廷下了摊派（应改为：**宋廷下令摊派**）。

第 101 页：屋前种着葡萄架（应改为：**屋前有葡萄架**）。

3.《先民的歌唱——诗经》书稿，第233页：秦襄公就带领军队救周有功（应改为：**秦襄公带领军队救周有功**）。

第 430 页：革命的群众就把召公的家包围起来（应改为：**暴动的群众就把召公的家包围起来**）。

第 441 页：没有韵的诗是时代最早的诗（应改为：**没有韵律的诗是最早的诗**）。

第 321 页：从天子的地方出发（应改为：**从天子所在的地方出发**）。

4.《此刻不爱的人都有罪》书稿，第 2 页：犹如季节，必定会消逝离去；犹如年迈老人的生活，冗长乏味。（应改为：**犹如季节，必定会循环往复；犹**

如年迈老人的生活，已不像年轻时那样富有活力。）

点评：老年人退休了，正是含饴弄孙、尽享天伦之乐的“黄金年月”。有一首歌曲唱道：“最美不过夕阳红……”书稿中说年迈老人的生活“冗长乏味”，明显消极也不符合事实。

5.**《神话的故乡——山海经》**书稿，第 228 页：比翼鸟生产在海外（应改为：**比翼鸟生活在海外**）。

6.**《黑金：美联储怎样操控世界》**书稿，第 251 页：政治责任会因而被分配给一个由选举产生的执行机构（应改为：**政治责任会因此被分配给一个由选举产生的执行机构**）。

7.**《发展党员工作实用方法与规程一本通》**书稿，第 42 页：使进一步加深对党的认识（应改为：**使其进一步加深对党的认识**）。

第 111 页：入党积极分子一旦被确定为发展对象，很快就可以办理入党手续进入党内（应改为：**入党积极分子一旦被确定为发展对象，再经过一段时间的考察培养，就可能很快被党组织发展为预备党员，并办理相关入党手续，进入党内**）。

第 127 页：党委书记交待会议议程（应改为：**党委书记宣布会议议程**）。

第 128 页：宣誓仪式的气氛要严（应改为：**宣誓仪式的气氛要庄严**）。

第 181 页：这杆独木桥（应改为：**这座独木桥**）。

8. **《做最好的党支部书记》**书稿，第 4 页：没有足够的资金为村里老人养老院（应改为：**没有足够的资金为村里老人建养老院**）。

第 10 页：如何这些工作已经做好（应改为：**如果这些工作已经做好**）。

第 121 页：党员的年龄水平（应改为：**党员的年龄结构**）。

第 121 页：党员战斗堡垒作用（应改为：**党支部战斗堡垒作用**）。

9.**《宇宙大爆炸》**书稿中，第 13 页：“大约在下一个十亿年后，第一批恒星、星系和行星都初具规模了。”（**原句不甚通顺，应改为：“大约在十亿年后，第一批恒星和行星都已初具规模。”**）。

第 31 页：“恒星：巨大的，极热的，冒着热气的球体。”（**将“恒星”定**

义为“球体”，不够准确，应改为：“**恒星：由炽热气体组成的，能自己发光的球状或类球状天体。**”）。

10.《古人的讽刺艺术——儒林外史》书稿，第23页：提供为读者们参考（应改为：**提供给读者们参考**）。

第98页：把弹子打瞎了别人的眼睛（应改为：**用弹子打瞎了别人的眼睛**）。

11.《本色》书稿，第112页：常常反思那一段痛彻心扉（应改为：**常常反思那一段痛彻心扉的经历**）。

第122页：黄色老板（应改为：**黄色性格的老板**）。

第324页：给自己留的活口（应改为：**给自己留的借口**）。

12.《名校新校本经典名著阅读（北京海淀区重点小学内部教材）（下册）》书稿，第6页：将生死置身度外（应改为：**将生死置之度外**）。

第115页：冰心在创作诗集上颇有天赋（应改为：**冰心在诗歌创作上颇有天赋**）。

第129页：这是这些一个又一个（应改为：**就是这些一个又一个**）。

13.《文化苦旅》书稿，第115页：中国之所以落后于世界列强，关键在于清代（应改为：**中国之所以落后于世界列强，关键在于清王朝后期的腐败无能**）。

第230页：“文革”的炼狱，使他获得浴火重生（应改为：**“文革”的磨难使他浴火重生**）。

14.《有时》书稿，序言第4页：最后一眼写香港（应改为：**最后一眼看香港**）。

序言第11页：照亮自己的道理（应改为：**照亮自己的道路**）。

第5页：出身古老、举止温文（应改为：**出身高贵、举止温文尔雅**）。

第142页：一支芦苇（应改为：**一枝芦苇**）。

第164页：一本作家（应改为：**一位作家**）。

15.《如果可以这样做农民》书稿，第4页：研发各种有机的方法（应改为：**研发各种有机农作物耕种的方法**）。

第11页：会不会太私人（应改为：**会不会太自私**）。

第13页：越来越多的有机销售渠道（应改为：**越来越多的有机农产品销售**

渠道）。

第 58 页：他辞掉台中市三万多的月薪（应改为：**他辞掉台中市三万多月薪的工作**）。

第 64 页：创业者的意气风发在他脸上刮过（应改为：**创业者意气风发的雄心壮志展现在他的脸上**）。

第 116 页：四条桌子（应改为：**四张桌子**）。

第 195 页：相当于主动进入约束（应改为：**相当于主动接受约束**）。

第 209 页：西方经济学是建立在人是理性的、趋利的（应改为：**西方经济学是建立在人是理性的、趋利的观念之上**）。

第 222 页：她后来跑到加拿大做有机农妇（应改为：**她后来跑到加拿大做有机食品**）。

十五、有关数字与年份方面的差错

书稿中经常会有各种数字与年份出现，这是著书立说必不可少的。数字或数据、图表用好了，对作者表达思想、立论立据有好处，年份用对了，可以表明时代，使内容真实可信、条理清晰。如果使用错误，或者体例不一致，变成了乱用、错用、混用，就不只是会误导读者，还可能谬误流传，贻笑大方。列举如下：

1.《第一公民——陈嘉庚传》书稿，第15页：光绪二十一年（1894）应改为：光绪二十年（1894）。

2.《中国全史》书稿，第24页：立——种宇宙观（应改为：立一种宇宙观）。

第34页：九六O（应改为：九六〇）。

第412页：三。四（应改为：三〇四）。

第430页：晋元帝人兴四年（应改为：晋元帝大兴四年）。

第481页：梁武帝大通二年（应改为：梁武帝中大通二年）。

第601页：会吕元年三月（应改为：会昌元年三月）。

3.《抗日战争时期陕甘宁边区财政经济史料摘编》系列书稿，第四编“商业贸易”：

第56页：两3亿（应改为：两三亿）。

第108页：25分之一（应改为：二十五分之一）。

第177页：919261元八角二分（应改为：919261.82元）。

第200页：月10（应改为：10月）。

第215页：1004、500斤（应改为：一千四五百斤）。

十六、外版书翻译方面的差错

近些年引进版权的图书日渐增多，这既是一种好现象，可以借此向国人推荐国外的一些好作品，同时也给图书编辑带来了新的挑战。实践证明，有的外版书翻译水平较高，比较适合国内读者阅读，但也有不少外版书翻译质量较差，差错率较高。有的人名、地名、年代或时间翻译有误；有的语法修辞不准确，容易产生歧义；有的数字大小写不规范，尤其是音标错误屡见不鲜，审读起来令人头疼。列举如下：

1.《**美国凭什么**》书稿，英文人名、事件、文件名称有些未译出，有些译名不一致，有些未按正式译名翻译。目录、正文、眉题也不一致。

2.《**雅尔塔**》第 90 页等处，斯洛文尼亚译为斯洛维尼亚、卢布尔雅那译为卢布亚；第 304 页，基辛格译为季辛吉；第 174 页意大利共产党总书记陶里亚蒂译为托力亚第；第 428 页教皇名字约翰·保罗译为若望·保罗，等等。

3.《**生如草叶：惠特曼经典诗选**》第 212 页第四行：Our modern wonders,（the antique ponderous Seven outvied，）翻译为：我们的现代奇迹，显得“词不达意”，毫无诗趣。第 227 页“无论谁的妻子、儿女、丈夫、父亲和最亲密的，下沉了，都是天意所定，不容更改”句中的“下沉了”，在“句意”上不明确，有点莫名其妙。类似这样的译文及段落，书稿中出现较多。国际著名诗人的作品几乎被弄得不伦不类。

4.《**国王制造者**》与原书名 *What a Party* 语义明显不符。

第 148 页：披萨（通译为：**比萨**）。

第 235 页：福罗里达州（通译为：**佛罗里达州**）。

第 246 页 ：加里福尼亚州（通译为：**加利福尼亚州**）。

5.《**地中海的衰落**》书稿总体内容较好，但翻译水平很差。列举如下：

第 20 页：在哪个时期（应译为：**在那个时期**）。

第 22 页：用石斧砍到 26 棵（应译为：**用石斧砍倒 26 棵**）。

第 604 页：汉莫拉比（通译为：**汉谟拉比**）。

第 72 页：支承着天花板（应译为：**支撑着天花板**）。

第 155 页：极大部分建筑（应译为：**绝大部分建筑**）。

第 168 页：需不可少的原料（应译为：**必不可少的原料**）。

十七、有关文稿体例方面的差错

书稿“齐清定”后，经初审、复审、终审交排版组排出清样，严格说来，这时候的书稿版样应当基本符合印制出版要求了。但在最后核红时，仍发现书稿体例方面存在的问题相当多。列举如下：

1.《**左手李煜 右手纳兰**》书稿中涉及人物年龄时既有用汉字的，也有用阿拉伯数字的，使用混乱，应全书统一。

2.《**全新环境故事**》书稿的“字体”由两部分组成：一是“宋体字”，另一个是“美术体”字，就本书的最大读者群而言，主要是少儿、少年以及环保组织机构中的一些人员。用“美术体”字可能有美化版式的作用，但也可能因此给年龄较小的读者阅读时带来不必要的困难。

3.《**给人生 365 个忠告大全集**》书稿中的“365 个忠告”，涉及古今中外诸多领域，但条与条之间，在写作风格上不一致，篇幅的长短也不一样，短的不足 3 行（几十个字），长的却有 2 页多，有 1700 多字，篇幅悬殊过大，如第 132 页、第 133 页。有些篇章内容显得过于跳跃，内在逻辑性也欠缺。

4.《**斯人独憔悴**》原文的篇章之末，有注明发表日期的，也有没注明发表日期的，全书应该统一。

5.《**毛泽东评述中国历代帝王**》书稿，第 25 页，范老，指范文澜，应加括号，并注全名。

第 62 页：前汉自 元帝开始……，“自”“元”之间不应留空。第 78 页，时 事出版社。“时”“事”之间不应留空。

6.《**台湾大师的解读——唐宋词选**》书稿中，同一段落字体、字号不统一，字有大有小，有粗有细，应统一。文稿中引用的“词作”，大多“一句一行”，也有不少“两句或三句一行”的，显得句式太乱。

7.《**从来没有太晚的开始**》书稿，文前辅文的页码设计与正文页码设计完全一样，容易混淆。

每章开篇页版式设计不合理，应将章节的序号和每章标题设计在一起，这样整体感更强。

正文第一页属于第一章，设计时却没有算在正文里，也无页码编号。

8.《**北岛相遇**》书稿，书眉全用的第一章节的书眉。

文中有不少繁体字、异体字，字型不统一。

正文标题比副标题字号小，还有的三级标题比二级标题字号大，有违常规。

9.《**袁崇焕研究论集**》书稿，个别引文或著者论述前后不一致。

第 175 页：注释⑨⑩与第 122 页注释内容不相符。

第 40 页，第 53 页，第 59 页，出现“喀拉慎”或“喀喇沁”，地名不统一。

第 245 页：“20 岁的皇帝”，前面却是 18 岁，其年龄前后矛盾。

10.《**抗日战争时期陕甘宁边区财政经济史料摘编**》第一编“总论”：篇章页体例不统一，有的是 1943 年至 1945 年，有的是 1937—1940 年。

第二编“农业”：第 125 页，第一个表格中有几处格式出现错误，需对照改正。

第四编“商业贸易”：第 307 页，陕甘宁边区物资局组织暂行规程，版式不对，且不应居于页首。

第六编“财政”：文稿中一会是“万担”，一会是“万石”，不统一，究竟哪个对，读者搞不清楚，需核对修改。

11. 有的书稿多处出现背题；有的每个章节的标题字号不统一，有大有小，有的是宋体字，有的是楷体字。

12. 有的书稿版权页内容不全，有的却很庞杂；有的标有印张、印数，有的有印张无印数；有的只标有作者，有的既有作者还标有出品人和策划人；有的已标有责任编辑，还标有特约监制和特约编辑，有的还标有电脑排版，等等，应统一规范。

13. 有的书稿，目录中章节标题与页码混排，有的目录标题字号不统一，显得杂乱无序。

十八、书稿书名、目录、标题方面的差错

书名和封面好比一个人的姓名和面孔，目录就是这个人的整体装扮，如果书名不准确，目录又混乱无序，就相当于一个人出门脸上有灰尘，衣服脏乱不整洁，试问，像这样脏兮兮的样子，谁还乐意与他（她）做朋友？与此同理，如果是一本书，试问，哪位读者还会掏腰包购买？

1.**《中国最美古诗词》**在目录部分，有不少词作只列出了词牌，没有写明具体的“词题”，不利于阅读或检索。如柳永的《雨霖铃》应改为《雨霖铃·寒蝉凄切》，并在目录上注明其正文部分。

2.**《给人生365个忠告大全集》**目录页码的具体标示全部错误，都是“232”，需要全部重新编码并标示。

3.**《微历史@宋朝人——公元960~1279，历史的回声与心声》**书名过于冗长。

4.**《中国人的圣书——论语》《救世的苦行者——墨子》**两书，目录的排版，如果排竖行，应从右至左，不能从左到右。

5.**《爱你：一不小心就从例行公事变成了白头到老》**书名偏长，共19个字，加上中间的冒号为20个字。可改为《爱你：就相守白头到老》。

6.**《国家的秩序——韩非子》**目录页竖排应统一从右至左，且目录页次跟内文不符。

目录页第二章“明法去私”中的小标题与正文不符。

7.**《新编入党培训问答》**书稿，目录第二章“为什么说‘三个代表’重要思想是我们党的立党之本、执政”（漏掉：之基、力量之源）。

第三章“党的最终和现阶段任务”，（漏掉：目标二字）。

8.**《发展党员工作实用方法与规程一本通》**各章标题“引题”全部与书名不符。书名《发展党员工作实用方法与规程一本通》，引题是《发展党员工作规程方法与案例一本通》，全书应统改。

9.**《科学知识的终极读本》**书名不准确：“终极”表示最终和末了的意思。

好像此书之外不再有新的科学知识创新了，这与事物发展的规律相悖。

10.《**你配得上更好的世界**》书稿，语言粗俗，观点不当。

如：小标题“我不屑于好好做人”；“每一场相亲都像一场耻辱”；“阅读让人越来越低”；“男人们，出轨吧，舆论永远厚待你”；“李白同学，过来艳个遇呗”；“我一直觉得，做人是非常低级、无聊，并且莫名其妙的要求”。

11.《**姑娘，欢迎降落在这残酷世界**》原书稿观点偏激，导向错误。如第104页：小节题目“在恶人横行的世界里，沉着成为一名好人”。

第81页：小标题“一夜情也是情？”

12.《**你我皆凡人**》书稿中，目录：英雄，不过是一只幸运狗。

13.《**中国全史**》书稿标题，第19页：周代文化之特色管仲之功业，（应改为：**周代文化之特色 管仲之功业**）。

第32页：西北民族第三次侵中原（应改为：**西北民族第三次攻入中原**）。

第555页：印度之侧陡（应改为：**印度之征服**）。

第608页：第十章 外患之侵陵（应改为：**第十章 外患之侵凌**）。

14.《**唐朝绝对很邪乎**》书稿，有一个标题：李白是个文抄公。

15.《**我不过低配的人生**》书稿，第4页：昔年金庸有篇怪小说《侠客岛》（应改为：**昔年金庸有篇武侠小说《侠客行》**）。

16.《党员干部交往指南》书稿，第1页标题：共产党人的交往之道是净化政治生态的重要法宝（应改为：**共产党人的交往之道是净化政治生态的重要一环**）。“重要法宝”的提法在党的理论实践中早期是指革命时期的统一战线、武装斗争、党的建设。后来是指理论联系实际、密切联系群众、批评与自我批评。这是约定俗成，众所周知的，而共产党员的交往之道不宜用“重要法宝”的提法，一些重要的政治术语，不能随意提口号。

第4页标题：把好交往分寸是保持党的先进性的根本保证（应改为：**把好交往分寸是党员干部保持先进性的内在要求**）。将党员干部的交往分寸拔高为保持党的先进性的根本保证，言之过高，保持党的先进性，主要是学好并践行好党章的要求，并严格遵守党纪国法。

17.《〈资治通鉴〉治国理政智慧160问》书稿，第8页标题：为什么说公正是政治的全部（应改为：**为什么说公正是领导者应有的品德**）。政治是个大概念、种概念，公正相对于政治来说是子概念，只是其中之一。此节文字本来表述领导干部应公正为官，但标题却将公正扩大为政治的全部，以偏概全。

第 143 页标题：如何做官场“不倒翁”（应改为：**为什么要永远牢记为官之道**）。做官场“不倒翁”的提法不妥，更不能在党的理论建设读物中提倡。官场“不倒翁”多指从政者只顾及自身职位，为保乌纱帽丧失原则，左右逢源，只求自身官运亨通。因此，标题如此表达引导领导干部去做官场“不倒翁”，观点有点荒谬。

第 148 页标题：为什么用特权开特例就特难领导（应改为：**为什么说领导不应该有特权**）。标题表述繁复，且言之无据，表述不当。

第 187 页标题：领导者为什么一定要学会给前任点赞（应改为：**为什么领导者不能轻易否定前任的决策**）。此节内容是说领导干部通常要尊重前任领导班子已经做出的重要决策，不能搞“一朝天子一朝臣，一个将军一个令”。绝不能以否定前任领导班子的工作决策和业绩来证明自己高明，这是为官者的一忌。但反过来，如果前任的决策被实践证明是错误的，当然可以否定，也不能提倡盲目地、不分正误地一定要学会为前任点赞。

第 204 页标题：为什么说要讨上司喜欢就必须用点心（应改为：**为什么说要想受到器重就必须认真做事**）。以讨上司喜欢为标题，观点导向不正确，领导干部认真做事，勤勉为官是正道。书稿提出要讨上司喜欢，传达的是不正确的为官之道。

点评：书名及文中标题制作，基本上要遵循六个字，即：准确、简洁、新颖。从以上列举的一些差错看，普遍不符合这六个字的要求。有的冗长，有的庸俗，更为突出的是，随心所欲，胡编乱造，不讲究出版导向。诸如，标题“一夜情也是情”“我不屑于好好做人”“男人们，出轨吧，舆论永远厚待你”，等等，所表现的思想观点与社会主义核心价值观格格不入，与正常的人伦道德和公序良俗背道而驰。图书编辑是书稿政治思想和语言文字的把关者，应有“火眼金睛”和专业技能，要对书稿中出现的所有问题及时识破并予以纠正，否则，就是失职！

十九、 标点符号使用方面的差错

标点符号是著书立说必不可少的文字工具和遣词造句的必备手段，如果使用不当，不只是会闹出笑话，更重要的是会损害作者思想观点的表述，也会影响读者对其作品的欣赏与理解。此事重要，千万不要以为逗号、分号无足轻重。列举如下：

1.《海瑞官场笔记》书稿中，出现最多的是结构层次序号后的标点使用错误，如“1、严世蕃是个精明人儿”；正确写法应为“1. 严世蕃是个精明人儿”。

2.《杰斐逊自述》书稿中的破折号用法错误（中间不应断开），破折号正确写法为——（中间无间隔）。

3.《经典笑话》书稿中涉及的引号错误很多，如缺后引号、前引号误用作后引号、双引号内套双引号等。“!!”“?!”等符号占的字节不对，应改为占用一个汉字的位置，此错误在许多书稿中普遍存在。

4.《2012，我们会活得好吗？》书稿中，篇前图片旁标示的人名字号全书不一致，正文中的图表过小，字迹也不清楚。阿拉伯数字表述的数值范围应全书统一用“~”（浪纹线）或“—”（一字线），不要用“-”（半字线）。

5.《生命的大智慧——老子》书稿，正文第1、4、117页：无、名天地之始；有、名万物之母（应改为：无名，天地之始；有名，万物之母。中国道教协会所编印的《道德经》中是如此写法）。

6.《国家的秩序——韩非子》书稿中，《中国经典》总目录序号中阿拉伯数字后面的“、”（顿号）应改为“.”（下圆点）。

7.《名校新校本经典名著阅读（北京海淀区重点小学内部教材）（下册）》第31页：我国现代小说家，散文家，剧作家（应改为：我国现代小说家、散文家、剧作家，要连续用顿号）。

第34页：天赐紧接着浸染在学校，社会的污浊空气中（应改为：天赐紧接

着浸染在学校和社会的污浊空气中）。

第40页：最后一部《我的大学》，及《阿尔塔莫诺夫家的事业》等几部作品（应改为：**最后一部《我的大学》及《阿尔塔莫诺夫家的事业》等几部作品**）。

第48页：泰晤士报评论他……（应改为：**《泰晤士报》评论他……**）。

第54页：地质学家保罗 多斯（中间应加中圆点，即**地质学家保罗·多斯**）。

第76页：只好“驾云头，望上便走”岂料……（应改为：**只好“驾云头，望上便走”，岂料……**）。

8.《**中国全史**》书稿，第27页：南京条约（应改为：**《南京条约》**）。

第43页：知有朝廷而不知有国家吾党常言二十四史非史也（应改为：**知有朝廷而不知有国家。吾党常言二十四史非史也**）。

第63页：朱温篡弑唐亡（应改为：**朱温篡弑，唐亡**）。

第154页：《旧约全书创世记》（应改为：**《旧约全书·创世记》**）。

第255页：汉中。巴郡、（应改为：**汉中、巴郡、**）。

第367页：内经、扁鹊难经、及神农本草经（应改为：**《内经》《扁鹊难经》及《神农本草经》**）。

第430页：乃引刘隗。刁协等为腹心（应改为：**乃引刘隗、刁协等为腹心**）。

点评：书稿中标点符号使用错误屡见不鲜，各式各样，这里只是列举一些典型例句加以佐证，足见图书编辑在对书稿的编辑修改和打磨过程中的任务有多重：不只是要把好政治关、文字关，还要把好标点符号使用关，这就要求我们必须加强编辑技能培训和修养。俗话说，“水涨船高”，又说“美菜肴必有好大厨”。图书出版也是这个道理。

二十、古文经典引用方面的差错

引用古文经典著书立说，是众多作者为提升作品的文采和知识含量所常用的手法之一。但是，有的作者由于粗心大意或是本身的知识素养不足，往往在引用古文经典时屡出差错，这就给图书编辑出了道“难题”。图书编辑只有加强对古文经典的学习研究，不断提高文学素养，并借助工具书或请教行家、专家，才能看出差错，识别真伪，并加以改正。列举如下：

1.《国学经典一日一句》书稿，引用古文经典甚多，但引用不当，产生差错之处也很多。第 299—300 页，书稿中有一段关于“曾国藩养生”的议论，作者将原文引用错了，而且还将错就错，胡言乱语一通。曾国藩的原文（详见《曾国藩家书》，中央编译出版社 2011 年 1 月第 1 版，第 1267—1268 页）是：“养生之法，约有五事：一曰眠食有恒，二曰惩忿，三曰节欲，四曰每夜临睡洗脚，五曰每日两饭后各行三千步。”这段话，是出自曾国藩“同治五年六月初五日与弟国潢书”，在这封书信中，曾国藩许是担心弟弟不懂什么叫“惩忿”，于是说了一句：“惩忿，即余篇中所谓养生以少恼怒为本也。”然而，作者将“惩忿”错误地写为“惩贫”，进而“望文生义”地解释道：贫念就是人们被贫穷所困扰时的那样一种自卑、自感渺小、自暴自弃，这种念头很容易使人心灵沉沦，振作不起来，而身体也就会衰败下去。因此必须惩治贫念。如此云云，岂不谬之千里?! 其实，曾国藩所言 “惩忿”，是“克制愤怒”的意思，在“养生学”中占有重要的地位，《中国成语大辞典》（上海辞书出版社 2007 年 3 月第 1 版，第 148 页）中即有“惩忿窒欲”一词。况且，“养生”需“制怒”的观点，在中国国学经典中有许多精彩语录。书中举“片言”而“洋肆”之论甚多。该书若不做重大修改，则不宜出版。

2.《国学经典一日一句》书稿，在引用孔子的名言“有朋自远方来，不亦乐乎？”时漏掉了“朋”字，有的书稿将“不亦乐乎”引成“不亦悦乎”，都是错误的。

3. 有一部书稿引用《论语》中的名言“己欲立而立人，己欲达而达人”时，将其中的“己”错为“已”。还有的在引用古文时，将“虚伪”错为“虚为”；将“步入歧途”错为“不如歧途”；将“规范”错为“轨范”；等等。这类差错不一定都是作者写错，很可能是写作或电脑录入时产生了谐音笔误，但写作时如引用古文，是需要认真核对、一丝不苟的，否则，将以讹传讹，谬误连连。

4. 有一本书稿在引用南宋著名诗人杨万里的诗作《小池》时，将“小荷才露尖尖角”错为“小荷才露尖尖脚”。原诗是：“泉眼无声惜细流，树阴照水爱晴柔，小荷才露尖尖角，早有蜻蜓立上头。”

5.《**每天读点鬼谷子智慧**》书稿，“伍子胥和另一个大臣伯 a 操练兵马”（实际应为：**伍子胥和另一个大臣伯嚭［音 pǐ ］操练兵马**）。再如：“朱 a 有诗描述纪晓岚”（实际应为：**朱珪有诗描述纪晓岚**）。

6.《**每天读点孝经智慧**》书稿里，“不欲 a a 如玉，珞珞如石”（实际应为：**不欲琭琭如玉，珞珞如石**）。

7.《**名校新校本经典名著阅读（北京海淀区重点小学内部教材）（下册）**》书稿，第 15 页引用孔子名言：“有朋自远方来，不亦说乎”（应为：**有朋自远方来，不亦乐乎**）。

8.《**新时期党员干部修养 20 讲**》书稿，第 15 页：“为伊消得人憔悴，衣带渐宽终不悔”（实际应为：**衣带渐宽终不悔，为伊消得人憔悴**）。

点评：差错是诗句前后顺序颠倒，不仔细看不出来。引用古文是一件尊重传统文化的严肃事儿，类似这样的差错实不应该。

第 48 页：引用鲁迅诗：“寄意寒星全不查，我以我血荐轩辕”（实际应为：**寄意寒星荃不察，我以我血荐轩辕**）。

点评：“荃”错为“全”，“察”错为“查”，前者少了一个草字头，后者字形完全不同而音相同，不只是引用错误，诗意也不一样了。

第 59 页：胧上羊归（应改为：**陇上羊归。出自温庭筠的《苏武庙》：“云边雁断胡天月，陇上羊归塞草烟。”**）。

第64页："天将大任"（应改为：**天将降大任。出自《孟子》："故天将降大任于斯人也，必先苦其心志，劳其筋骨，饿其体肤，空乏其身，行拂乱其所为，所以动心忍性，曾益其所不能。"**）。

点评：古文经典是我国传统文化的结晶，作者在引用时，应当一字一句，绝对准确，这既是今人对古代圣贤表示尊重，也是传承和弘扬祖国优秀传统文化所必须的。

二十一、有关违背基本常识方面的差错

所谓基本常识，是指人们通常都知晓的普通知识或基本道理，譬如：忠国爱民、勤劳勇敢、孝敬父母、勤俭节约、强身健体、遵纪守法、衣食冷暖等。然而，就是这些最普通、最基本的生活常识和道德规范，在一些书稿中却时有背离，有的甚至公然宣扬一些违背生活常识和公序良俗的歪理邪说。列举如下：

1.**《红色茅台》**书稿中说：喝茅台酒可以活血化瘀治疗肝病等。同时，文中对五粮液、汾酒、二锅头等酒进行了“变相贬损”，有失公允和气度。

点评：茅台酒号称国酒，质地纯正，酱香浓郁，平日里适量饮之，确对健身活血有些益处。但绝不是书中所言，喝茅台可以治疗肝病云云。生活常识告诉我们，饮酒多了会伤身，尤其会伤肝。宣传茅台酒好，可以。但必须实事求是，适可而止，不能夸大其词，误导读者。

2.**《中国最美古诗词》**书稿有点名不副实，有许多具有“最美”“最好”名头的古诗词并未收入，如屈原的《离骚》、乐府民歌《陌上桑》《敕勒歌》、李白的《宣州谢朓楼饯别校书叔云》、张若虚的《春江花月夜》（该诗曾被闻一多称为“诗中的诗，顶峰上的顶峰”）等，都未收入。

点评：中国古诗词，历史悠久，数量众多，说一本书就收尽“中国最美古诗词”，的确有点夸张。而且广告法中明文规定，忌用“最大最美最好”之类的词语来评价一种产品，这种说法有虚夸之嫌，也属于有违基本常识。

3.**《新编入党积极分子培训教材》**书稿第4页，1840年鸦片战争到中国共产党1921年成立，其间是“80多年”，而书中说是“90多年”，显然与党的基本知识不符。

4.**《管好老公的钱包》**书稿前几章内容一直阐述老公们小金库的诸多“安全隐患”，介绍如何“消灭”男人的小金库。最后一章却积极建议每位女性都去建立属于自己的小金库，以备自己、家庭或者女方父母的不时之需。

点评：在现实生活中，无论男方还是女方，一般成年后都有自己的私房钱，也就是书中所讲的“小金库”，其实非常正常，无可厚非。但作者却实行的是“双重标准”，一方面批评男方的“小金库”弊病多多，提出要“消灭”；另一方面又主张女方积极设立自己的“小金库”，这就有点不公平。写书是传播知识和讲道理的，如此写来令人不可思议。

5.**《与知识分子谈佛》**书稿，否认达尔文的“进化论”，书中多次提到“人类跟猿猴一点关系都没有”，有些内容甚至违背马列主义的基本理论，如“人类的知识则是由旧宗教、哲学和科学三个支架构成”“佛教是科学性的”“佛是无神论的”“色即是空不是唯心的，也不是唯物的，它是宇宙的真理，是一种超越性的思维”，等等。

点评：人类是从猿一点点进化演变而来的，这是众所周知的常识。但该书稿却说“人类跟猿猴一点关系都没有”，不知根据何在？书中还宣扬佛教是唯物的，是宇宙的真理，也有点“云里雾里”，信口开河。

6.**《牛津儿童英语快乐学习系列2》**书稿《数数》一册，第24页，分别让儿童数出鳄鱼、狮子、小狗和小猪有几条腿，图中鳄鱼6条腿，狮子10条腿，小狗9条腿，小猪10条腿，各种动物的腿的数量与实际生活中的并不相符；类似的问题还有第29页，在图上给每只小动物多画2条腿。

点评：儿童是祖国的花朵和未来，教儿童学知识，学科学，要说实情，讲真事，不能弄虚作假，以讹传讹。书中图画让儿童数出小狗9条腿，小猪10条腿，等等，这不是在误导儿童吗？

7.**《合掌录》**书稿第125页说：唐僧取经，历七十二劫难，战胜妖魔，到达西天，取得真经，修成正果。

点评：如此戏说《西游记》有点差矣！唐僧西天取经，应该是历经九九八十一难，在前往西天途中历经八十难，返回途中又经历一场劫难。

8.**《科学知识的终极读本》**书稿，披露的一些信息不准确。

第138页：陶器已经有几千年的历史。（据考古新发现，最早的陶器已有一万多年的历史）。

第 174 页：油气层可能有几百米深（不准确：石油有 80% 集中分布在浅层不足 2000 米和中深层 2000—3500 米处，而深层石油则在 3500—4500 米或地下更深处）。

第 182 页：地下行驶：英国伦敦的地铁是世界上规模最大的地下铁路，它拥有 400 多公里的铁轨。

点评： 名为《科学知识的终极读本》，却原来不科学，不准确。不说陶器的历史，也不说石油的深浅，就说英国伦敦的地铁吧，此数据资料已严重滞后。截至 2014 年 5 月，北京地铁运营线路总长已达 467 公里。伦敦地铁何来世界最长?!

9.《**你若懂我 该有多好**》书稿第 107 页：犯人报告说，他酗酒成性，站都站不起来，从来是不接受改造的。第 107 页：七八个酒瓶子横竖歪斜地躺在地上。第 108 页：她叮嘱其他犯人监管他喝酒。第 108 页：他的嗓子已经被酒精烧坏了。

点评： 上述犯人所言，即使是事实，也不宜公开宣传。按照监规，在押犯人平时是不准喝酒的，更难有因过量饮酒把嗓子烧坏的。作者如此写书，是不懂监狱法规，编辑要懂得删改才是。

10.《**生活必须另有所想**》书稿第 145 页：我并不赞同“艺术源于生活，高于生活”这个说法。

点评： 这句名言是毛泽东的观点，也是完全符合文艺创作规律的，该书公开质疑，有失妥当。

11. “七五”普法系列书稿共四本，法律书稿本应更加严谨细致，遗憾的是这套书中却出现了许多不该有的常识性差错。比如：书中引用的法律全部是简称，而且还加上书名号，用法极不规范。正确的用法是：如刑法，内文中第一次出现时，应写《中华人民共和国刑法》（以下简称：《刑法》）。

点评： “七五”普法读本是宣讲法律常识的，应当严肃认真，一丝不苟，而不能知法不守，讲法不周。书稿中的此类差错很多，文字和目录改动量很大，给编辑和审读带来诸多不便，应当引起作者和编者的注意。

二十二、有关民族、宗教问题的表述失当

民族宗教问题，重要而又敏感，稍有不慎，会因此而“惊天动地”。在书稿初审和复审中，尤应引起高度重视。列举如下：

1.《绽放光芒的心灵》书稿，某作家在访谈中，谈及佛教对西藏的发展有什么样的影响时说：“我相信它弊大于利，不好的地方多。”又说“北魏曾经是最强大的，文化也是最灿烂的，它的衰亡就是接受佛教，接受佛教就不再进取了，立地成佛了。……它的进取心也随之消失，进取心一消失，它就走向衰落，就失去了战斗意志。”

点评：该作家的这番话将兴衰与否与接受佛教联系起来，并说，佛教弊大于利，其观点与中央关于民族宗教问题的一贯政策不符，极易触发信教民众的不满，这类言论在出书时应当严格避免。

2.《退步原来是向前——禅的故事，99朵智慧花》书稿，第160页和第169页有两段，明显拿佛教和道教进行对比，有借贬低道教抬高佛教的嫌疑。第198页也存在借道士耿义兰的言行贬损道教的意思。

点评：我国《宪法》规定，公民有宗教信仰自由。对道教和佛教要平等对待，不应贬低一方抬高另一方，出书有导向，要把握好民族宗教政策才是。

3.《袈裟里的故事——高僧传》书稿，如第39—40页、第76页等处，对道教、道士的一些记叙，有“贬道扬佛”之嫌。第86页等处，描写冒犯“沙弥”“沙门”而导致身体不适或其他“惩罚”的情节，有夸大佛教徒“神圣不可侵犯”之意。

4.《心安是福》书稿中有宣扬佛教教义的唯心主义的内容。

5.《非暴力的“战争”——甘地传》书稿，在一定程度上强调甘地的行为属于“神的意志”“神的安排”，有浓厚的唯心主义色彩。

6.《青春是用来看世界的》书稿，有一些容易引发负面影响的不当言辞，如第109页：“就着一杯杯的甜茶说着一个个牛逼和一个个傻逼的事情，让时

间在不可感知的速度中流逝。去逛八角街，买回一串串或廉价或有点小贵的珠子链子，把胳膊和脖子都挂满了。大昭寺前呆呆地靠墙坐着，看眼前的人们一起一伏磕着头，一上午和一下午的时光，在屁股的一起一落间远去。那堵墙不知道是在哪一年被哪个傻逼叫成了艳遇墙。”

点评： 这里的文字表述涉及民族宗教问题，在虔诚的教徒看来可能被视为“侮辱”性的言论，此外“傻逼”一词多处使用，用在平时的口头语言中，尚觉不雅，作为书面语言，更难登大雅之堂。

7.《**我的道路通往西藏**》书稿，存在一些明显的偏见或观点表述不当。如第30页：“虽然垃圾山附近臭气熏天，小巷子里面有尿骚味和极强烈的体味……”

第48页：“一个极小的房间，她和她的丈夫、两个孩子、一位保姆以及至少一百只老鼠一起住在里面。”

第67页：“一抖睡袋时，里面竟然掉出满满一手掌的跳蚤。”

第216页：“西藏和德国当地之间。”

第229页：“一场野蛮而危险的厮杀便开始……火箭炮在耳边四射。”

第244页：“我感到一阵不安在心中升起，因为我明白，这是属于西藏的：一种尘土飞扬的干燥、悲伤和绝望……”

点评： 上述摘录的这些片段，存在的问题很多：一是描写过分夸张，显然是丑化西藏；二是用词不当，讲藏民的“娱乐活动”，用“野蛮”和“厮杀”形容，表述不妥；三是将西藏和德国并列，有“藏独”之嫌。编辑对这些不当字句必须加以修改、删除。

8.《**你我皆凡人**》书稿，第43页：“少林寺本来是最不该乱的，但玄慈老方丈居然有私生子……”

点评： 这里虽说写的是小说中的人物，但也不应当如此信口开河。说玄慈方丈有私生子，是对少林寺僧人的侮辱，极易引起误解，甚至导致法律诉讼。

9.《**慢慢习惯这个世界不再有你**》书稿有两节文字不适宜出版。

一是描写仓央嘉措的故事，说他是被逼迫才当活佛的，其父母曾跪地苦苦哀求，不让他被带走。

二是写仓央嘉措到了布达拉宫，如同进了监狱，将他的生活描写得颓废不堪，白天趴着黑暗的窗户往外看，夜晚出去与女孩子鬼混，等等。

点评：仓央嘉措确有其人，他的诗、他的歌，他的情、他的死，至今传说不绝，也难有定论。因此，对仓央嘉措这位神秘的活佛当年生活情景的描写，务必尊重史实，不能随心所欲，随意写来。否则，会产生负面效果。总之，涉及民族宗教问题，尤其是涉及一些敏感知名人物，更应严谨慎重。

二十三、混用、错用的字词

书面语言中，常有混用、错用的字词，使书稿内容变得词不达意，给读者带来阅读障碍。这里特意从书稿中选辑了一些典型字词，供读者和编辑参阅。

1. 干嘛与干吗，表示疑问时应用“干吗”。

2. 年青人与年轻人，正确应为：**年轻人**。

3. 见惯不惯与见惯不怪，正确应为：**见惯不怪**。

4. 披萨与比萨，根据《现代汉语词典》第六版，正确应为：**比萨**。

5. 流串犯，正确应为：**流窜犯**。

6. 病怏怏，正确应为：**病恹恹**。

7. 带手套，正确应为：**戴手套**。

8. 直升飞机，正确应为：**直升机**。

9. 诛连，正确应为：**株连**。

10. 作战布署，正确应为：**作战部署**。

11. 腥红，正确应为：**猩红**。

12. 一滩水，正确应为：**一摊水**。

13. 不搭嘎，正确应为：**不搭界**。

14. 喏喏连声，正确应为：**诺诺连声**。

15. 盲流与氓流，正确应为：**盲流**。

16. 化妆与化装：两个都是动词，都有修饰、打扮的意思，但“化妆”一般只涉及身体局部的修饰改变，如头发、面容等，通常以修饰美化自己为目的，使自己仪表整洁，端庄、漂亮。

“化装”主要指全身装扮，包括服饰、身份等外在的东西，目的是隐藏自己本来的面目和真实的身份，让别人把自己当成另外的人。

17. 洒尿与撒尿，正确应为：**撒尿**。

“撒”是放出、排出的意思。“洒”是使（水或其他东西）分散地落下，如洒水。将尿液排出体外，当用“撒”，不用“洒”。

18.算帐与算账，正确应为：**算账**。

“帐”指用布、纱或绸子等做成的遮蔽用的东西，如蚊帐、营帐和帐篷等。“账”指与货币有关的事物，如账本、账簿、欠账、还账等。

19.**“期间”与“其间”**：“期间”指（某段）时期里面，如农忙期间、抗战期间等，由于它所指的时间是不确定的，所以不能单独使用，必须在前面加上修饰成分（定语）。

“其间”从语言结构上分析，“其”修饰“间”，相当于“这”“那”等指示代词。通常在使用时，“其间”前面总有一段关于时间的叙述，“其间”承上表示在“这段时间里”或“那段时间里”发生了什么事情，或有什么样的结果。如：“某某在外国工作十多年，其间只回过三次国。”此外，“其间”还可以表示时间范围以外的事物，如“一张书桌放置其间”（指空间），“厕身其间”（指某件事自己参与在内），“其间定有缘故”（指内中的原因）。

20.**桃园与桃源**：桃园，桃树园。如：桃园三结义、台湾省桃园县、桃园机场。

桃源，“桃花源”的省称。东晋文学家陶渊明的《桃花源记》描述了一个与世隔绝、没有遭到祸乱的美好地方。人们由此用“桃源”来比喻理想中环境幽静、不受外界影响、生活安逸的地方。常用短语有“世外桃源”。湖南省有“桃源县”。常见差错是把“世外桃源”写作“世外桃园”，甚至名家名作也不能幸免。

21.**健步与箭步**：健步，轻快有力的脚步。如：健步如飞，健步走上主席台。

箭步，一下子蹿得很远的脚步。如：一个箭步冲了上去，一个箭步蹿上月台。常见差错是，将二词混淆，写作“箭步如飞”“一个健步”之类。

22.**调试与调适**：调试，试验并调整（机器、仪器等）。常用短语有：调试设备，调试彩车。

调适，调整关系、心理等，使适应。常用短语有：心理调适，自我调适。常见差错：把“调适心理”写作“调试心理”。

23. **应激与应急**：应激，动词，指机体在各种内外环境因素及社会、心理因素刺激时所出现的全身性非特异性适应反应，又称为应激反应。这些刺激因素称为应激源。常用词组有：应激反应、应激源、应激激素。

应急，动词，应付紧急需要。叶圣陶《倪焕之》：“一向用男教师，只是不得已而思其次，是应急的办法。”常用词组有：应急包、应急灯、应急车道、应急管理、应急措施、应急预案、应急机动作战、应急机动作战部队等。

24. **登陆与登录**：登陆，动词，①渡过海洋或江河登上陆地，特指作战的军队登上敌方的陆地。如：登陆演习，登陆作战，登陆场，登陆舰，登陆艇。②比喻商品打入某地市场。如：这款新式服装登陆北京市场。

登录，动词，①登记。如登录在案。②指计算机用户输入用户名和密码，以取得计算机网络系统的认可。常见错误是把“登录”某网站写作“登陆”某网站。

25. **切记与切忌**：切记，动词，牢牢记住，后面可以紧接否定词。如：切记不要傻读书。

切忌，动词，切实避免或防止。最常见的错误是在“切忌”后加“不”。如：切忌不要滋长骄傲情绪。注意：切忌本身即为否定的意思，后面再加“不”不仅显得重复，而且意思完全相反。

26. **老俩口与老两口**：“俩”“两”都含“二”之义，但“俩”字本身是两个之意，其后不可再接量词。“两”和“俩”读音也不同，因此，将“老两口”“小两口”写作“老俩口”“小俩口”是不正确的。

27. **未尽与未竟**：“未尽”的意思是没有完结。常用短语有“意犹未尽”“六根未尽”“缘分未尽”“未尽事宜”等。

“未竟”是指没有完成（多指事业），常用短语有“未竟事业”“未竟之志”等。

28. **抱怨与报怨**：“抱怨”指心中怀有不满，责怪、埋怨别人，侧重于口头说的方面。如：“他们经常抱怨食堂的伙食不好。”“做错了事只能怪自己，不要老是抱怨别人。”

“报怨”指对所怨恨的人做出反应，侧重于行动。如：“以德报怨”（德：恩惠；怨：仇恨。不记别人的仇，反而给他好处）。《论语·宪问》：“或曰：‘以德报怨何如？’子曰：‘何以报德？以直报怨，以德报德。’”

29. **服法与伏法：**“服法”指犯人服从判决，如“认罪服法”。

“伏法”指犯人被执行死刑，如“罪犯已于昨日伏法”。使用时需辨明词义，谨慎下笔。

30. **贫民与平民：**“贫民”，指生活比较穷苦的人。“平民”，泛指普通的人（区别于贵族或特权阶级）。通常说“平民百姓”和“贫民窟”。

31. **通稿与统稿：**“通稿”，名词，原本是一些新闻通讯社的“专利”。他们在采访到一些重要新闻后，会以一种统一的方式发给全国需要稿件的媒体，这就叫作通稿。后来，很多组织或企业在举办活动需要对外发布新闻时，为了统一宣传口径，也会撰写新闻通稿，提供给需要的新闻媒体。

“统稿”，动词，指编写书籍时，相关负责人把众多编撰人员收集、整理、撰写的书籍初稿经过加工整理、统一体例，编纂在一起的成书过程。

32. **木浆与木桨：**木浆，以木材为原料制成的纸浆。木桨：以木头为原料制成的船桨。

33. **途径与途经：**根据《现代汉语词典》第六版，途径：【名词】路径，多用于比喻：寻找解决问题的～。

途经：【动词】中途经过（某地）：从北京～南京到上海。

34. **旋涡与漩涡：**一般情况下“旋涡”是首选词。

旋涡：①【名词】（～儿）气体、液体等旋转时形成的螺旋形。注意：用于液体时一般作“漩涡”。②比喻牵累人的事情：陷入爱情的～。也作漩涡。漩涡：同“旋涡”。

35. **亲眼目睹与亲眼看见：**“目睹”即为“亲眼看见”，因此不能用“亲眼目睹”，遇到类似用法，可写作“亲眼看见”或“亲眼看到”。

36. **做与作：**这组汉字里常见的“冤家”区分起来实在让人有些头疼。不过有两条原则值得借鉴。

第一条原则：头重脚轻。即包含 zuò 的合成词，如果 zuò 在词的开头，就用笔画多的“做”，如：做报告、做斗争、做贡献、做准备、做广告等。反之，如果 zuò 在词尾，就用笔画少的“作”，如看作、当作、留作、用作等。遵循这条原则，使用 zuò 字就可以做到十之八九不会错。

第二条原则：约定俗成。在头重脚轻的原则之外，还有大量的 zuò 字保持了原来的使用习惯。如《现代汉语词典》第六版中，“作”字有：作对、作别、作孽、自作自受、作保、作废等词条。要想掌握两者的具体用法与区别，还是要多查字典，多学习，多积累。

37. **涉及到与涉及：**正确应为“涉及”。根据《现代汉语词典》的释义，“及”即“达到”，“涉及”即“牵涉到；关联到”。因此，“涉及”之后再加“到”，显然有点重复啰唆。

38. **很多与都：**例如，“本地区很多问题没有中美的合作都无法解决”。“都”作为副词，在《现代汉语词典》中共有 4 个义项，符合该句的义项只有“表示总括”这一个。总括对应的应该是“全部”，而前面的“很多”明确表明只是一部分，相互矛盾。上述句子中，把“都”改成“就”，则更为恰当准确。编辑在日常工作中，应注意此类问题。

39. **全国解放后、建国后：**正确应为“**中华人民共和国成立后**”。

“全国解放后”的说法是错误的，因为就目前而言，台湾至今仍未解放，我们拥有无可争议主权的其他个别地方，有的也还在别的国家的实际控制之下。所以，“全国解放后”“解放后”的正确用法应是“中华人民共和国成立后”。

还有“建国后”。我国有着数千年的悠久历史，不是 1949 年才建国的。准确用法应是“中华人民共和国成立后”。

点评：在审读书稿时，上面列举的差错经常出现，如果不细心，如果没有一定的语法修辞修养和咬文嚼字的功力，便很难识破其错误并加以修正。这就要求图书编辑人员应只争朝夕，加强“充电”，自觉克服“能力恐慌症”，力争成为“杂家”、专家，只有如此，才能做到得心应手，称职胜任。

二十四、使用不规范的网言网语

初审和复审书稿时，一些不健康、不规范的网言网语不时出现，这对纯洁祖国的语言文字是一大祸害，尤其不利于我国青少年的健康成长。列举如下：

1. 想粗来了（实际应为：想出来了）。
2. 好吃哒（实际应为：好吃的）。
3. 偶以为（实际应为：我以为）。
4. 大事不妙的感脚（实际应为：大事不妙的感觉）。
5. 你有没有在听我说吖（实际应为：你有没有在听我说呀）。
6. 粗发（实际应为：出发）。
7. 有木有（实际应为：有没有）。
8. 不系这样（实际应为：不是这样）。
9. 艾玛呀（实际应为：哎呀妈呀）。
10. 肿么办（实际应为：怎么办）。
11. 忧桑（实际应为：忧伤）。
12. 痳吖（实际应为：妈呀）。
13. 你在逗我咩？（实际应为：你在逗我吗）。
14. 一哒哒，二哒哒（实际应为：一大大，二大大）。
15. 蛇精病（实际应为：神经病）。
16. 酱紫（实际应为：这样子）。
17. 小盆友（实际应为：小朋友）。
18. 童鞋（实际应为：同学）。
19. 神马都是浮云（实际应为：什么都是浮云）。
20. 气屎我了（实际应为：气死我了）。
21. 虾米（实际应为：什么）。

22. 你造吗？（实际应为：**你知道吗？**）

23. 男默女泪（实际应为：**男生看了会沉默，女生看了会流泪**）。

24. 人艰不拆（实际应为：**人生已经如此艰难，有些事情就不要拆穿**）。

25. 不明觉厉（实际应为：**虽然不明白你在说什么，但好像很厉害的样子**）。

26. 哇塞！（**“哇塞”是闽南方言中的脏话，属不雅词语，不能乱用**）。

27. **傻逼**，又根据发音（汉语拼音首字母缩写）写作傻 B 或 SB，属脏话、粗俗用语与忌语、恶意的辱骂，在公共场合使用会被视作非常不礼貌的行为。

点评：网言网语，鱼龙混杂，有的文字通俗幽默风趣，著书立说可以使用。但有一些网言网语是为了哗众取宠，故意为之；还有的网言网语低俗肮脏，就不应当使用。现在一些广告商，故意把原本通俗易懂的字词写错，借此吸人眼球，这种投机取巧的实用主义做法，在图书出版中应予唾弃。

二十五、书稿中常见的错别字

1. 音同字异

（1）凡事（注意与“**凡是**”相区别）

（2）物必先腐，而后重生（应为：**物必先腐，而后虫生**）

（3）极为势力（应为：**极为势利**）

（4）牟足了劲（应为：**铆足了劲**）

（5）画江而守（应为：**划江而守**）

（6）留芳千古（应为：**流芳千古**）

（7）未雨酬缪（应为：**未雨绸缪**）

（8）崭露头脚（应为：**崭露头角**）

（9）流言绯语（应为：**流言蜚语**）

（10）翰林苑（应为：**翰林院**）

（11）厉害关系（应为：**利害关系**）

（12）设坛乞雨（应为：**设坛祈雨**）

（13）极权国家（应为：**集权国家**）

（14）好景不常（应为：**好景不长**）

（15）半调子（应为：**半吊子**）

（16）按步就班（应为：**按部就班**）

（17）挤挤捱捱（应为：**挤挤挨挨**）

（18）彰显无疑（应为：**彰显无遗**）

（19）这付模样（应为：**这副模样**）

（20）裹腹（应为：**果腹**）

（21）全当（应为：**权当**）

（22）协裹（应为：**挟裹**）

（23）沉迷与（应为：**沉迷于**）

（24）以身作责（应为：**以身作则**）

（25）舔着脸（应为：**觍着脸**）

（26）邻次栉比（应为：**鳞次栉比**）

（27）喧然大波（应为：**轩然大波**）

（28）背逆（应为：**悖逆**）

（29）一只部队（应为：**一支部队**）

（30）朝庭（应为：**朝廷**）

（31）撕杀（应为：**厮杀**）

（32）托儿带女（应为：**拖儿带女**）

（33）查觉（应为：**察觉**）

（34）秉诚（应为：**秉承**）

（35）呆了一天（应为：**待了一天**）

（36）摩挲人（应为：**摩梭人**）

（37）默守陈规（应为：**墨守成规**）

（38）玩艺儿（应为：**玩意儿**）

（39）孤伶伶（应为：**孤零零**）

（40）月蚀（应为：**月食**）

（41）以偏盖全（应为：**以偏概全**）

2. 音同形似

（1）熏醉（应为：**醺醉**）

（2）瑕玼（应为：**瑕疵**）

（3）扶遥直上（应为：**扶摇直上**）

（4）死嗑（应为：**死磕**）

（5）闲瑕（应为：**闲暇**）

（6）渡金（应为：**镀金**）

（7）雄纠纠（应为：**雄赳赳**）

（8）遭秧（应为：**遭殃**）

（9）书香门弟（应为：**书香门第**）

（10）辩认（应为：**辨认**）

（11）渔肉乡民（应为：**鱼肉乡民**）

（12）兵慌马乱（应为：**兵荒马乱**）

（13）王候将相（应为：**王侯将相**）

（14）打渔（应为：**打鱼**）

（15）贪脏枉法（应为：**贪赃枉法**）

（16）义愤填鹰（应为：**义愤填膺**）

（17）高财生（应为：**高才生**）

（18）火侯（应为：**火候**）

（19）资态（应为：**姿态**）

（20）曝露（应为：**暴露**）

（21）松驰（应为：**松弛**）

（22）生活型态（应为：**生活形态**）

（23）削碱（应为：**削减**）

（24）砂砾（应为：**沙砾**）

（25）寓教予乐（应为：**寓教于乐**）

（26）妥贴（应为：**妥帖**）

（27）过份（应为：**过分**）

（28）水份（应为：**水分**）

（29）发粟振贫民（应为：**发粟赈贫民**）

（30）垂首顿足（应为：**捶胸顿足**）

（31）平稳过度（应为：**平稳过渡**）

（32）嚎淘大哭（应为：**嚎啕大哭**）

（33）摊倒（应为：**瘫倒**）

（34）震憾（应为：**震撼**）

（35）撅嘴（应为：**噘嘴**）

（36）渲泄（应为：**宣泄**）

（37）涅磐（应为：**涅槃**）

（38）岐路（应为：**歧路**）

（39）恍忽（应为：**恍惚**）

（40）催残（应为：**摧残**）

（41）座落（应为：**坐落**）

（42）雍肿（应为：**臃肿**）

（43）燥动（应为：**躁动**）

（44）虚无飘渺（应为：**虚无缥缈**）

（45）一踏糊涂（应为：**一塌糊涂**）

（46）上柱香（应为：**上炷香**）

（47）佛佗（应为：**佛陀**）

（48）心砰砰直跳（应为：**心怦怦直跳**）

3. 音异形似

（1）灸手可热（应为：**炙手可热**）

（2）深谐民情（应为：**深谙民情**）

（3）杀鸡敬猴（应为：**杀鸡儆猴**）

（4）一窃不通（应为：**一窍不通**）

（5）例举（应为：**列举**）

（6）跌倒谷底（应为：**跌到谷底**）

（7）双杠发动机（应为：**双缸发动机**）

（8）残坦断壁（应为：**残垣断壁**）

（9）振聋发赣（应为：**振聋发聩**）

（10）吾曰三省吾身（应为：**吾日三省吾身**）

（11）不可自拨（应为：**不可自拔**）

（12）人比黄花瘦，海裳不依旧（应为：**人比黄花瘦，海棠不依旧**）

（13）据为已有（应为：**据为己有**）

（14）神情气爽（应为：**神清气爽**）

（15）喁喁独行（应为：**踽踽独行**）

（16）事不关已（应为：**事不关己**）

（17）轻而另举（应为：**轻而易举**）

（18）廷续发展（应为：**延续发展**）

（19）惊世核俗（应为：**惊世骇俗**）

（20）不依不绕（应为：**不依不饶**）

（21）黄甫军校（应为：**黄埔军校**）

（22）铁钱蕨（应为：**铁线蕨**）

（23）镶崁（应为：**镶嵌**）

（24）踘躅（应为：**踯躅**）

（25）捅篓子（应为：**捅娄子**）

（26）凑效（应为：**奏效**）

（27）罂栗（应为：**罂粟**）

（28）陨命（应为：**殒命**）

（29）敲竹讧（应为：**敲竹杠**）

（30）金圆卷（应为：**金圆券**）

（31）遂渐（应为：**逐渐**）

（32）电话薄（应为：**电话簿**）

（33）一副画（应为：**一幅画**）

（34）广褒（应为：**广袤**）

（35）苑若（应为：**宛若**）

（36）调零（应为：**凋零**）

（37）契而不舍（应为：**锲而不舍**）

（38）花俏（应为：**花哨**）

（39）蜂涌而至（应为：**蜂拥而至**）

（40）置若妄闻（应为：**置若罔闻**）

（41）心理作崇（应为：**心理作祟**）

4. 音异字异

（1）昏昏噩噩（应为：**浑浑噩噩**）

（2）步履阑珊（应为：**步履蹒跚**）

（3）自鸣清高（应为：**自命清高**）

（4）整装旗鼓（应为：**重整旗鼓**）

（5）至上而下（应为：**自上而下**）

（6）人头蹿动（应为：**人头攒动**）

（7）里外忙乱（应为：**里外忙活**）

（8）必有之路（应为：**必由之路**）

（9）翻覆无常（应为：**反复无常**）

（10）鬼鬼瑟瑟（应为：**鬼鬼祟祟**）

（11）床第之间（应为：**床笫之间**）

（12）正逢相对（应为：**针锋相对**）

（13）集聚到一定程度（应为：**积聚到一定程度**）

（14）土石流（应为：**泥石流**）

（15）幡然改悟（应为：**幡然悔悟**）

（16）易如翻掌（应为：**易如反掌**）

（17）垫了垫脚（应为：**踮了踮脚**）

（18）直接了当（应为：**直截了当**）

（19）正义凌然（应为：**正义凛然**）

（20）因人而宜（应为：**因人而异**）

（21）枉下判断（应为：**妄下判断**）

（22）仰首前进（应为：**昂首前进**）

（23）抑止不住（应为：**抑制不住**）

（24）毋容置疑（应为：**毋庸置疑**）

（25）淌过一条水沟（应为：**蹚过一条水沟**）

（26）赫然长逝（应为：**溘然长逝**）

点评：这些音同字异、音同形似、音异形似、音异字异的错别字，在书稿中招摇过市，屡见不鲜，你会觉得似曾相识，有时会弄得你头昏脑涨，稍不留神，就把错的当成对的，对的以为是错的，真可谓改不胜改，防不胜防。责任编辑和审读编辑，每当遇到这种情况，都要耐着性子，认真识别，有时还要查找工具书，以辨对错。否则，就会造成“灯下黑”，达不到质量至上，“万无一失”。

第四编
出版名家话出版

这里选登的十一篇出版论文，来自我国新闻出版界的资深领导和颇有建树的专业知名人士。他们怀着对出版事业的坚定信念和深厚感情，结合自己的切身经历，以深入浅出、明白晓畅、富有哲理的语言从不同角度深刻论述了出版工作的使命、职责、目的、意义及其做好图书出版工作的“锦囊妙计”，读来似清风拂面，沁人心扉，亲切自然，颇有教益。

出版强国与人才培养

于友先

2010年7月23日，中共中央政治局进行第二十二次集体学习，胡锦涛总书记在主持学习时强调，深入推进文化体制改革，促进文化事业全面繁荣和文化产业快速发展，关系全面建设小康社会奋斗目标的实现，关系中国特色社会主义事业总体布局，关系中华民族伟大复兴。我们一定要从战略高度深刻认识文化的重要地位和作用，以高度的责任感和紧迫感，顺应时代发展要求，深入推进文化体制改革，推动社会主义文化大发展大繁荣。作为新闻出版界的一个老同志，通过学习领会中央领导同志第二十二次集体学习的讲话精神，深感出版强国这一目标非常鼓舞人心。在10年内要建成出版强国是非常艰巨而光荣的任务，这需要有一个强大的出版人才队伍来支撑。因此，出版强国的人才队伍培养成为一个十分重要的课题，下面就出版强国的人才培养问题谈谈感想。

一、以用为本，让出版人才脱颖而出

2010年5月25日至26日，胡锦涛同志在全国人才工作会议上发表重要讲话，强调坚持“以用为本”，体现了人才工作的一个新理念，也是人才思想的一个重大创新，一个“用”字点出了我国人才工作现状中的问题，同时又指明了我国人才工作的方向。

“以用为本”，其实就是贯彻“人尽其才”的方针。选人不易，用人最难，关键在于用。大匠无弃材，是说在技艺高超的匠人眼里，没有弃置不用的材料，直木，可以制板做成器具使用，曲木，高明的艺人会因曲制宜，巧以利用，做成珍贵的艺术品。这就是说用人者必须有艺术家高超的眼光，要善于发现人才的可用之处，给他们找到用武之地。在新闻出版业，以用为本，就是根据人才的特点，充分发挥人才的作用，围绕用好用活人才来培养人才、引进人才，积极为各类新闻出版人才干事创业和实现价值提供机会和条件。人才作为一种特殊的资源，只有使用才能创造价值。“以用为本”就是有容乃大，不求人才所有，但求人才所用，积极突破身份的障碍，在各类出版人才的协同当中促进新闻出版业的持续发展。“以用为本”能解决我国出版业发展中的根本性问题，最大限度地激发人才的创造活力，使全行业人才的创新智慧竞相迸发，具有重要的指导意义。

邓小平同志曾经说过：“人才，只有大胆使用，才能培养出来。”新闻出版业要千方百计留住人才，切莫闲置人才。现在一些单位引进人才时要求高学历、有经验、有业绩，但引进后，在使用上视同普通人，论资排辈，按部就班，既不能给人才应有的待遇，也不提供人才施展拳脚的空间，最终导致人才浪费和流失。用好人才是留住人才的妙剂良方。用好人才首先要为人才提供发展平台，让人才有施展才能的空间。新闻出版业要立足现有条件，力所能及地给人才提供应有的待遇，努力解除人才的后顾之忧。新闻出版行业是人才聚集的地方，以用为本，就是让我们发现人才、留住人才、用好人才，因此，出版管理者要有眼光和胸怀，要当好伯乐。金无足赤，人无完人，要客观、辩证地看待人才，在发现和引进人才的过程中既要防止失察失误、以偏概全，又要防止吹毛求疵、求全责备。坚持正确的选人用人标准，要看人才是否有能力，是否适合岗位，而不是以亲疏远近来衡量，决不能埋没有能力的人才，更不能让投机取巧、哗众取宠者有机可乘。出版社要制定人才资源的管理战略，建立切实有效的人才开发使用及保护机制，培育和完善科学高效的出版人才资源管理链。

二、创新出版观念，培养和激发出版人才的创造潜能

培养和造就一大批创新型人才是建设新闻出版强国的重要支柱。2010 年 6 月 6 日，中共中央、国务院印发的《国家中长期人才发展规划纲要（2010 - 2020 年）》中对人才定义为“具有一定的专业知识或专门技能，进行创造性劳动并对社会作出贡献的人，是人力资源中能力和素质较高的劳动者”。这里指出人才不是一般的人，而是素质较高的劳动者，怎样才算素质较高？“创造性劳动”就是一个关键标志。创造性是人才的必备素质。在出版业，尤其需要这种创造性劳动的人。培养出版人才的创造性，首要的是在市场经济的环境下转变出版观念，在出版观念的引领下培养和激发创造潜能。

建设出版强国，我们深切感到作者、读者和出版者三者协同发展创新出版观念的迫切性。出版者的根本任务是创造更多社会效益与经济效益俱佳的新闻出版产品，满足人民群众的精神文化需求。这就要求出版者既要发现和培养不同领域的优秀作者，又要开拓和服务于不同层面的读者，把这三者有机地结合起来，其作品才具有优秀的本质，也才能满足人民群众日益增长的精神文化需求。长期以来，在出版者、作者和读者的关系中，作者一直处于主导地位，作者就是出版者的“衣食父母”。随着社会主义市场经济体制的确立和文化体制改革的不断深入，国家出版社、地方出版社以及雨后春笋般兴起的民营书业使得国内出版市场的竞争日益激烈，加上媒介数字化和互联网的迅猛发展使出版业和其他

内容产业之间的融合扩大，促使我们的出版观念逐步发生变化，必须更多地为不同的读者群体服务。正如美国著名管理学家杜拉克所言：“当前社会不是一场技术上的革命，也不是软件的速度的革命，而是观念的革命。”我们要建设出版强国，必须适应这种时代变化，变革与创新出版观念，在作者与读者之间架起金桥，实现“共谋”，促使作者、读者和出版者协同发展。

“以读者为中心”，是20世纪90年代出版界提出的新口号，这是观念上的一次革新，给出版业带来了新的生机和活力，一时间大量贴近读者、贴近现实的图书涌现。如外研社推出大众英语学习读本《许国璋英语》《新概念英语》等，适应了“外语热”的潮流，为外研社创造了十分可观的效益。然而，一部分人由于受到经济利益的驱动及自由化思想的错误引导，一味地迎合读者的阅读趣味，甚至不惜做出种种违背出版道德、违反国家法律、破坏市场规律的事情，出现了大量的跟风书、垃圾书、伪书、抄袭书等，这些都是见利忘义的短视行为。从长远看，单纯以读者为中心的出版观念，并不完全符合我们的党情、社情与民意，也难以很好满足人民群众日益增长的精神文化需要，必须坚持出版初衷，坚持出版的正确导向，坚持创造优质精神食粮，才是出版业的主业和正路，也才能更好地让作者、读者和出版者产生共鸣，协同发展。

从国民阅读的最新数字来看，树立作者、读者和出版者三者协同发展出版观念，为不同层次读者服务显得更为迫切。中国出版科学研究所（后更名为中国新闻出版研究院）第七次国民阅读调查表明，2009年，国民图书阅读率为50.1%，成年人中有一半人在图书阅读活动中缺席。并且，这50.1%的人读的书又多为快餐式的浅阅读及实用性的功利阅读。当下出版选题存在不平衡的现象，如适合进城务工人员读的书就较为鲜见。中国有进城务工人员3亿人，占了总人口近四分之一。在全民阅读活动中，他们是一个庞大的群体，是基础的读者。然而，出版单位很少以他们的需求为选题。这种缺失无疑会拉大我们与“出版强国”的距离。因此，我们要切实创新出版观念，认真研究不同年龄、不同文化程度、不同层次消费者的阅读需求、阅读类别、阅读方式和阅读习惯，为他们编辑出版一批适合他们阅读的出版物。新闻出版，说到底是在做内容，内容就是在读者的需求下靠作者和出版者共同来完成。出版者把读者的需求传达给作者，作者围绕不同的读者需求进行艺术创作，其作品就能赢得读者，赢得市场，满足人民群众多方面的精神文化需要。

建设出版强国，培养和激发出版人才的创造性十分重要。在读者本位的时代，出版的使命不只是继承，更重要的在于传播与创造。但在市场经济的条件下，只有着眼于文化的传播和创新，把读者纳入编辑出版的视野，把作为终端消费者的读者提升到和作者一样的整个出版过程中的重要地位，围绕读者的阅读需求进行选题策划，装帧设计，全程营销，适应且引导读者的阅读品味，才能真正践行传播和创新文化的社会使命。为此，需要一大批富有创造性的出版人才通过扎扎实实地实践来完成。新闻出版管理者应把这项工作摆上议事日程，下大力抓紧抓实抓出成效。

三、出版人才应普遍具有复合型的素质

新闻出版人才队伍的规模、结构和质量直接决定着新闻出版业的发展水平。建设新闻出版强国，必须优化和调整我国新闻出版业现有的人力资源，吸引更多有思想、有抱负、有干劲的人才进入新闻出版行业。同时，要注意人才队伍的培训和养成，力求所有的从业者普遍具有复合型人才的综合素质，这给新闻出版业提出了一个重要的任务。

目前新闻出版人才队伍的培养状况令人深思。一直以来，对出版人才的培养模式争论不休，但无非是“通才”和“专才”之争。还可以理解为“复合型”的出版人才是“通才”和“专才”二者的有机融合，不能割裂开来。实际上“通才”和“专才”并不是矛盾的。“专”是在“通”的基础上建立起来的，“通”也包含了“专”。人世间，绝对的“专才”是不存在的，“通才”也有其“专才”之外的一些知识和技能，如大数学家熊庆来、华罗庚的文学底子都很厚实，只是由于其数学名气太大，文学就不提了。纵览古今中外历史上的一些名人，怎能以一个“专”字概括得了呢？如著名的出版家张元济、叶圣陶等，用任何

的一两个“专”家去表述他们都是不全面的。说他们是“复合型”人才最合适。由此看来，“复合型”人才并非是什么知识都略懂一二，而是指在相关领域里都要“专”！是许多的“专”累积成了“复合”。建设出版强国，复合型的出版人才要求极为迫切。

出版人才的内涵也是与时俱进的，随着出版业的发展而不断丰富和完善。以前对出版人才的理解，一般是围绕编、印、发、科、供、贸等几个环节，但随着我国出版消费者的文化需求不断提高，出版行业进入了专业化、精细化阶段，新型业态层出不穷，人才需求类型也日趋多样化。于是，迫切需要熟悉和掌握现代出版规律、具有国际眼光、善经营懂管理的复合型人才。在这样的出版人才需求下，出版专业人才的培养模式就要进一步重构，不能走老路，凭老经验办事。出版作为一门专业，专业知识为其从业者所必备，同时各种学科、各行各业、各个领域、各种技术，它的触角无所不及，故出版人才还必须具备尽可能广博的知识，复合性越强越好。培养复合型人才也是当今世界大学教育的潮流。特别是编辑出版专业，是一个涉及面非常宽的专业，所以应该进行专业整合，培养出宽口径、厚基础、高素质的全新人才，这才是理想的培养目标。新闻出版的复合型人才在学校里是形不成的，就业之后才能逐步显露，并通过采编、经营等多岗位交流实践，多种能力兼备才能形成“复合型”。培养复合型人才，没有什么特别好的省劲的办法，传统的办法是勤学厚养。“厚养”就是要加厚出版人才的文化修养、文化底蕴。纵观中外新闻出版史，凡是杰出的新闻出版人，几乎都是学养丰厚的文化人。如我国的王韬、梁启超、章太炎、张季鸾、王芸生以至邹韬奋、范长江、胡乔木、邓拓、乔冠华等，他们个个既是新闻出版家，又是有丰厚学养、才华横溢的文化人。如果知识“营养”单一，成就必然有限。

建设出版强国，迫切需要出版人普遍具有复合型的素质。出版的本质是对出版资源的开发和占有，选题策划和市场策划在其中占有关键地位，因此高水平的选题策划和市场营销复合型人才将成为当前各个出版社人才工作的重中之重。各个出版企业一方面要注意引进人才，另一方面应更为注重人才的储备和培养，优化出版人才结构，按照复合型人才的标准提高出版队伍的整体素质，努力培养和造就一大批综合素质高的现代出版人。

四、造就众多知识渊博的出版大师

出版强国的人才必须“强”，这是毫无疑问的。没有强人怎么能建成强国?因此给出版人才提出了最高也是最终的要求，即出版强国要有出版家或者出版大师支撑和引领。所谓出版大师，是指具有渊博的学识、编辑出版过许多经典作品，从而得到行业与社会高度认可的人。我国出版业曾经产生过众多出版大师，张元济、叶圣陶、邹韬奋、徐调孚等老一辈出版大家是其中的突出代表。在任何一个成熟的行业，都会有一些行走在前面的大师级人物，他们引领一个时代的行业方向。他们的思想、行动和成就，激励一代又一代后来者仰慕追随。出版强国更是以这些人的多寡作为明显标志。

出版大师要有渊博学识和著书立说的深厚功底，他自己首先会写书，并且能写出非同凡响的高质量的书。渊博学识是高层次出版人才工作的基础。也只有渊博学识的出版人，才有可能创制出高水准的出版物。著名的出版人，多是苦练内功，著书立说，并将自己的成果应用于编辑实践，方才铸就编辑工作的特色和风采。鲁迅即是这方面的光辉典范。他先后编辑了很多文学刊物，同时又是中国新文化运动的旗手，对民主革命和现代文学做出了巨大贡献。他一生著译约 1000 万字，在世界各地拥有广大的读者。大出版家陈原，历任新知书店、生活书店、三联书店、世界知识出版社、人民出版社、中华书局、商务印书馆、国际书店的业务领导，著有《陈原出版文集》《语言与社会生活》《社会语言学》等。在商务印书馆工作过的茅盾、郑振铎以及创立生活书店的邹韬奋，都是用自己毕生的精力、学识和才干铸就出版事业的名家、大家，也都是勤于笔耕、学术卓著的专家、学者。翻开我国现代文学史、文化史，我们会发现许多著名的作家、文艺评论家、思想家同时也是卓有成就的资深编辑。

出版大师是具有独特出版思想的人。一些著名出版人物的出版思想都有其鲜明的个性,以其丰富的出版实践为基础,灿烂而多彩。如邹韬奋所主编的《生活》杂志,就充分体现了他的出版思想。他强调出版应是事业性和商业性的有机结合,要两者的兼顾而不是彼此的对立,可谓得出版认识的真谛。如张元济,通过对编辑文化功能的认识确立了他的出版思想,即“以扶助教育为己任”,同时认为编辑不应仅局限于顺应潮流,更应有超前的意识。敢为时代先,开时代之先河,这才是开拓创新的真正要义。

原清华大学校长梅贻琦有句名言:“所谓大学者,非谓有大楼之谓也,有大师之谓也。”出版强国的标志,不只是有几栋出版大楼,而是要有一大批驰名中外的出版大师。老的出版大师渐行渐远了,新的出版大师还在人们的呼唤声中。令人可喜的是,现在已着手造就出版大师的基础工程了。如总署所开展的出版领军人才的培养,就是新近提出来的一种出版业高层次人才类型,它强调出版队伍中的领军人才的作用。“领军”即是帅才、将才,是出版人才的表征之一,也是成为出版大师的基础力量。在领军队伍的带动下,一定会产生我们所盼望的人才——出版家或者出版大师。

中国已经迈入了新闻出版大国的行列,建设出版强国更使我们看到了光明的前途。出版强国,正成为雄心勃勃的一代出版人的终极理想。但距离新闻出版强国,依然任重道远。出版人才的培养正处于十分关键的阶段,需要我们重温优秀的出版传统,从历史中汲取经验和智慧,进一步探索迈进。我们这一代出版人,有幸赶上这个建设出版强国难逢的机遇,一定要不负众望,齐心协力,完成历史赋予我们的艰巨而光荣的使命。

作者系全国政协原委员、国家新闻出版署原署长、中国出版协会原主席

鉴赏能力与审美情趣是编辑的基本素养

杨牧之

一个编辑，对文化艺术应该有准确的鉴赏能力，具有高雅的审美情趣，说到底要有高尚的文化品格。因为有很多美的东西需要编辑去发现，好像和氏璧，没有卞和，这举世无双的美玉就要被湮没。还有不少不好的东西，需要编辑去把关，因为人类创造的文化，从来都是精华与糟粕并存，先进与落后混杂。作为一个编辑，其职责就是要审读、鉴定、舍取，以正确的是非观，健康、高雅的审美情趣作为网，筛选出最新最美的东西奉献给读者。

蒋孔阳先生在《美学新论》中讲了一段话，我想我们可以从中领悟到一个编辑具有鉴赏能力和审美情趣的意义。他说：

“美向着高处走，不断地将人的本质力量提高和升华，以至超出了一般的感受和理解，在对象中形成一种不可企及的伟大和神圣的境界，这时就产生了崇高。”

作为编辑应该通过编辑的图书和所写的文章，“不断地将人的本质力量提高和升华”。我们自己也会因此而感到职业的神圣与崇高。

一、要有一个崇高的标准

高尚的文化品格，要求编辑对自己所编辑的图书有一个崇高的标准。

目前，出版业已形成一个共识，就是要“树立精品意识，实施精品战略”。如果说，对很多重大举措还有不同的认识，还在争论之中，“实施精品战略”这一点则已是全行业的共识。

这个口号最先明确提出是在十四届六中全会文件《关于加强社会主义精神文明建设若干重要问题的决议》中。文件在提出要“树立精品意识，实施精品战略”之后，进一步指出：“要努力创作出一批思想性、艺术性统一，具有强烈吸引力、感染力，深受广大群众欢迎的优秀作品，带动社会主义文艺事业的全面繁荣。”

我们完全可以把这段话理解为对“精品”的解释。这段话有两层意思：一是在内容方面，优秀作品应该是思想性、艺术性统一，具有强烈的吸引力、感染力；二是这样的优秀作品能够带动社会主义文艺事业的繁荣。

从对中央文件的学习中，从我们纵观中外出版的历史中，从我们自己的出版实践中，是否可以这样认为：

精品是一个国家、一个民族时代精神的集中体现；

精品代表一个国家的文化水平，反映一个国家的文化发展方向；

精品在整个精神产品的创作和生产过程中，具有重要的示范和带动作用；

精品的本质是创造，是创新与实践，精品应该是前所未有的；

精品意识，就是战略意识，体现一个出版工作者对事业的追求和奋斗。

大量的优秀图书、精品图书，必将使社会主义文化群星灿烂，精彩纷呈；而典范的精品应该是超越时空的。像司马迁的《史记》，曹雪芹的《红楼梦》，达·芬奇的《蒙娜丽莎》，施特劳斯的《蓝色多瑙河》，唐诗、宋词、元曲，几百年前、甚至上千年前的艺术品，今天仍然打动人心，使人感到震撼，因为它们抓住人类相通的东西——真善美。只有这样，才能超越时代。在那个时代过去之后，只要人类存在，它的艺术魅力就存在。这样一些作品，不但属于它的那个时代，还属于今天，属于未来。它们，成为人类文化史上的坐标。

我们追求精品，是不是应该从那些殷墟出土的古色斑斓的青铜器，激情浪漫的敦煌壁画，龙蛇飞舞的晋唐书法，屈原、陶渊明、李白、杜甫、苏轼、辛弃疾的美妙诗篇，《红楼梦》《西游记》《三国演义》《水浒传》灿烂辉煌的历史画卷，甚至《古文观止》《唐诗三百首》《三字经》《百家姓》这些选编的通俗读物中，得到启发？我们应该刻苦地锻炼自己，提高自己，使自己具有高超的眼光，具有抓住人类相通的东西的本领。有的编辑会说，那么高的标准怎么达得到呢？我想，如果没有这样一个标准，没有这样的志气，那可真是永远也达不到了！

二、牢记文化的传承和积累，牢记读者的欢欣与快乐

高尚的文化品格，要求编辑在选择、优化选题时，牢记文化的传承与积累，牢记读者的欢欣与快乐。

人民出版社的邓蜀生先生说："在国外，选题的成功与否，在很大程度上决定出版社的兴衰成败。选题，成了一门专门学问。英美出版社都有一些专门负责研究选题和组稿的编辑，在美国一般叫高级编辑，在英国叫专务编辑，他们不同于案头编辑或加工编辑。他们的工资、待遇都比文字加工编辑高许多。"

其实，何止在国外，在中国"选题的成功与否"仍然"在很大程度上决定出版社的兴衰成败"。只不过他们的工资与案头编辑没有多大区别而已。

（一）为了文化的传承与积累——处理好重点选题与一般选题的关系

所谓处理好重点选题与一般选题的关系，主要是指如何策划出重点选题来，在每年的选题计划中首先要考虑这一点。

重点选题是相对于一般选题来说的。重点选题一般是指具有巨大文化积累和传承价值的图书，或者产生重大影响的图书，这类书的编辑出版常常成为标志性的工程。

我们从商务印书馆与中华书局的历史竞争中，可以看出重点选题的图书产生的作用。新中国成立之前，商务印书馆与中华书局几十年互相争斗，彼此不服气。二十世纪初期，它们在出版众多图书的同时，都在埋头策划大书。商务印书馆在编《辞源》，中华书局在编《中华大字典》。《中华大字典》1914 年编成，1915 年出版，是当时我国收字最多的汉语字典。该书出版后，深得好评，一印再印，影响巨大。很快商务印书馆就出版了古汉语辞书《辞源》，也是一炮打响。后来，中华书局又出版了一部带有百科知识性质的综合性辞书《辞海》。这是一个回合，不分胜负。还有一个回合。先是商务印书馆出版了《四部丛刊》，选择明清刻本、抄本和手稿本加以影印，对保存旧本贡献颇大。中华书局紧跟着出了《四部备要》，它另辟蹊径，多用经过清代学者整理校注过的底本，对

整理研究古籍有重要的参考作用。双方的竞争有学习，有借鉴，也有创新和发展，可以说是双赢。两家斗宝似的实施重大图书工程，原因就是这些大工程是标志性的，标志着出版者的文化品位和经济实力，会产生重大影响，可以烘托出版社的形象。正因为此，我们应该在这方面下大功夫，花大力气，努力开拓具有文化积累和传承价值的重大图书工程。

二十世纪八九十年代，中国出版业完成了很多宏大工程，给人留下深刻印象。比如《中国大百科全书》、《二十四史》和《清史稿》新校点本、《中国美术全集》、《汉译世界学术名著丛书》、《辞海》修订本、《辞源》修订本、《汉语大字典》、《汉语大辞典》、《现代汉语词典》等。这些宏大工程是一代人甚至几代人共同努力的结果，是他们对中国文化乃至世界文化的贡献。而目前，出版业在这方面是十分欠缺的。这些宏大工程我们什么时候想起来，什么时候用到，都会敬仰这些编辑前辈的贡献。我们要学习前辈的精神，努力策划出一批重点选题，出版一批具有巨大文化积累价值的图书。

我们在考虑选题的整体计划时，为了保证重点选题的实现率，对一般选题要从严把关。一定要尽量减少那些“不好不坏”的选题，努力避免重复出版、跟风出版。设计选题时要围绕出版社的风格特色往深处开掘，用一句简单的话说，对重点选题我们多考虑做加法，对一般选题多考虑做减法。

（二）为了读者的欢欣与快乐——处理好雅与俗的关系

我一向主张一家成熟的出版社主要应该出版两类书：一类是具有重大文化积累价值的图书，包括学术著作；一类是雅俗共赏的图书，不单是雅的，也不单是俗的，而是雅俗共赏的。第一类的书，我在前面刚刚谈过，不再多说。这里着重谈谈雅俗共赏的书。前两年非常有名的什么《上海宝贝》《乌鸦》《口红》《木子美日记》等等，我指的雅俗共赏的书不是这类书；还有《零距离……》《痛并快乐着》《无知者无畏》等等，我指的也不是这类书。前一种，总是勇敢地突破大众通常认可的伦理道德标准，让那些审美和鉴赏能力缺失的人爱不释手；后一种常能满足人们崇拜名人、窥视名人隐私的心理。无知者无畏地写出的书，给人一时的“痛快”。这些书不是我所说的“雅俗共赏”类图书。我所说的雅俗共赏，是指文化水平低的人需要，也许他看着一时还有困难，但跳一跳，踮踮脚，也够得着，而水平正是在这跳一跳的努力中得到了提高。文化水平高的人也需要，因为他的知识面毕竟有限，也需要读其他专业的书加以补充。这样的书我可以举出一大批来，如二十世纪五十年代吕叔湘、朱德熙先生合著的《语法修辞讲话》，在《人民日报》连载，培养了一代人的语法修辞能力。朱自清先生的《经典常谈》、王力先生的《诗词格律》、李学勤先生的《古文字学初阶》，多少人把它们奉为入门的教科书。艾思奇先生的《大众哲学》、朱光潜先生的《美学书简》，成为人们学习的向导。还有爱因斯坦的《物理学进化》、奥尔巴赫的《原子时代的遗传学》、哈勃的《星云王国》、霍金的《时间简史》等科普名著，将无数青少年引进了科学的殿堂。我也可以列举出一批文艺作品，如赵树理的《小二黑结婚》、孙犁的《荷花淀》，以及脍炙人口的《孙悟空大闹天宫》《宝葫芦的秘密》《哈利·波特》、动画片《白雪公主》《阿童木》等等，不胜枚举。一个出版单位能出版一两本这样水平的通俗读物，真可谓“功德无量”了！

有一些人认为，小册子拿不出手。这种认识忽视了一个大的事实，即我国的国情。我国有十三亿多人口，其中中等和中等以下文化水平的人有八亿多。这八亿多人，正是我们最大数量的读者，如果我们不能提供适合他们的理解能力、接受能力、审美能力的作品，并且对他们的提高有帮助，出版工作为人民服务、为社会主义服务就是一句空话。

事实上这样雅俗共赏的书可真是需要编辑的功力。

（三）也要注意经济学范畴的价值——正确认识畅销书以及畅销书与常销书的关系

有人说，畅销书是出版界的“宠儿”。

有人说，在出版社转企，注重经济指标的情况下，畅销书引起了许多人的关注，人们不禁要问畅销书是否有模式可寻？如何才能策划出畅销书？

有人干脆说,你凭什么会吸引读者买你的书？这绝不仅仅是内容好坏的问题。

我要说，如果不考虑内容的好坏，我们还在这里辛辛苦苦搞出版干什么呢？诸如《上海宝贝》《乌鸦》《木子美日记》等等，靠这样的书赚钱，还要探索这类书的畅销模式，我们的出版业将会成为什么样子！这让我想起欧美的一些畅销书。1978 年英国记者德里克·汉弗莱曾把妻子自杀身亡的过程，写成《简的去路》，受到警察调查。后来，他又写了《最终出路：自杀手册》，虽然又一次受到警察干预，终因为所谓“出版自由”，一边打官司一边销售，卖了 47 万册，发了大财。我们能走这条路吗？

所以,我们所说的畅销书,必须是内容上健康的书,是优秀畅销书,档次要高,雅俗共赏，不是低俗的。这一点大概是没有人公开反对的吧？

对于畅销书，有三点要特别注意：①畅销书是一个纯商业概念，就是卖得快，卖得多。但是我们中国的畅销书不能只有这一个标准，它必须是内容健康、广大读者喜闻乐见的读物。这种喜闻乐见不是对市场的讨好与乞求，更不是对低俗口味的迁就与附和。②畅销的不一定都是好书，好书也不一定都畅销。不能只以畅销书多少，评价一个编辑，评价一个出版社。③“畅销”要变成“常销”，最后变成经典。比如说朱自清先生的《经典常谈》、周振甫先生的《诗词例话》、艾思奇先生的《大众哲学》都是通俗读物，到现在还在印，还在卖，还有人买，不就是变成常销、变成经典书了吗？这类书价值非常大，所以畅销书要强调“优秀”二字，强调导向和带动性，强调由畅销变成常销，最后成为经典。没有“优秀”二字，畅销书就会昙花一现，甚至微不足道。

三、应该具备勇气，信任未经考验的作者

高尚的文化品格，要求编辑有超常的鉴赏能力和化平凡为神奇的本事。他应该具备勇气，信任一位未经考验的作者，为他们献上自己的才智。

《文化苦旅》是余秋雨的成名作。他在《文化苦旅》之前写了不少书，像《戏剧理论史稿》《艺术创造工程》等，但都没有《文化苦旅》影响大。但《文

化苦旅》在上海东方出版中心接受出版前是遭遇了其他出版社退稿的。稿子送到东方出版中心，编辑王国伟立即发现了它的价值，决定接受出版。王国伟说：“书中释放出来的生命信息和作者良好的文化感觉，一下子抓住了我的心。尤其是作者深入浅出，把沉重的历史和深邃的文化底蕴通过非常感性的文学语言输送出来。我如获至宝。心中已深谙此书的价值……”

王国伟还说：“我强烈地感觉到，这是一本好书，这种感觉首先来自内心的对应。这种对应，我理解为生命对生命的诱惑。看似出版行为，其实是情感行为，而这一行为的基础，是各自素质的平行与交流。”

这些话讲得多么好，多么透辟：好东西会“一下子抓住了我的心”，这种感觉“来自内心的对应”，“其实是情感行为”，行为的基础是“各自素质的平行与交流”。情感是什么？是美的诱惑产生的追求。“各自素质的平行与交流”就是要与作者有同等的（如果不是高出的）常识、素养，可以产生如“高山流水”般的交流与共鸣。

这就是一个好的编辑所具有的鉴赏能力和文化品格。

编辑还要化平凡为神奇。这就是要把自己的审美理性、审美情感、审美倾向渗透到自己所属意的书稿中去。

龙世辉，人民文学出版社的编辑。二十世纪五十年代，他在一大堆来稿中发现了曲波寄来的《林海雪原》。龙世辉敏锐地感觉到作品题材很好，作者生活底子厚实。可是稿子问题很多，文学性不强，语言粗糙，严格讲还只是一堆素材。龙世辉舍不得这堆素材，又自觉一定能改好，便热情邀请作者来京，和他一起商量如何修改书稿。

曲波来后，龙世辉几乎从写作常识讲起，如何结构文章，如何剪裁取舍，如何遣词造句。曲波说，您是大编辑，我听您的。龙世辉还说，一部长篇小说全是打仗，没有跌宕起伏，很难吸引人，就建议增加“少剑波雪夜萌情心”等情节，建议增加白茹这个人物。这样，大大丰富了原作的内容。很多地方龙世辉甚至亲自动手，重新改写。小说出版后，作者一举成名。

这就是编辑将自己的审美理性、审美情感、审美倾向参与到作者作品中的典型例子。

后来龙世辉又编辑出版了杨沫的《青春之歌》、古华的《芙蓉镇》、马识途的《清江壮歌》等名著，它们都体现了龙世辉高尚的文化品格、超常的审美能力和无私奉献的精神。所以一部好的作品，不仅是作者的才华的结晶，还常常闪烁着编辑的智慧，是作者和编辑共同的劳动成果。

章仲锷，在《当代》工作时，帮助、扶持《老井》作者郑义的事迹给人很大启发。因写《老井》而成名的郑义，先写的是中篇小说《远村》。小说描写的是一个村子里，两个男人和一个女人及一条狗的故事，讲的是严肃的社会问题，农村的贫困造成的悲哀。郑义当时还不为人知。章仲锷经人介绍，到郑义山西的家里去。只见他“家徒四壁，穷困不堪”。郑义把稿子交给他的时候说，已经被六家刊物退稿，没人敢发表。章仲锷看过之后，被小说反映的令人心酸的深刻社会问题所打动，决心推荐给主编。他担心主编也不同意发，又写了几千字的审读意见。主编认真看了原稿和章仲锷的审读意见，拍板刊登。为了不惹人特别注意，还特地排了小号字（可见其小心）。但，正是这篇被六家刊物退稿的《远村》，发表后获得了全国优秀中篇小说奖。

《远村》的成功，鼓舞了郑义，他又写了后来很有影响、被拍成电影的《老井》。章仲锷又在《当代》上安排发表。

这类故事还有很多，这类编辑也还有很多。这些编辑默默无闻地工作，他们在后台，不为人所知，而有时却要承担作者应该承担的责任。但是，我们可以说，没有这样的编辑就不会有这样优秀的作品诞生。编辑要有冒险精神，这部稿子能改好吗？能打响吗？能畅销吗？有时就像赌玉一样，一块其貌不扬的石头，花了大价钱买来，怎么就能断定里面有美玉？所以，编辑要有眼力，但更要有勇气，还要有肯于为无名作者献上自己智慧的精神。

有一位编辑说过，编辑的工作，“从提高素质开始，又以展示素质告终”，从事编辑工作的同志要兢兢业业啊，你的水平、趣味、情操、志向可完完全全体现在你编辑的作品中。

作者系全国政协委员，国家新闻出版总署原副署长，中国出版集团原总裁

创新时代：出版社创新面面观

聂震宁

创新，应当是一种开放的状态，追求的是焕然一新、出人意表、出奇制胜、山外青山、更胜一筹，等等。创新是不太好做归纳和演绎的，更忌讳示范和模仿。古人说“用兵之妙，存乎一心”，套用这话，可以说：创新之妙，存乎一心。

我们正处在一个创新的时代

创新的时代，应当具有以下六个基本特征：

第一，创新的时代，必然是一个经济、政治、科技、文化强烈需要变革和创新的时代。经济全球化的现实，我国加入世贸组织后的形势，知识经济的趋势，国际政治格局多元化的态势，国内三个文明建设的要求，数字化和市场化正在改变人们的生产和生活方式，文化价值得到领导人高度重视，被当成综合国力的重要组成部分，凡此种种，都需要国人有更大的变革和创新。

第二，创新的时代，必然是一个社会呼唤创新，领导者也鼓励创新的时代。报章上曾非常明确地指出，创新是十六大的灵魂。在十六大前夕，江泽民同志号召全党全国与时俱进，开拓创新，在十六大上又提出“发展要有新思路，改革要有新突破，开放要有新局面，各项工作要有新举措”。胡锦涛同志和习近平同志担任总书记后，也一再强调创新、创新、再创新，把万众创新提高到了强国富民、实现“中国梦”的战略高度。他们的政治报告中出现得最多的字就是“新”字。创新成了时代的最强音。

第三，创新的时代，必然是一个在物质生产方式上以社会需求为主要调节手段的时代。这里的意思是，物质生产方式是相对开放的，其动因是客观社会需求而非主观臆想，而社会需求又是天然地需要生产者不断创新的。我们现在正处在市场化进程之中，市场化正是对创新最有力的推动。

第四，创新的时代，必然是一个社会上层建筑和意识形态不断与时俱进，以适应经济基础发展需要的时代。十五大高举邓小平理论伟大旗帜，十六大确立“三个代表”重要思想，都是与时俱进的重大理论成果。十五大确立依法治国，十六大决定建设三个文明，十七大提出贯彻科学发展观，十八大后习近平总书记提出“四个全面推进”等等，都是上层建筑和意识形态适应经济基础发展需要的重要调整。

第五，创新的时代，必然是一个科学技术不断进步、信息交流相对便捷的时代。我们这个时代的信息技术、生物技术、空间技术，这些激动人心的科技成果，不靠创新怎么可能获得？而且，现在的社会生产和经营，对于自主知识产权的依赖越来越大，必然进一步推动科技创新。

第六，创新的时代，必然是一个人才比较自由发展的时代。唐代李白的诗句“天生我材必有用，千金散尽还复来”，折射的是盛世气象，看来在盛唐时期人才也还比较能自由发展，因为科举制度给了人才一定程度上的公平发展的机会；可能那时的商业也比较景气，所以才有“千金散尽还复来”的豪气。在当今这个以能力为本位的社会里，越是有创新能力的人才，越敢说“天生我材必有用”，这是大家有目共睹的。这是一个创新的时代至为关键的一点。

处在一个创新的时代里，各项工作都要有新举措，创新也就理所当然地要成为出版工作的灵魂。这不单是时代的需要，大势所趋，也是出版工作的基本精神所决定的。

创新是出版工作的基本精神

说创新是出版工作的基本精神，也许有的朋友不以为然。在某些朋友的心目中，可能更多地是在想，出版社只要书不犯错误，基本精神就是要赚钱。社会主义市场经济，出书想赚钱并不错，没有钱只做赔本生意，何来可持续发展？但是，对有文化理想追求的大多数出版社来说，我们的基本精神还就是创新，要通过创新去获取尽可能大的社会效益和经济效益。过去不是喜欢说“人是要有一点精神的”吗？如果套用过来，应当说，出版社是要有一点精神的，这个精神就是创新。

出版社所出版的出版物，归纳起来大体是两类：一是创新，一是积累。这里所说的创新，主要是指创造新作品。无论是做文化积累还是创造新作品，都需要有创新精神。就拿文化积累性质的图书来说，一样的《唐诗三百首》，人民文学出版社、中华书局，很多出版社都在出，可是，浙江少儿版的就成了经久不衰的畅销书。为什么？不用说，他们有创新。从图文配合到版式、材料，很多读者就是喜欢他们的。也许是王婆卖瓜，我在这里举一个自己的例子。20世纪90年代初，出现了中外古典名著出版热，一部《红楼梦》几十家都在竞相出版。我是不甘心搞这种重复出版的名堂的，于是就策划了一套“古典文学名著评点系列”，约请著名作家王蒙、李国文运用传统评点方法评点《红楼梦》《三国演义》。这样一来，名著也出版了，又有新的内容附加值，成就了一项有创意的出版项目。再举一个例子。人民文学出版社的一套丛书“中学生课外文学名著必读”，2000年卖了8千万元码洋，三年来卖了2亿元码洋。这是一套旧版书的重新组合。倘若没有丛书设计的创新，就是那20多部名著，过去一年一般也就卖2千万元码洋。可见，文化积累性质的出版也存在着创新的必要。更不必说那些新创作品，倘若没有创新精神，那就令人生厌了。

出版创新是与时俱进的必然要求，出版创新是创新时代的理性认识与感性体验的综合体现，是出版工作激动人心之处。如果我们认识到创新是出版工作的基本精神，那么，对于许多行销一时的市场现象也就能得到正确的理解。《谁动了我的奶酪》为什么畅销？起码它贴近了我们这个时代的许多人对社会变革的一些心理感受和价值选择。《富爸爸、穷爸爸》为什么畅销？因为这里边包含许多时代的需要。出版只要与时俱进，创新也就在其中了。近几年来，新创作的长篇小说受欢迎，这与读者希望看到创新的作品，而作家也注重受众的阅读趣味变化不无关系，大家得承认，长篇小说最是“一花一世界”的。别看余秋雨、刘墉等人的作品老是被文学界攻击，大有不屑一顾的意思，可是，他们受到中学以上文化水平的大众读者欢迎却是事实。他们的书为什么畅销？恐怕与大家需要不费劲就能学到文史知识和做人常理的阅读诉求有关。有人问我，少儿出版物最近怎么火了？我说，准确地说，火的是少儿出版物的新作，特别是有新鲜故事和新鲜人物的少儿文学的新作，这也是创新的结果。

出版社创新面面观

关于出版实务中的创新，我有这么一个比喻式的概括，那就是：内容创新为王，营销创新为相，企业建设创新为本。

先谈内容创新为王。这里说的内容，是出版实务中广义的内容，包括我们通常所说的作品内容和形式，以及这些内容和形式的种种演绎，甚至包括作为出版物可以传播的全部信息，例如封面、插图、版式，等等。当然，首先还是人们通常所说的内容，帮助人们认识世界、增长知识、修养道德、娱情益性的那些内容。这是出版之本，是出版工作之所以受到人们尊重的基本点。我们首先要在这个基点上创新，要加大内容原创力，多出原创作品。经济领域里说要通过更多地拥有自主知识产权，加强企业的核心竞争力，出版业原创作品的价值也就差不多等同于自主知识产权。这方面的创新应当是第一位的。

但是，作品内容创新并不是出版产品内容创新的全部。大家知道，TCL 是生产电话机的企业。关于电话机的物理内容，大体如此，谁都可以做。那么TCL 怎么做呢？我国的首部按键式电话机是他们做的，首部无绳电话、数字电话、数字无绳电话、数字录音电话、来电显示电话、可视电话，都是他们做的，这就是产品内容创新的成果。这里面有对原来内容的持续创新和改造，也有仅仅是形式的变化创新，也是创新。TCL 还有一个例子也颇有意思，他们在企业内部发动员工搞产品外观设计有奖活动，有一个刚刚毕业的大学本科生设计了一个很漂亮的手机，被选中了，得到一万元奖金。这就是现在很流行的 TCL3188 款手机。机芯还是那么一些东西，市场的胃口大开，企业不知赚了几百几千个一万元，“都是美丽惹的祸”。TCL 的经验启示我们，创新的机会无所不在，不要放过任何一点可能改变的元素。像美国的微软视窗系统不断升级，日本的一些名牌汽车年年推出稍稍改进的新款，何尝不是如此！

出版业内同样有很多成功的范例。1990 年，漓江出版社出版的《插图本世界文学史》，似乎是国内后来大批图说书出版的滥觞，这是一种形式的创新；其后不久，三联书店出版的蔡志忠漫画，把经典图说化，获得了很大的成功；再后来风靡一时的老照片、红镜头、黑镜头，都是这种图说路数的成功。又例如产品跟进。由《谁动了我的奶酪》引发的所谓“臭烘烘”的奶酪现象，有人提出了批评。奶酪现象是不好，过分的产品跟进是不好，让读者反感，使行业蒙羞，应当引起出版社的反思。但是，我们也要注意，产品跟进战术也可能形成创新，不能一概反对。古体诗词常有唱和，那也是一种跟进，有时候也会出好东西。就拿毛泽东反其意而和南宋诗人陆游的咏梅词，不是也很有新的境界吗？20 世纪 60 年代瑞典有一个科学怪杰，专门针对科学界已有定论的东西来反其道而行之，发表一家之言，出版了一本《众神之车》，提出了许多怪诞的猜测。书出版后很畅销，这也算是一种跟进创新吧。再有，出版业通过产品的升级换代来实现创新，也是大有可为的。《现代汉语词典》20 年才做一次修订，这在欧美发达国家不可思议。早几年终于修订了。商务印书馆去年又做补订，很好。《新华字典》又做了双语版，升了一级，出了一个新品种，获得了新的竞争力。我们大家是不是在产品的升级换代方面考虑得少了一些，许多书被出版社像狗熊掰棒子一样地浪费了。

如果能够宽泛地来理解出版创新，我想，关于出版物的创新方法，可以列出十条、二十条来，比如：内容原创法、图说法、媒体互动法、版本更新法、跟进法、名人效应法、同类书组合法、特殊活动带动法、权威定位法、读者定位法、版权引进法、材料分级法、版式繁简法、装帧包装法，等等，还可以举出一些办法来。但是，我还是要强调自己的最高追求，那就是，无论是天罡 36 变，还是地煞 72 变，万变不离其宗，内容原创还是正宗第一法。

现在谈营销创新为相。我之所以称其为相而不是王，是因为出版业首先还是内容产业，总要以内容为王，营销也就是帮助王者“总理朝政”。当然，也有人主张，在市场经济条件下，营销为王，理由是，倘若不能实现有效销售，一切都无从谈起。大有不在营销中发展，就在营销中灭亡的意思。比如，《哈利·波特》的品种创新，使用的是版权引进法，人家说，没有一系列的营销，能有那么好的效益吗？又比如，《谁动了我的奶酪》，一本薄薄的4万字小书，写作水平一般，凭什么畅销到如此地步？主要靠的还不是营销！《哈佛女孩刘亦婷》为什么销售能突破100万册？出版社有针对性地宣传，抓住了名校、留学女孩以及素质教育这些颇有吸引力的关键点，是其成功的重要原因。《新概念作文》，其成功的基点还就是一等奖作者可以免试上大学，哪里是内容为王！以上这些看法是符合实际的。但是，从出版工作的本质意义和一般规律来讨论，还是要说内容创新为王，营销创新为相，缺一不可。

营销必须创新。要实现营销创新，就目前我国出版业的普遍情况看，需要回答三个问题：购买者在哪里？作者在哪里？分销商在哪里？能够回答好这三个问题，出版社才称得上是出版物市场上的强者。

购买者在哪里？《十五大以来重要文献》的读者在党政干部和党校里面。《世界贸易组织文件汇编》的读者是政府各级官员、企业家、党校和某些学者，最主要的还是前者。长篇小说《牵手》的读者主要是女性和喜欢明星蒋雯丽的男性。长篇小说《突出重围》的读者在学校，在军营。《富爸爸、穷爸爸》的读者据说是希望爸爸富起来的儿子们和着急富起来的爸爸们。在一本书确定选题时，应当提出这个问题。有些选题还应当在了解读者需求之后才决定出不出、出多少。我们的出版社在这方面的意识和把握能力都比较有限。总之，还是信息化程度太低。要提高我们出版社的营销能力，必须在这方面有所创新。

作者在哪里？最好的选题要找到最合适的作者，这是不言而喻的。但是，我要特别提醒的是，与你合作的也许是最合适的作者，却由于你的局限性，最终没有让他成为最合适的作者。最近卖得比较火的《登上健康快车》的作者洪昭光先生，1995年我就同他合作过。那时是在漓江出版社，我们编撰出版一套“中华名医谈百病”丛书，洪先生是作者之一，由他主编《心血管疾病》分册。编书就编书，我们没有请他来一起做更多的事情，更没有像北京出版社现在这样，请他来开展健康咨询演讲，通过新闻媒体来宣传他的演讲效果，所以当时那本书的市场业绩比较平淡。我们也曾经邀请洪昭光在新书发布会上介绍过图书，那时我就发现洪先生具有很好的演讲才能，但后来就是没有去做营销策划，一个好的作者资源就让我白白浪费了。作为营销创新，我们要问的不仅是作者是否有书稿，或者有无承担一个选题的能力，还要问作者还有什么能力为出版活动所用，要充分发现、发掘、使用作者资源。现代矿业资源讲的是要多元化地综合利用，现代出版业也应当按照这种思路去创新。

分销商在哪里？出版以读者、作者为本，分销商就显得相对次要，但还是很重要。作家出版社、华艺出版社在和分销商的合作方面就做得不错。我们说一些书业批发商能力强，往往就是指他与分销商的合作能力强。分销商是出版社营销创新的合作者，是出版社与读者的必不可少的通道，否则我们很可能与读者擦肩而过，甚至是咫尺天涯。中文简体字版《哈利·波特》创造的营销业绩，是与分销商的合作分不开的。我们比较早地启动宣传机器，让分销商比较早地对这一品种的市场前景树立起信心。美国版《哈利·波特》的宣传启动更早，出书前的 6 个月已经搅得“山雨欲来风满楼”。美国的出版社一般也都是在出书前 6 个月发动宣传攻势，这时主要是对准分销商来做，等到书出版了，他们就邀请重要的分销商一起来对准读者做宣传，把 75% 的力量用在读者身上。过去我们的情况大体是相反的，用了 75% 的力量来对业内媒体做宣传，影响面基本上局限在分销商，很少问读者在哪里，而这是我们宣传的最终对象，特别是在基本实行经销包退的销售形式之后。不过，现在的情形有了变化。《哈利·波特》的持续宣传就是对准了读者，分销商也参与进来给读者做导读，效果就是不一般。我想，什么时候出版社的出版物广告更多地在大众媒体上出现了，我们的营销也就比较到位了。

关于营销活动创新，还有很多内容，比如出书时机的选择、图书包装的策划、定价的策略，还有中介的选择与合作，等等，也都有创新的任务。

既然说的是出版社创新，还要说说关于出版社的企业建设创新。出版社的改革和发展，最终目的是建设可持续发展的现代出版企业，而要达到这个目的，就要进行体制机制改革，进行制度创新、组织创新、生产经营流程再造、人才队伍建设和企业文化建设。我以为，人才队伍建设和企业文化建设是其中至关重要的两点。我的体会是：制度易学，人才难得，文化难弄。制度还是容易引进照搬的。人才问题大家说得够多的了，但是就我所知，不少地方还有点儿叶公好龙，这个问题很复杂，不是说比天空更宽阔的是人的心灵吗？不是说存乎一心吗？人是世界上最有创造力又是最复杂的。我的办法却很简单，就是说得最多的“人尽其才”，再说一句，那就是“要讲人才效率”。市场经济是效益经济，出版社内人才管理要讲效率。要求人才创效率，要用效率管人才。出版社总有个别崇尚空谈的人，空谈误国也误企业，怎么办？我的办法还是从管理机制上做引导，我愿意听你高谈阔论，否则你又说我脱离群众，何况你的高谈阔论也许会启发我的思路。可是到年底你的效益不好，问账要钱，我可没法给你奖金，因为奖金都在明处，渐渐地大家也就一心一意去做事情，谋发展了。这时我又来鼓励大家研讨和建言，因为沉默不是出版企业应有的状态，我还是希望大家快乐工作的。这也算是出版社的一种人才管理的创新吧。

作者系全国政协委员，中国作家协会会员，中国出版集团原总裁，韬奋基金会理事长

重视对出版文化理性问题的研究

郝振省

重视对出版文化理性问题的研究，是出版业体制改革和技术转型顺利实施的需要。本文着重对出版文化理性问题研究的重要性和紧迫性、出版文化理性的内容和出版文化理性的养成进行探讨，以就教于方家。

一

出版业是内容产业。自从人类社会有了出版活动以来，它的介质和产品跨越几千年，从甲骨到钟鼎、到缣帛、到纸张、到互联网，如今已发生了根本性的，甚至是颠覆性的变革，但它以内容积累文化、传承文明的本质特征却始终如初。正是从这个意义上讲，我国的出版业是以不变应万变；从载体角度讲，则是万变不离其宗。在今天的市场经济体制下，出版业要比过去更讲究装帧艺术，讲究宣传推介和市场营销，但能否赢得读者、赢得市场，取得理想的“双效益”，最终还是取决于产品的内容，取决于内容是否具有吸引力和感染力，乃至主旋律、正能量。

国家大力倡导全民阅读，甚至把推进全民阅读提升到建设学习型社会和书香社会的高度来运作，其根据在于：对于个人来讲，阅读决定着他的文化附加值及他对社会的贡献和社会对他的肯定及认可的程度；对团体来讲，阅读决定着这个团体核心竞争力的大小及社会影响力的强弱；对国家和民族来讲，阅读决定着它的经济硬实力和文化软实力的水平高低及其在国际社会的地位和影响力，等等。只不过我这里讲到的阅读，有一个重要的前提，那就是大家读的书必须是有内容、有质量的，是符合社会主义先进文化“出版文化理性”本质特征的。出版界的先贤们认为，重视国家和社会进步，就不能不重视教育，重视教育，就不能不重视书业，书业是中华传统文化的精华，是中华民族数千年来经久不衰的血脉，尽管与工农业相比，其规模相对弱小，但它对民族精神的滋养，对国家社会的影响却很大，其道理正在于此。

众所周知，在中外近现代出版史上，凡是做得有“响动”、有作为的出版企业，无一不是出版文化理性的倡导者和践行者。商务印书馆历经百年而不衰，关键在于它把对文化理性的追求与对商业利益的追求有机地结合在一起，是以文化理性为体，商业利益为用。中华书局、三联书店基本上也沿袭了这条路径，方能“风景这边独好”。德国的苏尔坎普出版社，规模并不大，但其社长翁泽尔德逝世时，德国总统和其他欧洲政要纷纷前来送行，何故？因为这家出版社的“彩虹出版计划”为战后德意志民族重建自己的信仰及精神支柱，持续地提供了两千余种优秀出版物。

当前，“出版文化理性”问题尤其应该引起我们高度的、足够的重视。因为进行体制改革的目的就是为了解放和发展出版生产力，而解放和发展出版生产力的目的就内在地蕴含着提升出版物内容质量这个基础和前提；因为我们正在加快传统出版业向现代出版业的转型，而转型的目的是为了扩大中华优秀文化的传播力和影响力。要达此目的理所当然地要求我们出版业传播的内容必须富有文化理性的魅力。应该清醒地看到：体制改革为我们提供了到达理想境界的道路，而理想境界的真正实现，还要靠我们在内容方面的辛勤耕耘；技术转型为我们提供了先进的传播手段及载体，而这种手段和载体要真正发挥效力还有赖于我们在文化理性方面的精心策划与全力打拼。新闻出版总署原署长柳斌杰在讲到行业面临的挑战和困难时，明确而又尖锐地指出出版业“内容创新能力弱，有影响力的精品还不多”。习近平总书记在文艺座谈会上更加形象地讲到，文艺作品“有高原无高峰”等等。所有这些论述，实际上都是在强调研究出版文化理性问题的紧迫性。

二

什么是出版文化理性呢？笔者以为，出版文化理性就是出版人、编辑人经过长期的学习、实践、修炼而形成的一种综合性的、决定或影响出版物内容吸引力和感染力的本质性文化品格。出版文化理性的内容似可分为核心层、核心实现层、核心辅助层三个层面。

核心层，即是说出版从业人员，特别是编辑人员，要有文学的感性（喜爱文学，善于借助文学贴近生活、发现生活和洞察生活），艺术的灵性（未必有艺术的创造力，但至少要有对艺术的追求习惯和鉴赏力），哲学的悟性（能领会基本哲学命题的意旨，理解苏格拉底、康德、黑格尔等大思想家的核心理念，具备辩证思维能力），史学的智性（要坚持历史唯物主义态度，对历史现象的复杂性、历史运动的规律性有冷静、清晰的认知和客观、公允的评断），科学的真性（具备基本的科学知识、科学素养及科学精神），伦理的德性（坚持真理，修正错误，恪守职业道德，维护他人成果，己所不欲、勿施于人等）。核心层的规定性实际上回答了出版业积累文化、传承文明的主体的基本规定性和普遍规定性。一些历史久远的百年老店历经沧桑风采依然，一些新锐出版单位勇立潮头，影响斐然，就是因为拥有上述“六性”的编辑家或编辑大家。编辑因其供职的专业方向有所不同，对于这“六性”的修炼可以有不同的侧重，但一般来说都应该有所具备。

核心实现层，讲的是文化理性的实现能力。即在这种文化底蕴和文化涵养的基础上，出版从业人员，特别是编辑应该具有较好的判断力、亲和力、文稿统筹能力和文字驾驭能力。判断力讲的是选题的策划和决策能力，亲和力讲的是对作者的挑选和沟通能力，文稿统筹能力讲的是谋篇布局能力，文字驾驭能力讲的是对文字的敬畏和娴熟的加工及修改能力。一个具有较高文化理性的编辑才能设计出具有较高文化理性的选题，才能寻觅到具有较高文化理性的作者，也才能编辑出具有较高文化理性的书稿，最终才能形成一批具有较高文化理性的品牌群落。

核心辅助层，讲的是出版文化理性的外在形象。包括交往中的礼仪（温文尔雅、风度翩翩），彼此间的尊重（设身处地为对方着想，即便是不同意别人的观点，也充分尊重对方发表不同意见的权利），对于承诺的遵守（讲话严谨，留有余地，言必信，行必果），谈吐的诙谐幽默，还有讨论问题的情趣与风趣等，这方面的要求既是文化理性的延伸与体现，又是对文化理性的进一步提升与发展。

三

关于出版文化理性的养成，笔者认为可以从三个方面来探索。

从个体讲，就是要在对单位、对社会、对民族、对国家负有一定责任感和使命感的基础上，自觉地形成对文化理性的坚持与修为。出版物的内容质量包括其科学性、导向性及感染力。尽管作者的资质很重要，但编辑的智力、眼光选择和把关能力在出版加工整个环节则是决定性的，尤其在知识经济时代，编辑的选题策划能力及对作者的遴选能力更是首当其冲，无可替代。那么编辑人形成自己的文化理性的路径在哪里？如果用一句话来概括，那就是坚持不懈地把阅读、写作、谈话交流或演讲逐步修炼成为自己的基本生活方式。所谓基本生活方式，就是生命中须臾不可缺少的方式，在某种意义上，它与空气、阳光、生命同在。社会分工的其他门类，可以多读书或少读书，多写作或少写作，多说话或少说话，而出版人、编辑人则必须把阅读、写作、交流作为自己的生存方式和终生爱好，一日不可懈怠。也要把读圣贤书、写经国文章、探索深邃思想，作为自己长期追求、锲而不舍的目标，并力求修成自己的“看家本领”。古往今来，那些名闻遐迩、颇有作为的出版大家、编辑大家、文化大家，哪一个不是饱读之士、饱学之士，哪一个不是与书相依为命、相伴终生的？

从单位讲，应该体现文化管理的原则与要求。有同志讲出版企业的管理，经过了经验管理、科学管理的阶段，现在进入了文化管理的新阶段。文化管理就要体现文化理性原则。怎么体现这一原则呢？首先，就是不只强调外在的东西，更要关注其内在的素质。比如说录用新人，除了看其学历的高低之外，更主要地应看其是否具有坚定正确的政治立场，是否具有浓厚的家国情怀，是否全心全意喜爱书业这一行，同样也要看他喜不喜欢读书，读了以后能否有所思，有所得，有所悟。其次，在绩效考核评估方面，应有读书和写作乃至交流方面的指标，这些指标要尽可能符合实际，具有可操作性，考虑到人的某种惰性，一些相关要求还应具有刚性约束。以往的实践证明，重赏之下必有勇夫，严管之下必有精英。再次，出版单位要有意识地营造一种氛围，在这个氛围里，人们会于不知不觉中、日复一日地养成自己的出版文化理性。例如 20 世纪二三十年代，商务印书馆的编辑们饭后散步，互相比拼着背诵《红楼梦》《三国演义》的某些段落。这就启示我们：可以倡导乃至设计一些有意义的诵经典、背诗文的活动，以此来陶冶和浸润我们的编辑，并把这种活动逐渐转化为富有人性的、富有文化理性的、大家认可的约定俗成，最终成为出版企业的拿手好戏、制胜之本。

从社会讲，笔者以为至少有两条：一是社会在倡导和组织重大政治活动时，既要重视其政治目标的实现，又要重视从文化理性养成的角度提出问题和解决问题。比如，我们提出要在全社会确立社会主义核心价值体系，这是我们国家的经济制度和政治制度所要求的，但这只是问题的一个方面。另一方面，社会主义核心价值体系中的指导思想和共同理想，民族精神与时代精神，还有社会主义的荣辱观等都是很重要的文化基因，都和其他重要的文化元素水乳交融地结合在一起。如果我们不仅从政治方面，而且从文化理性方面来理解和部署核心价值体系的宣传教育，无疑会收到事半功倍之效，无疑会使我们的编辑人员对政治的理解合乎逻辑地建立在深厚的文化底蕴的基础之上，从而也使政治目标的实现有了更可靠的依托。

最后，笔者建议在现行的新闻出版行业准入考试中增加文化理性的内容。从社会管理的角度来审视，目前的编辑出版行业的资格准入考试及资格登记工作等显然都很有必要，但如果我们仔细考察，就会发现这种准入考试也存在某种局限性。因为它测试的还是普通的工具性知识、实用性知识而没有进入到文化理性的核心层面。这显然不利于编辑大家、出版大家、文化大家的产生与养成，也不利于鼓励人们向这方面一以贯之地努力。可以考虑在这种考试中，设置申论或对策性考题，给考生留下可以文思驰骋的空间，让他充分展示自己的文化理性思维与写作文采，张扬自己的文化理性及胸怀天下的抱负。

作者系全国政协委员，中国编辑学会会长，中国新闻出版研究院原院长

图书编辑的“五个必须”

张芬之

何谓图书编辑？仁者见仁，智者见智，各有各的理解和认定。用我的实践和语言来表述，即是：图书这种纸介质精神文化产品的策划者、组稿者、编纂者。如果用一句比较生动形象的语言来比喻，即是：图书出版的“助产士”和“接生婆”。过去，人们往往把编辑称为“编书匠”，以为只是组组稿子，改一改错别字，没有多少复杂劳动。其实不然，真正能称得上合格的图书编辑的人，是那些对党和人民忠诚，对语言文字敬畏，有较高的职业素养，淡泊名利、甘于寂寞，对书稿精雕细刻，为他人乐此不疲地做嫁衣的人。有人把编辑比作蜡烛，默默地燃烧自己，无声而又甘愿，用自己的光和热温暖和照亮他人；也有人把编辑比喻为春蚕，一生执着勤奋，吃的是桑叶，吐出来的是丝锦，春蚕到死丝方尽，一丝一缕为人民。

图书出版是我国思想文化战线上的主力军，是酿造精神文化食粮的特殊行业，担负着为人民群众提供精神文化产品、满足其日益增长的精神文化需求的神圣使命，岗位光荣，责任重大，历来受到党和国家的高度重视和亲切关怀。毛泽东、邓小平、江泽民、胡锦涛等几代党和国家领导人，在不同时期和不同场合，都为我国的图书出版事业写过重要题词，做过重要讲话或重要批示。党的十八大以来，以习近平同志为核心的党中央，对精神文化产品的生产和深化文化体制改革极为重视，也有许多重要讲话和具体部署，对推动我国文化出版产业的大发展大繁荣起到了重要的作用。譬如：2014 年 10 月 15 日，习近平总书记主持召开了北京文艺工作座谈会，并就事关文艺繁荣的一系列根本性、方向性的重大问题，发表了重要讲话。他指出：“文章合为时而著，歌诗合为事而作。”衡量一个时代的文艺成就最终要看作品。推动文艺繁荣发展，最根本的是要创作生产出无愧于我们这个伟大民族、伟大时代的优秀作品。他强调：

繁荣文艺创作，推动文艺创新，必须有大批德艺双馨的文艺名家。他要求：文艺工作者除了要有好的专业素养之外，还要有高尚的人格修为，有“铁肩担道义”的社会责任感，讲品位，重艺德，为历史存正气，为世人弘美德，为自身留清名，努力以高尚的职业操守、良好的社会形象、文质兼美的优秀作品赢得人民的喜爱和欢迎。

因此，作为一名图书编辑，就要像习近平总书记所要求的那样，对本职岗位有强烈的光荣感、责任感和使命感；有虚怀若谷、只争朝夕、奋发向上的刻苦学习精神；有胸怀祖国、心贴民众、淡泊名利、甘当苦力的无私奉献精神，努力使自己尽快成为一名让党和人民放心的合格的图书出版工作者。

做一名合格的图书编辑，不是一句空洞的口号，随便喊两嗓子就可以的，要真正做到合格、称职并不容易，需要付出艰辛，甚至是终生的努力。俗话说，艺无止境，冰冻三尺非一日之寒，讲的就是这个朴素的道理。

根据党和国家关于图书出版工作的基本要求和我四十多年来从事新闻出版工作的切身实践，我以为要做一名合格的图书编辑，起码必须具备以下五个方面的综合素质。

一、必须有坚定正确的政治立场，永远与党和国家在思想上、政治上保持高度一致

图书出版是生产和传播精神食粮、铸造思想灵魂的工程。所以，图书编辑首先应是灵魂工程师。何谓灵魂？我以为，灵魂就是坚定正确的政治立场，就是胸怀全局、忠诚于祖国和人民的职业操守，就是制作优质文化产品，始终弘扬和传播正能量。

《图书编辑工作基本规程》中规定，书稿在“三审过程中，始终要注意政治和政策性问题；责任编辑要对书稿的政治倾向、思想品德进行把关”。这就明确地告诉我们，作为一名图书编辑，必须在思想上、政治上、立场上与党和国家保持高度一致，必须对党和人民一往情深，忠贞不渝。当各种杂音、噪音

轰鸣，当各种非无产阶级思潮像洪水一样袭来的时候，你能够心明眼亮，立场坚定，有自己的主心骨，有敏锐的观察力和辨别力，懂得什么是对的，什么是错的，什么是党和国家提倡的，什么是党和国家反对的，不能人云亦云，随波逐流；不能当墙头草，哪边风大往哪边倒。要认清自己肩负的责任，自觉地、无条件地与党和国家的出版法律法规保持高度一致，坚守生产优质精神文化产品的阵地，坚持社会效益第一的原则，永不迷失正确的出版方向。

二、必须认真学习和知晓党和国家关于图书出版工作的法律法规，确保自己所选择和编辑的图书符合国家对精神文化产品的基本要求

中国有句俗话，叫作干什么吆喝什么。你是农民，要懂得时令、节气，要学会耕耘播种；你是工人，要熟悉岗位职责，要具有做好本职工作的专业技能。与此同理，你是一名图书编辑，就要学习、熟知党和国家关于出版工作的方针、政策及其相关的法律法规，做图书出版工作上的“明白人”。

现在已颁布实施的出版法规主要有《出版管理条例》《中华人民共和国著作权法》以及《图书质量管理规定》和重大选题备案办法等等。经国务院批准颁布的《出版管理条例》，其地位与权威可以说相当于国家的“出版法”，是我国出版行业管理的基本法规，必须认真学习，切实把握，并在实际工作中认真贯彻落实。否则，不学不知不懂，就是盲人骑瞎马，不知道哪一天就会跌到沟里去，犯了错误还不知道错在哪里。譬如：2016 年修订的《出版管理条例》第二十五条对出版物不得含有下列事项内容做出了明确规定：①反对宪法确定的基本原则的；②危害国家统一、主权和领土完整的；③泄露国家机密、危害国家安全或者损害国家荣誉和利益的；④煽动民族仇恨、民族歧视，破坏民族团结，或者侵害民族风俗习惯的；⑤宣扬邪教、迷信的；⑥扰乱社会秩序，破坏社会稳定的；⑦宣扬淫秽、赌博、暴力或者教唆犯罪的；⑧侮辱或者诽谤他人，侵害他人合法权益的；⑨危害社会公德或者民族优秀文化传统的；⑩有法律、行政法规和国家规定禁止的其他内容的。上述这十个方面的内容，属于图书出

版的“红线”和“禁区”，图书编辑应当牢记在心，坚决遵循，不能有章不守，各行其是，更不能打“擦边球”，越雷池半步。

诚然，出版工作是一项系统工程，也是一项神圣而又严肃的事业。因此，党和国家关于出版工作的法律法规有许多，要求也很严格。图书编辑要有“我要学”的高度自觉性，努力在日常的工作中，不断地学习领会，认真地实践和把握，不能满足于一知半解，更不能借口工作忙，任务重，埋头“拉车”不“看路”，以至于造成“灯下黑”，成为图书出版上的“盲人”，甚至罪人。

三、必须有深厚的理论功底，敏锐的政治头脑，要炼就一双识别正确与错误的“火眼金睛”

图书编辑不是编书匠，在一定的意义上说，是属于特种行业、特殊岗位，需要有专门的学识，很高的政治觉悟，很强的政策水平，很好的理论素养，很敏锐的政治判断力。因此，不是随便摸一个脑袋就能做图书编辑工作，也不是任何一个大学生、研究生就能称职胜任的。有人说，编辑应该是杂家，应当是通晓政治、经济、文学艺术和天文地理的复合型人才，既要在某一个方面成为专家，又要对诸多领域粗通一二，否则就适应不了图书出版行业客观上的不同需求，此话确有道理。

毛泽东同志曾强调，要政治家办报。我以为，做图书编辑工作也要讲政治，讲大局，也要力求成为出版家、政治家。当前，图书市场竞争激烈，书稿内容鱼龙混杂，社会需求五花八门，加上各种思潮和声音相互碰撞，对坚持图书出版的正确导向提出了更高的要求。如果你没有深厚的理论根底，没有敏锐的政治头脑，没有一双善于识别香花毒雾的“火眼金睛”，就可能在错综复杂的社会思潮和各种噪音、杂音面前，受其左右，迷失方向，其结果往往是面对泥沙俱下、林林总总的书稿，分不清正误，看不出好坏，以至于选稿失误，最终是“赔了夫人又折兵”。诚然，深厚的理论根底和敏锐的“火眼金睛”，不是天生的，也不是头脑里固有的，而是需要刻苦攻读，勤奋实践，在知行合一、天长日久的日积月累中，一天天、一步步地成长成熟起来。鲁迅、邹韬奋、茅盾、巴金、叶圣陶等等，这些德高望重、名闻遐迩的“编辑家”，是我们学习的楷模。

四、必须有良好的职业操守，有娴熟的图书编辑专业技能

古往今来，从事图书编辑这个职业的人，往往被称为“文化人”，做的是延续文脉、传递书香的事情，在众人眼里这是个受人尊敬、令人向往的行当。许多人靠它立足，谋生，赢得了生存与发展，既为社会文明做出了贡献，也为自己“雁过留声、人过留名”。所以，图书编辑这一职业在当今社会有着很高的美誉度和价值度，吸引着众多文化人不断加入这个行列。

众所周知，不立规矩，不成方圆。社会上的任何一种职业，都有自己的规矩和操守，都注重培养和讲究自己的职业道德。图书编辑通常是为他人做嫁衣，要有默默无闻、甘当无名英雄的无私奉献精神；图书编辑天天与书稿打交道，要运用自己的学识和技能对书稿精心打磨，精益求精，要有对文字的敬畏，对工作认真负责的革命精神。古人云，文以载道。就图书编辑来说，精心编辑出版一本图书，是为读者酿造精神食粮，要传播好声音、好故事，要弘扬主旋律，释放正能量，这也是一种“载道”。每一位图书编辑都应从对党和人民负责的高度，认清自己的岗位和使命，自觉养成良好的职业操守，做一个忠诚勤勉、敬业精业的出版人。

俗话说，打铁需要自身硬。又说，三百六十行，行行出状元。做图书编辑工作，不只是政治上要求严，操守上要自律，而且要熟知行话、术语，熟悉编辑工作的整个流程，要具有称职胜任的专业技能。譬如：什么叫齐清定？什么叫版权页？三审三校的基本要求是什么？如何把好书稿的政治关、政策关、文字关？当前有关部门规定的禁用词语有哪些？新版《标点符号用法》你使用对了吗？如何与作者沟通书稿上的一些观点和文字上的改动？书稿的封面语言以及成书后的宣传营销，等等，所有这些学问，作为图书编辑都要熟练掌握，了然在胸。如果对此一知半解，甚至不懂装懂，那就等于是“门外汉”“睁眼瞎”，势必在日常的编辑

工作中，昏昏然茫茫然，不知其所以然，要做一个合格的图书编辑岂不是空谈?!

五、必须有不甘平庸、锐意创新的精品意识，坚持不懈追求完美和极致，让每一本书都有新亮点、高品质

质优，是图书出版的基本要求；创新，是图书出版的永恒主题。当前，图书市场竞争残酷，可谓你死我活。一家出版企业，要想取得“双效益”，保持可持续发展的实力和后劲，做到“风景这边独好”，唯有精心策划，敬业精业，高人一筹，锐意创新，别无什么捷径可走。县委书记的榜样焦裕禄说过：“吃别人嚼过的馍没味道。”这句名言形象而又生动地印证了图书出版的一般规律，这也应是图书编辑对自己提出的必然要求。中国古人提倡：“苟日新，日日新，又日新。”用这一理念来要求图书出版工作是必要而又恰当的。图书编辑缺失了创新的心胸、眼光，没有一以贯之、刻意求新的精品意识和不到长城非好汉的勇气和志气，那就只能亦步亦趋地跟在别人后面炒剩饭，进行低层次的重复出版，这样编出来的图书何来“双效益”？又何以讲好中国故事，传播好中国声音？商务印书馆原董事长张元济在100多年前就说过：“生平宗旨以喜新厌旧为事。”这里所说的“喜新厌旧”，就是打碎旧的，创造新的，只争朝夕，刻意求新。假若联系图书出版实际来谈创新，其外延很宽，内涵很丰富，诸如：选题策划新，书名构思新，思想内容新，选材立意新，理论观点新，语言文字新，装帧设计新，等等。诚然，创新不易，出新、出彩亦难，但唯有不易和困难，才更值得我们去追求，去攀登。图书市场本来就是内容为王、质量至上、创新永无止境的竞技场，不能靠“红头文件”，靠党费、团费或硬性摊派去销售，要靠市场需求和读者自愿掏腰包购买。这种无情的市场情势，这种现实的竞争态势，要求图书编辑必须直面现实，穷尽智慧，下决心与平庸说“拜拜”，向好书和精品“看齐”。

回首四十多年的工作历程和生活体验，我本人也有这样的切身感悟：一个人活在世上，平平庸庸、平平淡淡地度过一生，就像少油无盐、食不甘味的饭

菜一样，大倒胃口，很伤脑筋，很没面子，还让人小看和轻视了自己，与其这样碌碌无为、不咸不淡地干着，活着，活受罪，没出息，还不如量体裁衣，立定志向，刻苦学习，奋发向上，一展宏图，成就辉煌。当然，我这里说的“宏图”和“辉煌”指的是事业，是工作业绩，不是提倡追名逐利，高官厚禄，而是就自己的本职工作而言。你想成为一名出色的图书编辑吗？那就要听党的话，忠诚勤勉地为人民服务；要读万卷书，行万里路，以知促行，知行合一，打好政治、理论、作风、修养、技能“五个根底”；要不甘平庸，锐意创新，真正有那么“两把刷子”；多编好书，志在一流。

作者系《中国新闻出版报》原总编辑、高级编辑，韬奋新闻奖提名奖获得者，中国作家协会会员，终身享受国务院政府特殊津贴

新时期书报刊编辑的职业精神和素质要求

马国仓

书报刊是内容产品，书报刊编辑是内容产品的组织生产者和加工者，书报刊产品内容质量的高低好坏与书报刊编辑的职业精神和业务素质密切相关。

编辑职业精神的养成和业务素质的提升往往既受社会大环境的冲击，也受文化生产小环境的影响。一方面，社会的快速发展和市场经济澎湃大潮，让各行各业不同程度出现浮躁之风，书报刊产品及其编辑既是市场经济的受益者，也是浮躁风气的受害者；另一方面，纵观当下的书报刊出版，其尴尬在于既有历史的荣耀，更有发展的纠结。推动传统书报刊出版融合转型发展，既是战略选择，也是紧迫任务。但在当前，包括书报刊编辑在内的传统出版从业者都知道，融合发展还仅仅是一个刚刚开始的全新课题，探索中还有很多困难。书报刊编辑作为书报刊出版活动中最为积极、最为核心的因素，进入新时期，他们在书报刊出版活动中的角色已经大大不同于过去，书报刊编辑在作者、市场、读者之间扮演着越来越多、越来越重要的角色，这也促使新时期的书报刊编辑必须具备应有的职业精神和业务素质，才能保证书报刊正常出版，也才能保障书报刊的内容质量。

一、说精品——让精品多些多些再多些

所谓精品，是指那些“思想深邃、艺术精湛、制作精良”的作品，也就是那些“像蓝天上的阳光、春季里的清风一样，能够启迪思想、温润心灵、陶冶人生，能够扫除颓废萎靡之风”的作品。对今天的绝大多数书报刊编辑来说，由于受教育程度提高、办公技术提升，编书办报办刊可谓小菜一碟，但如何推出精品，既是编辑工作永恒的主题，也是每个编辑永远的难题。

以图书出版为例，尽管我国现在年出书40多万种，是名副其实的出版大国，但当前阅读市场消费的主要矛盾依然是市场供给与读者多元需求之间的矛盾。应该说，出版界拥有一批优秀编辑，他们策划推出了大批优质精神产品，但面对我国13亿人口的图书大市场，受创作、生产、流通等多重因素影响，图书市场“有数量，缺质量”“有高原，缺高峰”的现象还在很大程度上存在，精品佳作或供给不足，或供应不畅。

今天，我们要认清这一主要矛盾，以实际行动贯彻落实习近平总书记在文艺工作座谈会上的重要讲话精神，那就是要始终坚持以人民为中心的创作导向，深入生活，扎根人民，密切加强与读者和作者的联系，根据读者的需求策划选题，通过第二次创造性劳动，打造精品出版物，用更多精品出版物满足读者需求。

出版强盛的重要标志是精品，编辑功成名就的秘诀在精品。一名编辑，在实际工作中推出一种乃至几种精品并不难，难的是一生都在琢磨推精品，但遗憾的是有些编辑一生都没有推出一本精品。多推精品是一名优秀编辑能力和自我价值的体现，无论时代怎样发展，市场怎样变化，只有编辑人人把多出精品作为职业的目标、事业的追求，崇尚内容为王，依靠创新制胜，让图书市场精品多些多些再多些，编辑工作才会无愧读者，不负时代。

二、说码洋——追求码洋又不唯码洋

书报刊出版单位是企业。通俗点说，企业就是以利润最大化为目的的经济组织。但此企业非彼企业，书报刊出版单位是文化企业，文化作为置于企业前面的限定词，决定了书报刊出版单位必须把社会责任始终挺在前面，把社会效益放在首位，追求社会效益和经济效益相统一。

同样以图书出版为例，编辑作为出版企业的生力军，在市场经济条件下，追求码洋，无可厚非。但一名编辑如果只讲金钱，不讲良心，唯码洋马首是瞻，被市场牵着鼻子走，浑身沾满铜臭气，那他就成了习近平总书记所说的“市场的奴隶”，他赚再多的钱也只能算个编辑队伍里的暴发户或者“土豪”，他的编辑工作得不到行业和社会的尊重和认同。如果他还单纯迎合部分读者不健康的阅读口味，宣扬错误的价值观和不健康的生活方式，以低俗、庸俗换取码洋，还要受到社会和行业的谴责。这并非危言耸听，曾几何时，图书市场上一些没有任何内容深度和思想价值、单纯追求感官刺激或无厘头行为的图书，追权逐名的所谓“官场小说”，崇尚黑厚学的所谓“人生处世指南”，宣扬封建迷信的占卜星座类出版物，一遇合适土壤，就死灰复燃，或隐或现。

对一名编辑而言，正确处理社会效益和经济效益、社会价值和市场价值的关系，追求码洋又不唯码洋，是一道需要解答的职业试题。如何答好这道题？2015 年 9 月 14 日，中共中央办公厅、国务院办公厅联合发布的《关于推动国有文化企业把社会效益放在首位、实现社会效益和经济效益相统一的指导意见》给我们提供了答题指南，也给出了标准答案，那就是：“正确处理社会效益和经济效益、社会价值和市场价值的关系，当两个效益、两种价值发生矛盾时，经济效益服从社会效益、市场价值服从社会价值，越是深化改革、创新发展，越要把社会效益放在首位。”

三、说质量——扭转“无错不成书报刊”

出版合格书报刊产品，这本不是问题，但现在这不是问题的问题还真成了一个问题。就在 2015 年，由于发稿源头出错，多少报纸（含网络新闻）标题上“奥巴马”由此变成了“奥马巴”。一个极端低级的错误就这样匪夷所思地通过了整个编辑流程，最终堂而皇之地出笼见报，让人们惊愕之余，不禁要问：编辑职业精神何在?! 出版三审三校制度何在?! 报纸质量如此，图书质量也不容乐观。万分之一的差错是图书编辑工作的底线，但这样的底线却被不断穿破，每年的图书质量抽查，总有一些图书差错惊人，被予曝光，被责令收回。

书报刊出版物质量缘何下滑？原因尽管多种多样，但书报刊编辑工作乏力、队伍建设堪忧应是造成当下出版物质量问题的主因之一。受社会大环境的影响，当前的书报刊编辑队伍中，十年磨一剑、坐得住冷板凳的编辑少了；探索进取、钻研编辑业务的编辑少了；不求名利、具有奉献精神的编辑少了。相反，编辑群体中浮躁之风盛行，表现在书报刊产品的出版中，编辑作为出版物内容的把关者，却把关不严甚至根本不去把关；三审三校制度是书报刊质量的守护神，但在有些书报刊单位却没人执行，形同虚设。职业精神的缺失造成连小学生都能发现的差错却在书报刊上一再出现。

内容产品的质量是带有决定性的。保证和提高内容质量，是当前繁荣和发展我国书报刊出版的关键之一。没质量，就没有市场；没质量，也就难有“高峰”。“无错不成书报刊！”既让编辑工作蒙羞，又让编辑队伍脸红。根治当前出版物质量顽疾，没有捷径可走，唯有创造良好的编辑工作环境，让真干编辑工作的编辑受到尊重，使业务钻研在编辑中成为风尚，全行业要用一把尺子，即用优秀出版物体现编辑的存在和价值，如此，才能从根本上提升出版物质量，让出版物质量无忧。

四、说网络——主动融合+上互联网

当下，互联网正在改变传统的书报刊出版行业，新媒体方兴未艾，数字出版已成趋势，众筹出版已然落地，融合转型正成为传统书报刊发展前行的必由之路，如何发挥自身优势，借用新技术、借鉴新媒体，则成为传统书报刊出版融合转型的关键。

传统书报刊出版融合转型的实质是书报刊编辑的融合转型。首先，融合是大势，不可阻挡；其次，融合是方向，方向不可逆；再次，融合是机遇，机不可失。这就要求互联网时代书报刊编辑必须具有互联网思维，学会与时俱进，积极拥抱互联网，利用好互联网的技术与平台。也就是说，书报刊编辑要善于在网上找选题，找话题，还要利用互联网新技术编辑版面，加工书稿，用网络渠道进行产品营销，即要在网上展开与作者、与市场、与读者的全面互动。与此相对立的是，长期以来，一些书报刊编辑已习惯囿于传统的出版思路，满足于单一的编辑加工活动，既不从市场需求出发，对读者进行研究思考，对选题进行深入的开发，也不开展相应的宣传策划和产品营销活动。

一本书，页码再厚，也厚不过海量的互联网；一张报，时效再快，也快不过互联网一点即读，瞬间传播；一本刊，读者再多，也多不过数以亿计的互联网用户。网络正成为书报刊出版物转型角力的主战场，也是书报刊出版未来发展的大市场。历史上每一次技术革新和革命，都带动了出版业的飞跃和发展，造纸术、印刷术都是最好的例证。所以说，新技术的发展和应用，从来都是包括书报刊在内的传媒业发展的机遇，当前互联网新技术的应用也不例外。书报刊编辑要学会主动融合＋上互联网，实现编辑工作由纸上到网上，这需要有更多的书报刊编辑进行更多更好的探索和实践。

五、说学习——如何做到本领不恐慌

当下是一个知识爆炸的时代，人人面临本领恐慌，作为知识加工者的书报刊编辑更不例外。书报刊编辑只有增强学习的能力，主动学习，善于学习，学而不倦，时刻加油充电，才能不让自己落伍，也才能适应市场和读者阅读需求，让编辑工作跟上时代发展步伐。

事有所成，必是学有所成。出版史上的出版大家，从司马迁到纪晓岚，再到张元济、邹韬奋等，无一不是才高八斗、学富五车的大学问家。今天的编辑处在媒介融合时代，知识和创新的要求对编辑更为迫切，创新编辑思路，从某种程度上而言就是创新编辑能力。一名优秀的编辑，必须要通过学习不断增强创新观念和创新能力，并成功地将其付诸实践，进而使自己的出版产品占据市场，成为读者喜爱的产品。编辑创新的过程很大程度上就是学习的过程，向书本学，向实践学，既要不断学习与自己专业方向相关的新知识，还要学习中外出版业先进的书报刊编辑工作经验，熟悉新媒体和先进的数字出版制作与传播技术。

用持续的学习成长自己，以业务的提高成全出版。知识和能力是每个编辑做好工作的“压舱石”，通过学习拥有丰富文化内涵，具备综合编辑能力，对成为一名优秀书报刊编辑至关重要。因此，养成持续学习的职业习惯，是对书报刊编辑的一个共同要求。

六、说信心——有梦想才有未来

中华书局创始人陆费逵先生这样说过：“我们希望国家进步，不能不希望教育进步。我们希望教育进步，不能不希望书业进步。我们书业虽然是较小的行业，但是与国家社会的关系，却比任何行业为大。”这句话说出了出版的责任，也道出了编辑的意义。

尽管传统书报刊出版现在都面临转型发展的巨大压力和挑战，但内容不死是行业的信心所在！不管内容为王，还是技术为王，都不重要，重要的是内容和技术从来就不能被割裂。没有技术的支撑，内容再好，如果传不开，传不远，传不响，那样的内容就如同海底明珠，无人问津，形不成影响力，其价值会大打折扣。同样没有好的内容，新的传播技术再快，再好，也是金玉其外，败絮其中。内容和技术，就如同两个巴掌，缺任何一个都不会拍响。内容和技术只有实现融合，各自发挥出优势，生产的产品才是优质的，才会是真正的市场王者。

当前，在技术凸显强势的情况下，很多舆论在唱衰书报刊出版，也在唱衰书报刊编辑。对此，书报刊编辑需要有耐力，更要有定力，要树立信心，学会坚守。因为信心比黄金更重要！

（注：作者系中国新闻出版传媒集团党委书记、董事长、编委会主任；本文原载于《中国编辑》杂志 2016 年第 4 期，此次收入时标题略有改动。）

努力追寻“出版梦”

于友先

党的十八大以来，习近平总书记提出并深刻阐述了实现中华民族伟大复兴的中国梦。他在十二届全国人大一次会议闭幕会上说：“生活在我们伟大祖国和伟大时代的中国人民，共同享有人生出彩的机会，共同享有梦想成真的机会，共同享有同祖国和时代一起成长与进步的机会。有梦想，有机会，有奋斗，一切美好的东西都能够创造出来。”作为一个老出版人，我以亲身的出版工作经历深刻体会到了这一点。实现中国梦需要我们每一个人在各自的岗位上精心编织事业的梦想，为之付出辛勤劳动和不懈努力，用一个个灿烂的梦想汇聚成伟大的中国梦。出版人在从事文化产品生产的工作中，不仅是点亮自己的“出版梦”，而且其产品对陶冶人们的心灵、教育和影响社会起很大作用，“出版梦”其实也是在点亮所有人的人生旅程。“出版梦”对实现“中国梦”具有重要的价值。

一、编辑工作点亮了我的“出版梦”

我的“出版梦”是从人口大省河南开始做起的。1974 年我在河南人民出版社编《向阳花》儿童刊物的时候，正值“文革”期间。当时中国少儿出版和其他图书出版一样，受到严重摧残，广大少年儿童几乎无书可看。改革开放前的 1977 年，有着 2 亿少年儿童读者的一个偌大中国，全国只有两家专业少儿出版社，200 多人的少儿出版专业编辑队伍，200 多人的儿童文学作者队伍，共编辑出版了 192 种少儿图书。全国闹书荒。河南省当时也只有《向阳花》这一种少儿刊物，并且刊期不固定，每期印发 1000 册，这与全国第一人口大省的河南是极不相称的。我深切地感受到孩子们的心灵是最纯洁的，为孩子做书的过程也是净化自己心灵的过程。我就萌发一个梦：让全省的孩子都有书读！于是，我和同事们艰苦努力，用辛勤的汗水浇灌这本刊物，让向阳花散发出诱人的芳香，浸润孩子的心灵。终于，《向阳花》一步一步地向我们的梦想走来，普遍受到孩子和其家长们的欢迎。刊物由不定期发展到定期，发行量也期期攀升，竟达到每期印发 42 万余册。《向阳花》也聚集了一批著名的作者，现在的一些儿童文学著名人物，如儿童文学评论家、诗人樊发稼，童话大王郑渊洁等，当年都在《向阳花》上发表过作品。后来河南人民出版社恢复了少儿编辑室，我从《向阳花》的编辑到少儿编辑室做编辑室主任，又到河南人民出版社当副社长、社长。

难忘的是 1978 年 10 月 11 日，我参加了国家出版局在江西庐山召开的全国少年儿童出版工作座谈会。这次“庐山会议”是一次解放思想、拨乱反正的会议，是迎接少儿读物出版春天的标志性会议。会议制订了 1978 至 1980 年 3 年重点少儿读物的出版规划，提出了到 1979 年六一儿童节前出版 1000 种少儿读物，3 年内出版 29 套丛书的振奋人心的奋斗目标。在全国少儿出版工作者的努力下，这一目标最后顺利实现。我的出版梦也随着国家出版事业春天的到来而扩大，进而梦想让全国的孩子都有好书读！

二、“阶段性转移”发展提升“出版梦”

我自幼上学读书，深感童书对少儿有教育启迪作用和巨大影响。因此在少儿出版工作中，我常抱有许多灿烂的梦想，不仅梦想让孩子们有书读，而且梦想让孩子们能读到好书！ 1993 年 5 月，我调任国家新闻出版署署长兼国家版权局局长，后又兼任署党组书记，为实现这个出版梦想带来机遇。

当时已经改革开放 15 年，新闻出版体制逐步摆脱计划经济的模式，已基本上完成了由生产型向生产经营型的转变，新闻出版业的实力大为增强。截至 1993 年，全国出版社已由 1978 年的 105 家变为 543 家，全国公开发行的报纸种数已达 2039 种，杂志 7500 种。但是，新闻出版业的大力发展也造成了一些新的矛盾出现，反映出需要解决的问题。如：新闻出版单位增长过快、过猛，书报刊出版质量参差不齐的现象日益突出；出版社追逐经济效益，以致出现买卖书号、有偿新闻等不良行为。少儿出版自然也摆脱不了这个困扰。我曾深入思考，童书是启蒙孩子智慧、影响其一生的心灵读本，如果出版单位不负责任，给孩子提供质量很差的读本，那将影响孩子的一生，我们这一代出版人就无法向下一代交代，无法向中华民族交代，无法向历史交代。所有出版物都是一样，质量关系着新闻出版业的生命！由此我产生了提高质量、创造精品，让出版单位都出好书的梦想，这具体体现在实施“阶段性转移”的工作中。

在 1994 年 1 月召开的全国新闻出版局长会议上，我们提出了“阶段性转移”的任务，我当时在大会上做的工作报告题目就是《坚持方向，深化改革，实现新闻出版方面的阶段性转移》，旨意就是新闻出版业的发展要从以规模数量增长为主要特征的阶段向以优质高效为主要特征的阶段转移。这一工作得到了党中央、国务院的肯定与支持。从 1994 年至 2000 年，我们围绕“阶段性转移”建章立制，采取措施，不断调整，不断创新，实实在在、卓有成效地开展“阶段性转移”。一是狠抓了出版物质量，在全国范围内开展了几次大规模图书质量检查，加大了图书质量检查力度，增强了出版工作者的质量意识；二是坚持一手抓繁荣，一手抓管理，遏制了书号买卖；三是出台图书、报刊、音像和电子出版工作管理措施，集中治理散滥现象；四是举办大型书展，评选和表彰优秀出版单位，发挥先进典型的示范和引导作用；五是狠抓编辑队伍建设和编辑职业道德建设。经过几年的努力，“阶段性转移”思想深入人心，取得了重要成果。新闻出版法制建设取得突破性进展，新闻出版持续繁荣发展，新闻出版管理得到有效加强，新闻出版体制改革不断深入，新闻出版业运用高新技术的能力明显增强，新闻出版队伍建设成绩明显，出版生产力得到空前解放。2000 年 1 月 18 日，中央政治局常委、国务院副总理李岚清对新闻出版工作近年来的发展和成绩给予充分肯定，并做出重要指示。这使我更深刻地认识到，在中国特色社会主义市场经济条件下，新闻出版机构承担着“一手抓繁荣、一手抓管理”的重要任务，承担着为改革开放和现代化建设提供思想舆论保障的政治责任。实践证明，“阶段性转移”战略口号的提出，不是权宜之计，更不是“临时性转移”，它是中国出版业克服弊端、有序发展、真正繁荣、实现走向世界这一终极目标的必经之路。

三、继续追寻“出版梦”的美好境界

2000年10月，我从新闻出版署署长任上退下来专职中国版协主席工作。2011年5月，中国版协换届，我从主席任上退下来任中国版协顾问。在版协工作11年，也一直为“出版梦”而继续努力。现在有了更多的时间思考和研究出版，我的“出版梦”一直在延续，梦想尽早建成出版强国，让中国出版“走出去”，走向全世界！

首先，打造出版文化品牌，提高“走出去”的能力。出版强国的主要标志之一就是出版物质量整体水平提高，精品力作不断涌现。“走出去”的出版文化产品靠的就是品牌，品牌就是能力，也是竞争力和生命力。只有品牌才能感动世界，影响世界，走向世界。一些品牌图书我们记忆犹新，如商务的辞书、汉译名著，中华的传统典籍，三联的人文科学图书，人民文学的文学作品，百花文艺的散文，金盾的农村读物，清华的计算机图书，外研社的外语工具书，人大社的考研书，等等，在读者中都有很好的声誉。出版社的品牌是一本一本书打造出来的，循序渐进，最后达到质的飞跃，形成整个出版社的品牌。目前，我们“走出去”的作品内涵及文化价值尚需进一步提高，要加强占领国际市场的能力。因此，应该加快培育更多世界级企业和世界级出版文化品牌的作品，用品牌“走出去”说话。出版文化品牌能提高中华民族自立于世界民族之林的能力及其对发展前途的信心，同时只有让社会认识到这一点，认识到自己对整个人类发展的崇高价值，才能产生对于本民族进一步生存和发展能力以及光辉灿烂前景的信心。

第二，传播中华民族的优秀文化经典。中华民族有几千年的文化积淀，经典著作不计其数，这是我们确立出版文化“走出去”的雄厚基础。中国传统文化是中华民族世世代代继承发展的、具有鲜明民族特色的、历史悠久、内涵博大精深的文化，是民族历史上各种思想文化、观念形态的结晶。尤其是那些重大原创性、奠基性的著作，更被称为“经”，如《易经》《诗经》《道德经》，等等，有些甚至被称为经中之经，位居群经之首，这是中华民族优秀文化的代表符号。它们能够突破空间限制，超越国界，超越现实，不断翻译成世界各国的社会语言与课堂语言。中华民族文化在历史上很长时间一直居于世界文化的前列，对中国和东方其他各国产生了深远的影响，也为整个人类文明进步做出了不可磨灭的贡献，现在和将来仍然对中国和世界其他各国的发展进程产生重大影响。一个不尊重历史、不发扬光大自己文化传统的民族是没有前途的民族。出版界应紧扣时代脉搏，通过各种形式大力弘扬优秀的民族传统文化。在文化的多样性日益受到重视的今天，我们必须重新审视中华民族传统文化的意义和价值，采取切实可行的对策提高中华文化的影响力，增强我们国家的文化竞争力。

第三，要造就大批高水平的编辑出版人才。编辑是出版业的核心人才，是一个出版社的质量符号。在出版行业，只有具有渊博学识的编辑，才有可能创制出高水准的出版物。出版工作是文化工作，是精神劳动，尤其需要高素质的出版人才。鲁迅、巴金、茅盾、郑振铎、邹韬奋、陈原等就是中国出版人的光辉典范。在知识日新月异、信息扑面而来的时代，我们要有所进步，有所创新，就应该不断地学习，锐意创造自己的出版品牌。出版品牌是对外文化交流的重要产品，关键是我们怎么拿自己的原创出版作品“走出去”。2012 年莫言获诺贝尔文学奖，担当莫言作品翻译的翻译家们功不可没。因此，当务之急是需要培养一批高素质、高水平的翻译人才，造就一批具有国际视野、懂得国际市场竞争规则、熟悉国外企业经营方式的专门人才。中国文化“走出去”，毋宁说是品牌的竞争，实质上是人才的竞争。人才和品牌才是文化企业最宝贵的资产，拥有人才和市场比拥有工厂更重要。拥有市场的唯一办法，就是靠人才开发拥有占市场主导地位的品牌。出版强国的人才必须“强”，这是给出版人才提出的最高也是最终的要求，即造就一个出版家或者出版大师辈出的时代。

第四，加快出版数字化进程。数字技术的应用极大地拓展了出版的生存空间，新技术带来的革命性变化，不断地催生新产品、新媒体、新企业和新行业，带动了传统产业结构调整和经济增长方式的转变。在新技术应用之下，未来新闻出版业载体形式、阅读形式、编辑方式、营销手段等方面的变化，将带来一个光彩夺目的世界。如今世界已经加速出版数字化的进程，2013 年 7 月，受数字出版的强烈影响，美国的两大出版巨头兰登和企鹅宣布合并。中国的新闻出版业也进入了数字出版时代，并且引领着出版业未来发展的趋势和潮流。中国出版也只有在技术上不断更新和提高，才能融入世界。

中国梦是国家富强、民族振兴、人民幸福，归根到底是人民的梦，全体中华儿女要同心共圆中华民族伟大复兴的中国梦。中国梦是和平、发展、合作、共赢的梦，不仅造福中国人民，而且造福世界人民。中国梦是中华民族近代以来最伟大的梦想，这个梦想“一定能实现”。有了梦想，就能不断唤起奋进的力量，进入人生的美好境界。每个人的梦想也只有与中国梦紧紧联系在一起，才能实现人生梦想的真实价值。

编辑应该注意的十件小事

杨牧之

这篇文章，我要讲点编辑工作中的“小事”。这些事，可能大家都知道，但我还是情不自禁地要写出来，因为从正面讲这些是一个编辑应该注意的，从反面讲，是否把这些“小事”做好，同样反映了一个编辑的素养。

一、不用的书稿快退

稿件经过审校，大约有三种情况：一是可用，稿件可用，就可以进行下一道工序——编辑加工了。二是大体可用，需要作者再加修改。作者修改后的稿子也有两种可能，一是改后合用，一是改后仍然不合用，还是不得不做退稿处理。三是审读后，质量不合格，无法采用，只好退稿。

这里我要说的是不用的书稿要快退。尽快退稿是对作者的尊重。尽早退回，作者可以另作他谋。另外，尽快退稿，以免耽误在自己手里，作者节外生枝。这一点并非多虑，也不是不信任作者。因为你影响了人家的工作，当然得有个交代。

退稿时要十分慎重。

如果是内容方面的问题，在决定退稿前就要多方论证，最好请社外专家帮助审读。在和作者交涉时，向他提供社外专家审读的意见。

如果形成尖锐的对立，就要把事前的约稿合同拿出来讨论，告诉作者，依据《著作权法》出版社有权退回不合要求的稿件。

二、新书出来后，要第一个送给作者

责任编辑一定要牢记，作者盼着他的新书，就像母亲盼着自己的孩子出生。

所以，责任编辑收到出版部从工厂取来的样书，一定要在第一时间送给作者，并且附上信件，告诉他，其余的赠送样书，会在大批样书到后，马上送到。这一小小细节，是会让作者十分感动的，因为他会认为你跟他一样重视这本书的出版。他会认为你很理解他，关心他。我自己就有这样的感受，责任编辑打电话来说样书出来了，什么时候送去好？我会立即说现在能来吗？如不方便我自己去取。

在书决定出版后，书稿出版的运作情况是作者很挂念的事。诸如，校对完没有，版式开本怎样，用什么样的纸印，是否开印了，哪天可以见书，等等。其实，一个责任编辑每天就是为作者的这本书忙着这些事，为什么不能顺便打一个电话，发一个短信，告诉作者这些情况呢？这样举手之劳的事，却会让作者十分感谢。可能也就是因为你惦记着作者的这些“小事”，作者会觉得你特别周到，可信赖，他不但会积极配合你的工作，还会把今后的书稿让你先挑选，而且会到处讲你的美德。

在书出版后，要记住及时地向作者反馈外界的评论意见，说的好话要反馈，说的不好听的话，也要反馈。最好能和作者一起探讨这不太好听的批评话语有没有道理，我们什么地方考虑不周，以后如何弥补。这样做，作者能不信任你吗？这样，责任编辑和作者就成为朋友了。从这个相互交往中，我们会得到很大收获，对青年编辑尤其如此。

三、编辑也要参与校对

由于现代科技的发展，作者送来的常常是电子书稿。电子书稿不需要重新拣字排版，而编辑也在电子打印稿上加工，排版人员根据编辑的加工，修改电子稿。然后按照要求转换版式，再打印出来，就是校样。这份校样，除了编辑改动处，与作者交来的电子书稿几乎完全一致。

这样一来，原稿的错误（包括作者写作错误、录入错误），如果责任编辑没有发现，就隐藏于校样中了。让校对去发现就很难了。因为校对的首要责任

（尽管目前出版社要求校对要“校是非”）毕竟是“校异同”，他们主要能核校的是责编的修改处，是否漏改或改错，而对于隐藏其中的差错，校对出来最好，校不出也不能说校对没有尽职尽责。

作者原稿与校样外观一样，除了核校你修改之处，校对就会认为其他文字都是你认可的，不会有问题了。这种校对“客体”的变化，就要求责任编辑在看作者送来的电子书稿时，一定更加小心谨慎地进行审校把关，要参与校对。

还有一点要特别注意：由于电脑指令失误，软片会出现版式变动，甚至文字、行款错乱。而这一失误又常常在不经意间出现。所以，为避免这种失误，清样一定要做到一处不改才能出片。如需“改正出片”，校对或责任编辑不能批了四个字就放手不管了，一定要再校对软片，通读软片或软片样，要检查软片四角文字有无变动，变动得对不对。

四、要切实做到图书成批装订前的样书检查

这一环节，是指印刷厂在图书印刷完毕、没有成批装订之前，先装出几本样书送出版社审查。出版社的责任编辑、责任校对、主管社领导，从总体上检查完毕，签署意见认可后，印刷厂方可成批装订。而且《图书质量保障体系》十分明确规定：“印装厂在未接到出版社的通知前，不得擅自将待装订的印成品装订出厂。”

这一环节十分重要，因为它是一本书上市前的最后一关了，是最后一次纠错的机会。一本书的质量关系到读者的使用，关系到出版社的声誉和形象，怎么能不慎之又慎呢？很多出版社放弃了这一环节，有很多编辑甚至社领导不知道还有这样一个环节。有时，责任编辑拿到样书时，新华书店已经开始销售了。我曾经经历过这样一件事，一天，我做责任编辑的一本书的作者打来电话，问我什么时候可领稿费。我觉得这位作者太着急了，书还没正式出版啊！但我还是耐心地解释：书还没装出来，等我见到样书后立即办稿费事。没料到，作者不高兴了，他说，他一周前就在书店买到他的书了。

这是出版部与编辑部严重脱节造成的，后果是十分严重的。外面已开始销售，作者也已买到，责任编辑还不知道，还谈什么装订前的样书检查！

有鉴于此，在1997年，我和新闻出版署图书司一起制定《图书质量保障体系》时，特别加了一条（第三节，第十五条），做出明确规定。

出现这一问题的原因无非有如下几种情况：一是出版社忽视这一环节，不理解它的重要性，有意无意地放弃了这一环节；二是出版社和印刷厂都在抢时间，赶周期，形式上也送成批装订前样书，实际上送样书同时，批量装订已经同时进行了，甚至送出样书时大体已装订完毕。

其实，出版方面的每一项规定，都是出版业同行的经验和教训的总结，都有很具体的背景和丰富的内涵，一定要不折不扣地按规定去做。

五、要和发行部门多沟通

发行工作在今天越来越重要。曾记得几年前出版业有龙头龙尾之争。“文化大革命”之后，百废待兴，没有书读，只要有一本好看的书，几万本、十几万本，迅即售光。后来，书的品种到了十万种、十几万种、二十几万种，整体上呈现出“不好不坏，又多又快”的状态。书卖不动了。10万种时印行60多亿册，20万种时仍然是60多亿册。发行成了“瓶颈”，于是发行的同志说：发行是龙头。出版的同志又说：没有好书，你发什么？出版是龙头。

究竟谁是龙头呢？我看，“龙头”“龙尾”也是互相转换的，哪个环节制约了出版，或者说成了“瓶颈”，那个环节就是龙头了。

从这个意义上说，今天，发行工作成了龙头。君不见，现在普遍采取寄销的办法。书卖不出去，不给出版社书款。你急着要款，可能第二天就把书给你退回去。有的书店，即使书销出去了，这书款也得半年、一年后给你。现在是销售方的市场。

在这种环境下，编辑一定要与发行部门多做沟通。让他们知道你编的那本书的特点、优势，适合什么人阅读。一定注意让发行部门的同志对这本书产生热情和信心。我们得记住，你与这本书一起厮磨了半年、一年，甚至更长的时间了，你与这本书很有感情，别人可没有。发行部门的同志不明白你那本书的优势何在，他会想我为什么一定要在你那本书上投入更大的力量呢？这就是关键所在。我们就是要下功夫让发行人员认同，在这本书上很值得投入更大的力量。

六、责任编辑不要忘记写书评

一本书经过千辛万苦编辑完成，出版了。但这并不是编辑工作的终结。责任编辑应趁热打铁写一篇书评。

责任编辑从组稿、审稿到编辑加工、校对等等环节，对书稿不知看过多少遍了，应该说除作者之外责任编辑对书稿最熟悉了。对书稿质量，优点，不足，有哪些创见和突破，可以说了如指掌。作为责任编辑应该把这些看法写出来，介绍给广大读者，帮助和指导他们阅读。而且，撰写“书评”，对自己来说，既是练笔，又是一次总结和提高，何乐而不为？

其实，审稿也是读书。在审稿中要审校原稿中的资料，就要去查阅很多书，在读这些书的过程中要记住做读书笔记，书编完后，我们自己肯定会得到提高。结合审读意见，结合读的有关参考书，一篇有学术水平的书评不就轻松完成了吗？

七、要把自己放到恰当的位置

出版社中编辑只是一个环节，不用说出版社的领导，只说业务部门，编、印、发、科、供……哪个环节不重要？编得好，印刷质量不好，行吗？编得好，发行跟不上去，行吗？一切都准备好了，所要求的纸张到不了货，是等着还是改用其他的纸？改用其他的纸，印制质量恐怕就会受影响，不改，印刷厂肯让你等吗？

过去，在出版社里，一般对编辑都有一种敬畏，觉得他们有学问，出版社就靠他们编出好书，养活大家。在这种氛围中，编辑自己，不少人也认为自己高人一等，其他部门都得围着他转。编辑是一二人一间办公室，有时还可以回家看稿子，其他部门多半是集体办公，闹闹哄哄，大家都认为理所当然。

现在则不同了，出版更向市场靠拢，行销已越来越重要。好书还得卖得出去，很多出版社，发行人员已多于编辑人员。另外，人们也越来越重视制作，注意降低制作成本。因为制作的成本在出版社的经营核算方面占有很大比重。

不论怎么说，在市场经济条件下，在出版社转变成企业的背景中，出版社内部的构成，机构设置，人员比例，最重要的是人们的观念，都发生了很大变化。编辑不能再怀恋往日的骄傲，要把自己放在恰当的位置上，否则，你就很难得到其他环节的支持，很难吸引别人为你编的那本好书全力去配合。

八、编辑要常逛书店

我逛书店次数很少，总觉得自己是干这一行的，样书室的样书已是数以万计，加上工作的关系，全国每年的图书选题几乎都在我眼中过一遍。但几次逛书店的经验下来，我觉得编辑应该常常到书店去看看。作为一个编辑，到了书店店堂真是受鼓舞，受激励，甚至受到刺激，真的觉得自己很了不起。看着这么多人在选购图书，而这些图书的出版有自己的一份力量，这时，什么“为人做嫁衣”，什么“默默无闻”，什么收入有限，一切都不在话下了！

记得有一次我要写一篇关系到舞蹈的文章，我到了西单图书城。那真是一个城啊，书架前一排排人，摩肩接踵；交款处，长长的队伍每人抱一摞书；到了有关书架前，几十种关于舞蹈的书，各具特色，让人大喜过望。我情不自禁地从一楼，看到二楼，看到三楼，说浩如烟海，毫不为过。

编辑逛书店可以受到激励，可以受到鼓舞，可以得到启发，可以增长学识，可以知道什么书太多，什么书还少，还可以发现你编的书发行情况，好处真是太多了！每隔一定时间，作为一个出版人，一个编辑，都应该到书店走一走，看一看。

九、不要迷信名人

名人，多半是指做出突出业绩，受到人们推崇，影响很大的人物。当然也有做坏事出名的，那不是此文的意思了。编辑，千万不能迷信名人，第一，名人也有因疏忽而出错误的时候；第二，名人也是“术业有专攻”，不见得门门精通，什么都懂。而编辑是为广大读者“把关”的人，一定不能迷信名人，不要以为名人就不出错误，就没有疏忽的时候。

比如，《于丹〈庄子〉心得》一书，够有名的了，已经印行多次，发行达200万册，但仍然有错误。正文第一个大标题“庄子何其人”就有语法错误。“何其”是程度副词，表示“多么”的意思，不可以直接用在名词前。可以说“庄子其人”，“庄子何人”，“庄子何许人”，但“庄子何其人”就不通了。

《文汇读书周报》是出版业一份很有影响的报纸。我很喜欢这份报纸，也很荣幸地在这份报纸上多次发表过文章。但它有一个小栏目叫“东零西爪”（见2008年3月7日该报第8版），就是“东鳞西爪”之误，错误出在这样一份有文化的报纸上，又是在报纸那样醒目的地方，实在是很遗憾的事。

纪连海《点评乾隆名臣》一书，讲到《四库全书》，一部书中年代前后矛盾，实在太粗糙了。

第115页：“《四库全书》……其编纂始于1772年，1881年第一部《四库全书》抄录完成。1884年《四库全书》编纂工作完成，共计抄录了七部。”

第167页：“《四库全书》……从1773年起，至1782年初步完成，共经历了十年。”

前者说《四库全书》从开始到完成前后经历了一百多年。后者说，共经历了十年。孰是孰非？

只要我们查一下工具书，就一清二楚了。

《辞海》说：“清乾隆三十八年（1773年）开馆纂修，经十年完成。”

《中国历史大辞典》说：“自乾隆三十八年（1773年）开设四库馆起，至五十二年缮写完毕，历时十五年。”

显然，书中115页的三个年代都是错误的。

我们看毛泽东正式发表的诗词手稿，也有错字。比如“洒向人间都是怨，一枕黄梁再现”，“粱”写成了“梁”。“把酒酎滔滔，心潮逐浪高”，把“酹”写成了“酎”。还有《沁园春·雪》在《诗刊》发表时，词中也有笔误。词中“原驰腊象”一句，周振甫先生认为应作“蜡象”。“蜡”，色白而凝重，用以形容雪原，好像白色的象群在原野上驰骋。周先生向《诗刊》主编臧克家征求意见。臧克家先生认为有道理，同意将“腊象”改为“蜡象”。

不要迷信名人，就是不能因为某位作者是名人、大名人就放弃对书稿的审核和把关。也正因为作者——不论是什么人，有名无名，都可能有疏漏，有错误，所以才需要我们编辑的工作。

十、学会勤用工具书

编辑可能接触各方面的稿件，天文地理、文史哲经，IT业务、股票房产，但任何高明的编辑都不可能记住所有的知识，而稿件中又会碰到各种各样的问题，唯一便捷的办法是查找工具书。过去老编辑传授我们的经验是“口勤”“手勤”，其中核心是多请教、多翻书。文稿中语言文字、干支纪年、统计数字，须一一核实。即使是专家，也常常凭记忆写下数字，就不一定有百分之百准确了。作为责任编辑，要手勤，勤于翻检，勤于核对。

为此，每个编辑案头都应有一批工具书。现择其要者，开列如下：

1.《新华字典》。不要因为小学生也用，便不好意思用它。它经过十次大的修订，收字讲究，阐释科学，约11100字，一般常用汉字都有了。目前它已发行4亿册，堪称世界工具书发行之最。而且它体积小，在杂乱无章的办公桌上占不了多大地方。价格低廉，用坏一本可以毫不犹豫地再购一本。

2.《现代汉语词典》。此词典对现代汉语的解释准确。它收词56000多条，包括字、词、词组、熟语、成语、流行语等等。它从1958年开始编写，经过几十年的不断打磨，从送审稿—试印本—试用本—修订本，不断修改，目前已出了六版，发行达 3000 万册，学术界对它的质量评价很高。

3.《图书出版管理手册》。此书是 1991 年编辑第一版，至今已修订 4 次。不断删除过时的文件资料，增加最新的文件和信息。它能帮助我们随时查找文件规定，帮助我们解决出版的政策法规问题。

此外，还应备有中国地图集、世界地图集、《辞源》《辞海》《中国通史》《世界通史》《唐诗三百首》《宋词三百首》，以及宗教方面的词典工具书等等，碰到问题随时可以翻检，不必东找西找浪费时间。

书架上应该备有什么书？在我看来最重要的是能构成工具书的书。我这里“工具书”的概念，不是一般的字典词典，而是可以查考的书。如《史记》《汉书》《后汉书》《三国志》，找寻三国以前的史实、人物从中多能找到线索。比如中外文学名著，某文引用其中文字，也需去这些书中查核。这就有了工具性质，就很有用了。

当然，今天已是网络时代，鼠标一点，手到擒来，十分方便。但一定要清楚，网络上的百科条目，只能作为参考，作为线索，千万不可以作为根据。一些重要的内容，似是而非的地方，根据网络上给我们提供的线索，一定要再找来原作核对，脚踏实地，以免以讹传讹。网络条目的差错可不在少数啊。

创新才会赢
——新世纪出版断想

聂震宁

1

并非因为要迎接新世纪才想起创新的话题。创新是一个出版人经常要面对的功课。创新是强者愈强的秘诀，创新是后来者居上的法宝。创新是百年老店五十年老社的驻颜术，创新是穷社置之死地而后生的救心丹。因为创新，世界上有了一个比尔·盖茨先生。因为创新，世界上又有了一个 J. K. 罗琳小姐。中国的海尔因为创新被请到哈佛讲坛，商务印书馆因为创新而成为中国现代出版史的缩影和象征。创新可以让我们永远多跨一步。我们不害怕竞争对手强大，就害怕自己不能创新。创新让我们有可能成为冠军，因创新而失败虽败犹荣。唯有创新，无论胜败起伏跌宕，希望总会像太阳一样明天照样升起。

创新才会赢。

2

对于一个出版企业，创新应当是一个全面的概念。出版物必须有所创新。但过去我们常常把创新的内涵片面化到出版物上，甚至缩小到一种出版物上。一句“内容决定形式”，一句“书好才好卖”，往往是攻其一点，不及其余，结果是差之毫厘，失之千里——何况所差不仅为毫厘，所失也就不只是千里万里了。

这里我要说的出版企业创新，应当包括下列四种情况：出版物品种创新、出版方式创新、出版物市场创新和出版企业制度创新。总之，必须全面追求创新。

创新才会赢。

3

关于出版物品种创新，谈起来我们似乎已经驾轻就熟。然而，实践起来往往满不是那么回事。且去看看店社书库里积压的图书，检讨有多少是由于重复出版造成的。当然还有许多在于出版方式、市场开发和经营管理制度等方面的原因，但是品种的独特价值总是出版物营销成败的第一要素。在正常情况下，你不可能强求一个读者同时买两种、三种乃至十种《红与黑》，可是我们的出版同行却不约而同地在同一个时期里出版了十种以上的《红与黑》。可见，品种创新即是非常浅显的道理，然而要真正做到又是多么的不容易。

市场这只看不见的手，给了我们文雅而又铜气十足的出版商们一连串的重拳，恰似温柔一刀，鸩酒一杯。温柔地散发着油墨和纸张气味的名著精品们挤爆了出版社本来就不大的仓库，使得后来的真正具有创新价值的新书不得而入。

当许多出版人哀叹出版这碗饭不好吃的时候，当许多出版人埋怨图书市场的变幻多端，读者兴趣的轴承太过灵动，不知道明天他会喜欢哪一本书的时候，我们却较少意识到出版物到底具有多少读者们不曾见到过、读到过的东西。如果我们能为读者提供有新意的、质量可靠而价格合理的出版物，出版企业就具有了生命力和竞争力，拥有这样的出版物越多，生命力和竞争力就越强。反之则可能是生产纸张垃圾的能力很强，而生命力和竞争力则越来越弱，直至难以为继。

事实不断告诉出版人，市场要创新的品种，读者要作家的新作，当市场逐步有序和读者变得比较理性之后，出版物的创新含量越大，越能为出版企业的创新和发展带来源头活水。一个出版企业不断推出具有创新价值的图书，也就获得了蓬勃旺盛的生命力，也才有可能不断地发展壮大起来。

创新才会赢。

4

关于出版方式的创新。出版方式也是出版物的一部分。由于原创作品的唯一性，组稿之争、版权之争随时可能出现，有时还被成功者演化成图书先期炒作的热门话题，借此强调作品的重要性，加大其神秘性，早早地形成读者的追逐效应。出版业本质上经营的就是版权，获得优秀图书的版权乃是一个出版社的核心工程。要想在这项工程中居于主动的地位，出版社必须努力提高自身的信息化程度。信息就是金钱，效率就是生命的道理将在出版业得到不断的验证。

一个有作为的出版人，深入地与作者建立合作关系，在作者创作之初就能有所介入，并从多方面给予作者一定程度的帮助，甚至被作者引为良师益友，这当然是一种很高的境界。现在能达到这样境界的出版社和编辑似乎不多了。不过，发扬出版企业的主体性，加强出版的策划含量，目前正日益成为出版界有识之士的努力方向。云南人民出版社策划并组织“走进西藏”丛书，中国青年出版社策划并组织的“走马黄河”丛书，以及由此形成的所谓“行走文学”，便是出版方式创新的典型案例。人民文学出版社与北京图书大厦共同策划并组织的“百年百种优秀中国文学图书”评选活动，以及他们与中国青年出版社、作家出版社、解放军文艺出版社、三联书店等几家出版机构联合出版评选出来的“百年百种优秀中国文学图书”大型套书，堪称文学出版界的世纪大行动。在新的世纪里，出版机构势必越来越多地介入专业学科的活动，并将以一种务实的精神和有效的操作，对各种专业学科的研究和写作发挥更大的影响。

关于出版方式的创新，还有一个趋势应当引起我们的重视，那就是：多种媒体、多种介质交叉出版和相互促进，正在引起各层次读者的兴趣。中文网络小说在网上鲜有成功者，然而一旦得到纸介质出版物的隆重推介，读者一时甚众。《第一次亲密接触》便是一个成功的例子。相信过不了多久，出版物先网络后图书，或者两者同时上市，将成为一种常见的出版方式。再有，长篇小说《牵手》和《光荣之旅》的畅销，明显得益于电视剧的成功。这种先影视后小说的读物在美国非常流行。可以预见，影视与小说将在新世纪里经常“牵手”，共同创造新的出版奇迹。

创新才会赢。

5

出版物市场也有创新的任务。

要建立出版人全程责任的理念。所谓出版人责任，是指从出版资源的获得直到出版物作为商品与顾客完成交换的全过程，都是出版人的职责。用出版人全程责任的理念来审视出版人的职责，只要出版物未能到达顾客的手中，出版工作便不能算完成，出版人绝不能就此高枕无忧。因为产品没有变为商品，知识和文化传播任务就没有完成。令人尴尬的后果是书店退货没商量，更为严重的后果是化浆销毁，血本无归。即使书店因判断失误而吞下包销积压的苦果，出版人也许可以事不关己只管尽数点钞，然而能感到心安理得者不会太多，能让书店老板再度包销的梦中之梦将难以重温。

要建立出版物市场需要培育的理念。任何市场都需要培育。如导购小姐邀请顾客品尝新奇食品，就是在培育自己的市场。健康的出版物是何等高尚的商品，出版人为此不惜呕心沥血，殚精竭虑，精雕细刻，如果不去接着做好市场的培育工作，不能让读者及时购取，行百里者半九十的古训将再次教训我们，只问耕耘不问收获的清高将导致我们的清贫。既出书便要广而告之是出版人的职责，既出书便要引导读者解囊购买是出版人的职责，既出书便要帮助读者读后有所得仍然是出版人的职责。创造绵延不绝的读书氛围更是出版人分内的事情。

建立在上述理念之上，我们的出版物市场创新的行为才可能顺理成章，操作起来方可能理直气壮。外研社斥巨资为《大学英语》培训英语教师人才；人文社为“中学生课外文学名著必读丛书”巡回举办“暑期课堂”；作家社为《新概念作文》架起了优秀中学生直通著名大学的桥梁；青少年读书活动、爱祖国读书活动成了中青社、中国大百科社的传统保留节目。所有这些非同寻常的举动，让我们为之敬佩，也无疑为我们提供了有益的借鉴。

建立在上述理念之上，北京图书大厦创造性地设计并与数家在京文艺出版社联合举办百年中国文学图书展销活动，浙江省店的“名社好书进浙江”活动持续了近十年，北京春季图书订货会终于从骡马大会式的交易会登堂入室进入国际展览中心，过去一度陷入鸡肋境地的全国书市而今成为举办城市的盛大节日。

我们的出版物推销大军正在形成——当然，这支队伍的专业化程度仍需提高。我们的广告正趋于成熟——当然，目前仍大都囿于业内媒体而较少在消费大众的媒体强势登场。还有图书品种与多种媒体运作共同营造的销售良机——当然，目前仍大都是书业采取跟踪战术，而成熟的市场运作应当在项目运作之前设定媒体互动的一揽子行动方案。还有，一些出版社重新审视本版图书的市场定位，细分品种，细分市场，瞄准重点市场，譬如建工出版社，大体计算出了建筑工程读物的市场容量，得出了市场容量与本版销量之间的差，从而设定了今后与同类出版社比拼的空间。每一位出版人都不能因为自己是市场领先者就像小兔子一般去睡大觉，而市场后来者也并不意味着将失去所有赢利的机会。恒久不变的不是谁家的市场份额，恒久不变的是花开花落、冬去春来、挑战与机遇并存，因而唯创新方可能强者愈强，唯创新方可能后来者居上。

创新才会赢。

6

如果一个出版企业要在出版物品种、出版方式和出版物市场等方面持续创新，屡创佳绩，那么，一个基本的先决条件便是这个出版企业必须做到制度创新。因为一个人学习的能力比现有的知识更重要，因为一个企业的核心能力比企业的产品更重要，制度创新便是企业的核心能力。

那么，怎样才算是制度创新呢？这当然是一个很大的命题，绝不是这样一篇短短的、碎片式的断想文章可以解决得了的。事实上，外研社模式、法律社模式、大百科社模式、作家社模式，各师各法，各有成绩，难以说项依刘，评判高低。非要我说个明白，我只能先问，无论哪一种管理模式，其科学性、合理性的标准大体在于是否建立了行之有效的激励机制、竞争机制、决策机制、约束机制和人才成长机制。稍微再上升一点标准，则还要考察它的秩序是否建立，灵活性是否存在，秩序与灵活性是否得当。而最高的标准则又是最基本的，那就是要依据体制状况、业务性质、员工文化、财力厚薄以至经济大环境状况才能定夺。据说，若干年前，曾有人把科学管理鼻祖泰勒（Taylor）译成裁缝（Tailor），有人认为此误译别具深意，因为衣服剪裁讲究合身得体，企业管理正好同理可证。

但是，无论如何，中国的出版企业必须认真探讨企业的制度创新问题。这是投入一场战争之前军队的组建和命令的预设，这是一支足球队尽管球星如云却必须进行的位置调配、战术部署和教练思想的贯彻，这是工欲善其事必先利其器。我们必须以创新的精神来对待出版社内部经营管理制度的调整和建设。

创新才会赢。

7

事物具有普遍联系性，企业创新行为自当相互联系。为此，对待出版行业创新的认识和实践必须综合进行。且问：一个出版企业，有了创新的出版物就一定能赢得想要的效益吗？好书就一定好卖吗？实践的回答并不全是。又问：有了新颖的出版方式和市场运作就能获得理想的市场份额吗？没有好书的过度策划只会导致读者的厌恶。再问：制度创新之后便能立于不败之地吗？这些似乎都不尽然。形势对于所有人都具有致命的制约力。

在这个意义上，本文的题目似过于绝对。然而，不创新我们的出路又在哪里？还是换一种说法吧，那就是：创新不一定能赢，不创新却肯定迟早会输。我们出版人最后只能选择创新。

创新才会赢。

浅议图书选题策划

张芬之

何谓图书选题策划？我的理解是，策划就是未雨绸缪，运筹帷幄；就是围绕图书出版动脑子、想点子、寻作者、找出路。古语说，凡事预则立，不预则废。用毛泽东主席的话说，就是不打无准备之仗，不打无把握之仗。也就是说，干任何一件事情，都要有预谋，有设计，有准备，这样才能少走弯路，节约成本，如愿以偿地获得成功。

做图书出版工作，是生产精神食粮。要力求出新品、出精品，出党和人民喜闻乐见又符合时代要求的好书、新书。因此，选题策划是头等大事，可谓整个出版链条上的“重中之重”。

说起图书选题策划，就好比农民种庄稼，要想苗全、苗壮，五谷丰登，首先要精心选种，育种，有了“优良品种”，收成才有保证。与此同理，做图书出版工作，首先也要像农民种庄稼一样，在“选种育种”上下功夫，尤其要运筹帷幄，穷尽智慧，把好图书选题策划关，不得有半点的懈怠与松心。在一定的意义上说，农民种庄稼，是一家一户，个体作业，如果当年种子未选好，耕耘未跟上，导致减产歉收，还只是个人损失。但作为生产精神文化产品的出版机构，如果选题未搞好，“种子”发了霉，出了坏书，那不仅单位“赔了夫人又折兵”，而且会给党和人民带来莫大的危害和损失，后果可就严重啦！这就十分明确地告诉我们，出书无小事，出版关全局。做图书出版工作，必须树立大局意识、责任意识、质量意识、精品意识，下大力组织和筛选好图书选题，在图书出版的源头上起好步，开好头。实践也一再证明，凡是创造图书出版佳绩的团队，无一不是在图书选题策划上下功夫、用心力的。

图书选题策划，通常分为三个层级：一是顶层设计，是指出版团队的领导班子。俗话说，大雁高飞靠头雁。又说，火车跑得快，全靠车头带。领导者是团队之首、之灵魂，自己在图书选题策划上必须有头脑，有经验，有智谋，也必须想在前，谋得深，做得细，真正有那么“两把刷子”，否则，何来领导力、凝聚力、执行力?！二是中层设计，是指出版机构的部门负责人。这部分人是出版团队的骨干力量，号称“八大金刚”，也是各个部门的“智多星”和“领队”，是出版团队策划选题及落实选题的中坚力量！因此，要特别注意充分调动和发挥他们的知识素养和创造潜能，力求顶层设计与中层设计有机地统一起来，形成密切而又协调的良性互动。三是基层设计，是指出版团队的产品经理或图书责任编辑。人常说，军队的基础在士兵。一个出版团队要有好的图书选题策划，要有选题策划的“落地、生根、开花、结果”，“士兵”的作用很重要，“基层”的“能动”很关键。因为，无论是顶层设计，还是中层设计，都要有基层的参与和行动，再好的设计和蓝图，也要靠“基层”和“士兵”去领会，去贯彻，去执行，去落实。否则，上头再发令，中间肠梗阻，下头不努力，还是“雷声大雨点小”，结果肯定不美妙。

一个出版单位的图书选题策划，通常又分为：年计划、季计划、月计划。三个层级和三个时间段的选题策划，要紧密衔接，联动互动，相辅相成，并且要上下齐心，融会贯通，“照图施工”，狠抓落实。当然，策划只是预案，计划又往往赶不上变化。这就要求出版机构的领导层，善于“眼观六路”，“耳听八方”，审时度势，适时根据实际情况对已确定的图书选题加以调整、充实，使整个选题方案符合出版方针政策，符合党和人民及图书市场的需求。

那么，如何进行图书的选题策划呢？我以为，主要是做好三件事。

第一件事：搞好市场调研，“投其所好”，有针对性地确定图书选题。

毛泽东主席说过，没有调查就没有发言权。图书选题策划也是这个道理。选题不是头脑里固有的，也不是灵机一动、坐在办公室里一拍脑袋就能拍出来的。一方面自己要有一定的学识储备和实践积累，懂得图书出版的相关理论与政策，另一方面又要走出办公室，扑下身子，到图书市场上，到广大读者中去看行情，听取意见和建议，尔后集思广益，深思熟虑，才能做出正确的判断与决定。当前，图书市场竞争激烈，各类图书林林总总，五花八门，有的畅销，有的滞销，你要善于从这两者之间找出差距，摸出门道，为自己所用。但是，有一条要记住，焦裕禄同志有一句名言，叫作：“吃别人嚼过的馍没味道。”这就十分形象地告诉我们，在图书选题策划上，不要一味地模仿别人，不要走别人走过的老路。要追求原创，力求创新。如果想在别人的基础上再弄出一本新书，起码要做到：人有我新，人浅我深，别出心裁，高人一筹。

第二件事：策划图书选题必须心有灵犀，“顶天立地”。

所谓“顶天”，是指有令即行、闻风而动。即：紧跟党中央、国务院的号令和中心工作部署。出书是思想文化战线上的一个重要任务，要为党和人民服务。因此图书选题策划必须胸怀大局，把握大势，因势而谋，适时而动。比如，习近平总书记提出要实现中华民族伟大复兴的中国梦，你就去组织出版有关中国梦的读本和知识解答；习近平总书记提出要在全党上下开展群众路线教育实践活动，你就去组织编写《党员干部的十五个群众观》等图书。如此等等，这就是“顶天”，也叫作顺应时势，紧跟中央。这样策划出来的图书，起点高，立意深，目的性、针对性强，指导性、实用性好。所以，图书选题策划不是随心所欲的随意之作，而是要看党和国家当前的中心工作是什么，党和国家领导人当下经常强调的是什么，重点抓的是什么。凡是党和国家大力倡导、全力推进的，就是图书选题策划的“重头戏”，必须闻风而动，紧紧跟上，应势而谋，顺势而出。当然，在“顶天”、紧跟上，这里面有“规定动作”，一定要做足做好，同时又要策划设计自己的“自选动作”，力求两者紧密结合，相辅相成。这样才能出原创，出精品，才能与众不同，不同凡响。

所谓“立地”，是指紧贴地气、紧跟读者、紧跟市场，投其所好，供其所需，唱好春夏秋冬“四季歌”。搞图书选题策划，要心里装着民众，要善于走群众路线，注意经常从老百姓口中探需求，为读者一年四季“量身定做”适销对路的各种图书。这叫作：“投其所好”，供其所需，“看人下菜碟”，这样策划出来的图书就是“及时雨”“雪中炭”，就是紧俏货，就能卖得动，必有“双效益”。否则，一厢情愿，自作主张，盲目印制，其结果不对读者的胃口，不适应市场的需求，等于是隔靴搔痒、隔山买牛，肯定销不动，卖不好，只能是库存积压、无效劳动，做了赔本生意。

我国有13亿人口，图书市场的需求量和潜力大得很。现在，国家又号召建设“书香社会”“学习型社会”；团中央每年都请专家评定，向全国青少年推荐一百种优秀图书，加上全国星罗棋布的“农家书屋”对各类图书日益增长的需求，可以说图书出版方兴未艾、大有可为。只要我们紧贴地气，贴近百姓，就一定能够策划出一批又一批适合广大读者需求的好选题，也就能获得丰厚的“双效益”。

第三件事：运用华罗庚的“优选法”，对组织策划的图书选题，进行综合评估，去伪存真，去粗取精，抓大放小，好中选优。

作为一个出版机构，年年月月都在策划图书选题，有的有几十种、上百种，甚至更多。对已经策划出来的图书选题，不能眉毛胡子一把抓，不分优劣好赖、多多益善，装进篮子里的就是菜。要根据出版现行政策和市场的需求，像沙里淘金那样，加以精心筛选、论证，做到以一当十、以十当百，好中选优。俗话说，家有三件事，先从紧处来。这就告诉我们，选题要分大小，也要分轻重缓急，应精心编辑并排出出版日程表。对于“顶天立地”的重大选题，对于市场紧缺的“稀有选题”，要紧紧抓住，日以继夜，尽快推出，以抢占先机。对于那些一般化的选题，大众化的选题，则要放一放，磨一磨，力求更有出版价值，绝不能盲目，绝不能跟风炒作，绝不要“萝卜快了不洗泥”。只有这样，图书选题策划，才能具有前瞻性、创新性、时效性、实用性、适销性。做到了以上这些，图书出版的大手笔、大文章将会应运而生，图书出版的精品群落和日益增长的“双效益”自然瓜熟蒂落，水到渠成。

人格魅力・领导艺术・学术精神

——读宋木文《一个“出版官”的自述：出版是我一生的事业》有感

郝振省

木文同志所写的翔实、厚重的《一个“出版官”的自述：出版是我一生的事业》（以下简称《自述》，由中国书籍出版社出版），现在静静地摆在我的面前，而这位慈祥睿智的老领导、老署长、老专家却已离我们而去，尽管离去的时间并不长。

木文同志在他的《自述》中讲道，如果没有我和玉山同志的推动、支持以及相关同志的尽职尽责，《自述》是难以完成的。在阅读书稿的过程中，我作为特约编审，与其说是帮助他做一些编校工作，不如说是一种先睹为快的学习过程。

木文同志离开我们已有一段时间了，我怀着十分崇敬的心情，匆匆写作此文，算是一篇迟到的书评吧，主要从三个方面来叙述我对这部著述的感想。

一、清醒的学习意识与刻苦的学习态度

木文同志学习的毅力和业绩主要体现在《自述》的第一章“我的家庭出身与成长路径”里面，这是木文同志人格魅力中最基础的部分，也是最根本的部分。木文同志学习上的刻苦主要来自父亲的影响。其父创办私塾，又是私塾的教书先生。父亲的言传身教使他对学习比较看重，也很用功。木文同志六七岁的时候，所学主要是“蒙学”，包括《三字经》《千字文》《弟子规》《治家格言》《百家姓》，还有四书（即《大学》《中庸》《论语》《孟子》）和五经（《易》《书》《诗》《礼》《春秋》）等经典，可见在人生的最初阶段，打造良好的学习开

端，家庭和家长的熏陶是多么重要。后来辗转求学，以及东北大学的短暂经历，对他的学习都有一定的积极影响。木文同志在《自述》中写道："因为从小接受的是日伪教育，很快参加了革命，当时的文史修养基础比较薄弱，而理论、文化、艺术教育和出版都要求在文史方面有比较广泛扎实的基础，自己这方面的先天不足，总不能让'后天失调'吧。"他说这就更需要多一点自觉性，多一点自我设计的因素，多一点主观能动性，就是要更加自觉地补上文史修养的课。木文同志是这样说的，也是这样做的。从《自述》中我们看到，他从青年时代起就不是靠上学读书，而是在工作中自学。在内容的选择上，他认真地读了《马克思恩格斯选集》《列宁选集》《毛泽东选集》，普列汉诺夫、尤金、列昂节夫、河上肇的著作也读过。文史方面包括中国通史、四大名著和《古文观止》等，包括《人民日报》《光明日报》的文史哲专版也是他经常阅读的内容。木文同志在书中有这样一段话："我这一生，如果可以做一点自我肯定的话，那就是比较认真学习，直到后来我离休了也还注意读书读报，这已经养成习惯了，成为生活需要了。"正是这种认真学习，对他的理论思维和方法论的修养和运用是十分有益的，对他适应由一般干部到领导干部的不同需求，是十分有益的。当别人问他在什么时间读书时，他说：主要是在下班以后，只要有时间就学，挤时间学，虽然内容不一定都记得清楚，但对你的思维能力的缔造，会起到潜移默化的作用。木文同志尽管曾任国家新闻出版署署长，还是国家出版编辑专业高级职称评委会主任，但他曾不无自嘲地说自己是"三无干部（无大学毕业文凭，因工作需要没有读完；无高级出版专业职称；无国务院政府特殊津贴）"。

二、辩证的工作思维，高超的领导艺术

木文同志在任职出版管理领导岗位上运用自学的知识和对事业的无限忠诚，为我国的出版工作运筹帷幄、谋篇布局、化解矛盾、推动改革发展取得了重要成就。所有这些，你能从《自述》中真切地领略到木文同志在扎根实践、善于学习的基础上，所形成的辩证思维与高超的领导艺术。本来是安排他去马列学

院做领导同志秘书或在党校当教师，但因家庭当时一些未曾搞清楚的问题，却被派往文化部门工作。人一生中此类阴差阳错的事情总有发生，但木文同志总能正确对待，把工作做得很出色。他写道："人的一生有很多偶然性，常常是这种偶然性决定你一生的走向，但在偶然性发生之后，你能不能适应这个环境、工作、业务，在陌生的环境里仍然能有所作为，这里就有必然性的东西在起作用。""偶然性决定你的命运走向，必然性决定你的成就。"这大概就是木文同志所说的，由于认真学习，受惠于马克思主义辩证思维和教化与熏陶所致吧！

这种教化与熏陶，也体现在他的责任担当与领导艺术方面。比如 20 世纪 80 年代中期，当中央提出"反对精神污染"的任务以后，木文同志和边春光同志在出版战线明确地提出了"精神污染要清除，出版事业要繁荣"的指导性意见，恰到好处地体现了贯彻中央精神和行业实际相结合。当时，人民出版社在完成党和国家交给的重大出版任务的同时，高度重视其他哲学社会科学著作的出版，并逐步拓宽这类学术著作的出版领域，而其中的"现代外国政治学术著作选译"（丛书）曾引起争议。乔木同志批评说，人民出版社要以宣传马克思主义为己任，不要成为自由主义的出版社，当时受到批评的还有关于人道主义和异化问题的三本书。这在人民出版社引起强烈反响，社领导班子承受着巨大的政治压力。对此，木文同志不仅没有加码加压，反而是减码减压。他在人民出版社的会议和出版系统干部会议上表示，这是学术理论问题，不要追究社领导责任，而是希望其认真总结经验教训，积极贯彻中央的工作部署，继续做好出版工作。可以想象，在当时的政治环境下，木文同志需要有多大的胆识和勇气！这充分显示了他坚定的责任担当和游刃有余的领导艺术。还有 1989 年政治风波后，中央会议传出消息，出版捅了大娄子，书报刊业要压缩 1/3 或至少 20%。木文同志在这次十分艰难的压缩整顿工作中，深思熟虑，运筹帷幄，尽心尽力做有关领导的工作，争取到中央有关领导同志的支持，使压缩额度降到 10% 左右。他始终坚持出版工作的大方向：搞压缩不伤元气，抓整顿是为了促进繁荣，可谓创造性地贯彻执行中央的精神。木文同志在《自述》说，"在我国社会处于大变动时期，在处理出版事业发展中出现的各种事件和问题时，要注意不因自己的失误使出版事业和出版队伍受到不应有的伤害。而最为重要的是，在分清重大是非界限的同时，保护、调动出版队伍，特别是各级出版骨干的积极性”。这展示出一位出版家和领导者的宽阔胸襟，也是一位成熟练达的共产党人的为官之道。

我和木文同志比较多的接触，是在他离开领导岗位和我到中国出版科研所（后更名为中国新闻出版研究院）工作以后。就接触的内容而言，主要是院里一些重大出版科研课题，要向他请教，和请他为院里的《出版发行研究》等刊物撰写一些重要的文章。我曾几次向木文同志表示，您实际上是一位专家型“出版官”、学者型的“出版官”。可他总是笑眯眯地以还在过“文史关”来作答。在阅读《自述》文稿的过程中，我发现他不只是生命不止、学习不止、研究不止，而且在学习和研究中，坚守着鲜明科学的态度和执着求实的学术精神。

大约在2010年年初，我国一位著名文物专家谢辰生给木文同志打来电话说，文物出版社正在安排出他的文集，对其中1964年12月9日他致康生的信，不同意出现康生的名字。木文同志说，这是历史，写给谁的信应如实反映出来才有意义。“否则，使后人无从知晓和考证，不利于学术的传承和发展。”在与木文同志的交往中，有一件事，让我记忆深刻，即：木文同志和吴江同志对乔木同志“重要史料”的争论，更能看出他的学术操守和政治品格。木文同志在翻阅2010年5月《文化读书周报》时，看到资深理论家吴江撰写的《留下一份重要史料》一文中讲到，“胡耀邦对胡乔木以波兰事件为殷鉴给中央的建议信未予理睬”，感到与事实不符，因为他当时看到了胡乔木这封经胡耀邦批准、中央办公厅正式印发、供中央和国务院有关部门领导同志阅研的信件。于是，他以此为依据，撰写了一篇题为《为吴江同志“重要史料”作一点补正》的文章，在当年7月23日的《文汇读书周报》上发表。当年李清照有诗：“至今思项羽，不肯过江东。”今日我们可否仿其诗而言心声：“至今思木文，求真勇气存。”

编辑木文同志的书稿，阅读木文同志的文稿，远不止于上述的几点体会与认识。其实木文同志离开领导岗位以后所撰写的研究性、理论性、史料性文章，远远超过好多专业研究工作者的业绩和成果，我曾经当面向他讲过，您是名副其实的出版研究大家，是我们的榜样，您使我们好多做出版科研工作的同志，常常感到惭愧和内疚。木文同志在《自述》中讲到的，为出版业当年的改革与发展所设计的思路，所绘制的蓝图，以及他讲到的出版管理、出版政策的前因后果、来龙去脉，包括国家新闻出版管理机构的变迁与建议，都是十分珍贵的史料，是我们研究和发掘出版史的重要积淀，是我们研究建设出版强国的重要借鉴。总之，木文同志的追求与他的领导艺术及学术精神是一脉相承、彼此贯通的。木文同志的《自述》连同他的几本文集，都是我们行业和国家的宝贵财富，我们要慢慢地享用它。让我们以享用的方式来追思和铭记这位出版战线上的杰出的共产党人。

2015 年 12 月 26 日

（注：收录振省同志的这篇文章，旨在纪念与怀念宋木文这位我国出版界德高望重的领导人。木文同志任国家新闻出版署署长和党组书记时，本书编者张芬之是当时《中国新闻出版报》的负责人，在主持报社日常工作期间，木文署长给予了诸多关怀与支持，仅以此文告慰木文同志的英灵。）

第五编
图书初审编辑和复审编辑工作要则

图书初审和复审，是确保图书质量和“万无一失”的两个关键环节，必须建章立制，明确责任，加强培训，严防死守。这里提供两则图书初审编辑与复审编辑工作要则，可供借鉴。

图书初审编辑工作要则

出版无小事，出版关全局。为确保出版单位多出书，快出书，出好书，不出有问题的书，不出劣质书，图书初审编辑要以高度的政治责任感和使命感，兢兢业业，恪尽职守，认真、仔细、严谨、勤奋地工作，保质保量地完成图书编辑任务，努力做到严防死守，万无一失。为此，特制定图书初审编辑工作要则如下：

一、严把政治关。政治是灵魂，是方向，是出版工作的生命线。图书编辑要坚持正确的政治方向、政治立场、政治观点，时刻保持清醒的政治头脑，确保负责编辑的图书，内容健康，积极向上，不出政治差错，坚持出好书，出放心书。

二、严把政策关。政策和策略是党的生命，也是出版工作的关节点、关键点。图书编辑要严格遵守党和国家的方针政策，以国家现行的出版法规为依据，以传承中华优秀文化，教育和鼓舞人民群众同心同德共圆中国梦为落脚点，确保负责编辑的图书，符合党和国家对精神文化产品的要求，适应人民群众日益增长的文化需求。

三、严把内容关。出版领域思想活跃，百花齐放，异彩纷呈，但也有红线和禁区。凡是涉及民族、宗教、军事、外交等方面的图书，务必从严把关，不出任何差错。对于涉及党和国家领导人及其后代的生平、传记，外事外交（含外国政要）以及中共党史中的重大历史事件，古今中外重要历史人物，等等，都要按照国家有关法规条例和中央文件精神编辑处理。

四、严把文字关。对于重要的时间、地名、人物、事件、典故、数据、引文等等，要认真核对，做到准确无误。同时要保证书稿文通字顺，语言精练，标点符号正确，没有语法修辞上的差错。

五、严把图片插图质量关。书稿中的图片、插图，包括文字说明，要内容健康，准确无误，质量上乘，力求图文并茂，内容与形式完美统一。凡与图书内容无关联的、重复的要建议作者和产品经理删除，在尊重作者和产品经理意见的前提下做到少而精。图书中的图表，尤其是地图，务必准确无误，牵涉到国界线、重要岛屿，特别是涉及台、港、澳的图表，尤要仔细审核，防止出错。那些模糊不清、缺乏美感、印刷质量较差的图表和图片，要予以删除，或建议重做。

六、严把装帧设计关。图书封面、书脊、版权页等，要按出版惯例和出版法规办事，追求美观大方，具有诗情画意。凡游离于内文的、不美的、血腥的、恐怖的画面，要提出建议，不予采用。

书稿中的序言、跋、后记、边边角角，也要注意检查，全面把关，防止出现政治观点问题，出现不应有的差错。

总之，图书初审编辑要树立强烈的责任意识、精品意识，睁大眼睛，严防死守，对书稿全面负责，全面把关，不放过任何一个疑点，不让任何带有“故障”的书稿出手。

几点具体要求：

一、时间安排。图书初审编辑实行每周五天工作制，应按时上下班。原则上每人每天编辑书稿 70 页，每页按 700 字计，每月工作量约为 108 万字。书稿多、催稿急时，需加班加点，连续作战，甚至双休日也要占用，对此要有思想准备，待不忙时再补假补休。

二、爱岗敬业，勤奋学习。编辑要有高水平，打铁还得自身硬。图书初审编辑要加强政治、政策学习，不断更新知识结构，提高政治、政策、理论、文字素养。编辑中遇到的问题，不能不懂装懂，要不耻下问，虚心学习。要勤于向同事、领导、专家、书本、网络请教，直到学懂弄通为止。阅读编辑书稿时，要认真做好初审笔记，把发现的问题记录在案，疑难问题可在每周部门例会上“会诊”，以不断提高编辑水平。在编辑中发现的带有普遍性、倾向性和规律性的问题，每隔一段时间（比如一个月或一个季度），应把重点问题整理出来，打印上报领导或反馈给相关产品经理，使之成为单位的集体财富，也可作为员工培训资料。

三、严守秘密，恪守职业道德。要严守单位的商业秘密，不得把自己编辑的书稿的内容向任何单位和个人泄露，避免引起版权纠纷，避免造成单位的经济损失和名誉损失。

四、在保证完成编辑工作任务的前提下，如有精力和兴趣，也可利用假日著书立说，努力为单位创造“双效益”贡献力量。

图书复审编辑工作要则

为保障多出书，快出书，出好书，出精品书，不出差书、坏书，图书复审编辑要本着出版责任重、“出版无小事”的精神，以高度的责任感和使命感，兢兢业业，恪尽职守，又好又快、保质保量地完成各类图书审读任务，努力做到严防死守，万无一失，确保出版安全，为提高出版单位的知名度、美誉度，使利益最大化，做出应有的贡献。

一、把好政治关。坚持正确的政治方向、政治立场、政治观点，保证本单位出版的图书与党和国家保持高度一致，不出任何政治方面的差错。

二、把好政策关。严格遵循党和国家的方针政策，确保单位出版的各类图书导向正确，内容健康，充满正能量。严格遵守党和国家的出版法规。坚持正确的出版导向，弘扬社会主义主旋律，在涉黄涉暴涉毒等书稿方面，严格把关，确保质量。

三、把好内容关。产品为王，质量至上。经过复审的书稿绝对不碰“高压线”，不闯“禁区”，不踩“红线”。凡涉及民族、宗教等问题的图书，涉及党和国家领导人及其后代的生平、传记，以及外事外交（外国政要），军事机密，中共党史中的重大历史事件，古今中外重要历史人物，等等，都要高度细心谨慎，从严审读把关，严格按照中央文件精神和出版法规办事，确保不出差错。

四、把好文字关。对于书稿中重要的时间、地名、人物、事件、典故、数据、引文等等，要认真核对，做到准确无误。所审书稿要做到体例规范，文从字顺，标点符号正确，没有衍文和错漏。

五、把好图片插图关。一要画面清晰，内容健康。二要形式新颖，图文并茂，内容与形式高度统一。凡与文稿内容无关联的、重复的要删除。三要图表标示准确无误。地图和图表，尤其是国别地图和经济指数图表，要严谨规范，准确无误。牵涉到国界线、重要岛屿，特别是有关台湾地区的地图，更要严格把关，严防出错。

文稿中的其他插图亦要精当。有的图片、图表，模糊不清，滥竽充数，缺乏美感，要退回重做。

六、把好装帧设计关。图书封面、书脊、腰封、版权页等，要美观大方，亲切自然，具有诗情画意。游离于内文的、不美的、恐怖的、故弄玄虚的，不能采用。

对文稿目录、序言、跋、后记、边边角角，都要认真检查，全面把关。防止出现政治观点错误和文字虚夸问题。

总之，书稿复审是“三审三校”的关键环节，务必全面把关，全面监督，睁大眼睛，严防死守，不放过任何一个疑点，不让任何“带病”的书稿下厂付印。

几点具体要求：

（1）重申牢记复审要则，要带着“敌情观念”对敏感书稿逐章逐句逐字审读，严把政治关、政策关，杜绝出现重大政治性差错。属于重大敏感和自己拿不准的问题，要做好审读记录拿到部门例会上“会诊”，解决。

（2）复审中发现完全重复的文字、图片，一律删除。

（3）认真核对、写好复审意见。复审意见要详略得当，准确中肯。意见中不容许出现错别字，否则月度考核时扣分。对于可评为好书或差书的书稿，要写得更详尽些，为月底评选做准备。

（4）分工协作，科学安排，原则上每人每天复审书稿 80 页，每页以 700 字计，每月复审字数约为 123 万字，且要保质保量，差错率在万分之一以下。如遇重要书稿，采取交叉审读，以确保审读质量。

（5）业余时间加强自身学习，不断“充电”，努力提高综合素养，把自己锤炼成复合型人才，既是某个领域的专家，又是知识面广博的杂家。

（6）发扬“团结、和谐、谦虚、好学、严谨、认真”十二字精神，勤恳踏实工作，争取新的进步。

第六编

标点符号用法

（中华人民共和国国家质量监督检验检疫总局、中国国家标准化管理委员会2011年12月30日发布，2012年6月1日实施）

前言

本标准按照GB/T 1.1—2009给出的规则起草。

本标准代替GB/T 15834—1995，与GB/T 15834—1995相比，主要变化如下：

——根据我国国家标准编写规则（GB/T 1.1—2009），对本标准的编排和表述做了全面修改；

——更换了大部分示例，使之更简短、通俗、规范；

——增加了对术语“标点符号”和“语段”的定义（2.1/2.5）；

——对术语“复句”和“分句”的定义做了修改（2.3/2.4）；

——对句末点号（句号、问号、叹号）的定义做了修改，更强调句末点号与句子语气之间的关系（4.1.1/4.2.1/4.3.1）；

——对逗号的基本用法做了补充（4.4.3）；

——增加了不同形式括号用法的示例（4.9.3）；

——省略号的形式统一为六连点“……”，但在特定情况下允许连用（4.11）；

——取消了连接号中原有的二字线，将连接号形式规范为短横线“-”、一字线“—”和浪纹线“～”，并对三者的功能做了归并与划分（4.13）；

——明确了书名号的使用范围（4.15/A.13）；

——增加了分隔号的用法说明（4.17）；

——“标点符号的位置”一章的标题改为“标点符号的位置和书写形式”，并增加了使用中文输入软件处理标点符号时的相关规范（第5章）；

——增加了“附录”：附录A为规范性附录，主要说明标点符号不能怎样使用和对标点符号用法加以补充说明，以解决目前使用混乱或争议较大的问题。附录B为资料性附录，对功能有交叉的标点符号的用法做了区分，并对标点符号误用高发环境下的规范用法做了说明。

本标准由教育部语言文字信息管理司提出并归口。

本标准主要起草单位：北京大学。

本标准主要起草人：沈阳、刘妍、于泳波、翁姗姗。

本标准所代替标准的历次版本发布情况为：

——GB/T 15834—1995。

1 范围

本标准规定了现代汉语标点符号的用法。

本标准适用于汉语的书面语（包括汉语和外语混合排版时的汉语部分）。

2 术语和定义

下列术语和定义适用于本文件。

2.1

标点符号 punctuation

辅助文字记录语言的符号，是书面语的有机组成部分，用来表示语句的停顿、语气以及标示某些成分（主要是词语）的特定性质和作用。

注：数学符号、货币符号、校勘符号、辞书符号、注音符号等特殊领域的专门符号不属于标点符号。

2.2

句子　sentence

前后都有较大停顿、带有一定的语气和语调、表达相对完整意义的语言单位。

2.3

复句　complex sentence

由两个或多个在意义上有密切关系的分句组成的语言单位，包括简单复句（内部只有一层语义关系）和多重复句（内部包含多层语义关系）。

2.4

分句　clause

复句内两个或多个前后有停顿、表达相对完整意义、不带有句末语气和语调、有的前面可添加关联词语的语言单位。

2.5

语段　expression

指语言片段，是对各种语言单位（如词、短语、句子、复句等）不做特别区分时的统称。

3　标点符号的种类

3.1　点号

点号的作用是点断，主要表示停顿和语气。分为句末点号和句内点号。

3.1.1　句末点号

用于句末的点号，表示句末停顿和句子的语气。包括句号、问号、叹号。

3.1.2　句内点号

用于句内的点号，表示句内各种不同性质的停顿。包括逗号、顿号、分号、冒号。

3.2　标号

标号的作用是标明，主要标示某些成分（主要是词语）的特定性质和作用。

包括引号、括号、破折号、省略号、着重号、连接号、间隔号、书名号、专名号、分隔号。

4 标点符号的定义、形式和用法

4.1 句号

4.1.1 定义

句末点号的一种，主要表示句子的陈述语气。

4.1.2 形式

句号的形式是“。”。

4.1.3 基本用法

4.1.3.1 用于句子末尾，表示陈述语气。使用句号主要根据语段前后有较大停顿、带有陈述语气和语调，并不取决于句子的长短。

示例1：北京是中华人民共和国的首都。

示例2：（甲：咱们走着去吧？）乙：好。

4.1.3.2 有时也可表示较缓和的祈使语气和感叹语气。

示例1：请您稍等一下。

示例2：我不由地感到，这些普通劳动者也同样是很值得尊敬的。

4.2 问号

4.2.1 定义

句末点号的一种，主要表示句子的疑问语气。

4.2.2 形式

问号的形式是“？”。

4.2.3 基本用法

4.2.3.1 用于句子末尾，表示疑问语气（包括反问、设问等疑问类型）。使用问号主要根据语段前后有较大停顿、带有疑问语气和语调，并不取决于句子的长短。

示例1：你怎么还不回家去呢？

示例2：难道这些普通的战士不值得歌颂吗？

示例3：（一个外国人，不远万里来到中国，帮助中国的抗日战争。）这是什么精神？这是国际主义的精神。

4.2.3.2　选择问句中，通常只在最后一个选项的末尾用问号，各个选项之间一般用逗号隔开。当选项较短且选项之间几乎没有停顿时，选项之间可不用逗号。当选项较多或较长，或有意突出每个选项的独立性时，也可每个选项之后都用问号。

示例1：诗中记述的这场战争究竟是真实的历史描述，还是诗人的虚构？

示例2：这是巧合还是有意安排？

示例3：要一个什么样的结尾：现实主义的？传统的？大团圆的？荒诞的？民族形式的？有象征意义的？

示例4：（他看着我的作品称赞了我。）但到底是称赞我什么：是有几处画得好？还是什么都敢画？抑或只是一种对于失败者的无可奈何的安慰？我不得而知。

示例5：这一切都是由客观的条件造成的？还是由行为的惯性造成的？

4.2.3.3　在多个问句连用或表达疑问语气加重时，可叠用问号。通常应先单用，再叠用，最多叠用三个问号。在没有异常强烈的情感表达需要时不宜叠用问号。

示例：这就是你的做法吗？你这个总经理是怎么当的？？你怎么竟敢这样欺骗消费者？？？

4.2.3.4　问号也有标号的用法，即用于句内，表示存疑或不详。

示例1：马致远（1250？—1321），大都人，元代戏曲家、散曲家。

示例2：钟嵘（？—518），颍川长社人，南朝梁代文学批评家。

示例3：出现这样的文字错误，说明作者（编者？校者？）很不认真。

4.3　叹号

4.3.1　定义

句末点号的一种，主要表示句子的感叹语气。

4.3.2 形式

叹号的形式是“！”。

4.3.3 基本用法

4.3.3.1 用于句子末尾，主要表示感叹语气，有时也可表示强烈的祈使语气、反问语气等。使用叹号主要根据语段前后有较大停顿、带有感叹语气和语调或带有强烈的祈使、反问语气和语调，并不取决于句子的长短。

示例1：才一年不见，这孩子都长这么高啦！

示例2：你给我住嘴！

示例3：谁知道他今天是怎么搞的！

4.3.3.2 用于拟声词后，表示声音短促或突然。

示例1：咔嚓！一道闪电划破了夜空。

示例2：咚！咚咚！突然传来一阵急促的敲门声。

4.3.3.3 表示声音巨大或声音不断加大时，可叠用叹号；表达强烈语气时，也可叠用叹号，最多叠用三个叹号。在没有异常强烈的情感表达需要时不宜叠用叹号。

示例1：轰!! 在这天崩地塌的声音中，女娲猛然醒来。

示例2：我要揭露！我要控诉!! 我要以死抗争!!!

4.3.3.4 当句子包含疑问、感叹两种语气且都比较强烈时（如带有强烈感情的反问句和带有惊愕语气的疑问句），可在问号后再加叹号（问号、叹号各一）。

示例1：这么点困难就能把我们吓倒吗?!

示例2：他连这些最起码的常识都不懂，还敢说自己是高科技人才?!

4.4 逗号

4.4.1 定义

句内点号的一种，表示句子或语段内部的一般性停顿。

4.4.2 形式

逗号的形式是“，”。

4.4.3　基本用法

4.4.3.1　复句内各分句之间的停顿，除了有时用分号（见 4.6.3.1），一般都用逗号。

示例 1：不是人们的意识决定人们的存在，而是人们的社会存在决定人们的意识。

示例 2：学历史使人更明智，学文学使人更聪慧，学数学使人更精细，学考古使人更深沉。

示例 3：要是不相信我们的理论能反映现实，要是不相信我们的世界有内在和谐，那就不可能有科学。

4.4.3.2　用于下列各种语法位置：

a）较长的主语之后。

示例 1：苏州园林建筑各种门窗的精美设计和雕镂功夫，都令人叹为观止。

b）句首的状语之后。

示例 2：在苍茫的大海上，狂风卷集着乌云。

c）较长的宾语之前。

示例 3：有的考古工作者认为，南方古猿生存于上新世至更新世的初期和中期。

d）带句内语气词的主语（或其他成分）之后，或带句内语气词的并列成分之间。

示例 4：他呢，倒是很乐观地、全神贯注地干起来了。

示例 5：（那是个没有月亮的夜晚。）可是整个村子——白房顶啦，白树木啦，雪堆啦，全看得见。

e）较长的主语中间、谓语中间和宾语中间。

示例 6：母亲沉痛的诉说，以及亲眼见到的事实，都启发了我幼年时期追求真理的思想。

示例 7：那姑娘头戴一顶草帽，身穿一条绿色的裙子，腰间还系着一根橙色的腰带。

示例 8：必须懂得，对于文化传统，既不能不分青红皂白统统抛弃，也不能不管精华糟粕全盘继承。

f）前置的谓语之后或后置的状语、定语之前。

示例 9：真美啊，这条蜿蜒的林间小路。

示例 10：她吃力地站了起来，慢慢地。

示例 11：我只是一个人，孤孤单单的。

4.4.3.3 用于下列各种停顿处：

a）复指成分或插说成分前后。

示例 1：老张，就是原来的办公室主任，上星期已经调走了。

示例 2：车，不用说，当然是头等。

b）语气缓和的感叹语、称谓语和呼唤语之后。

示例 3：哎哟，这儿，快给我揉揉。

示例 4：大娘，您到哪儿去啊？

示例 5：喂，你是哪个单位的？

c）某些序次语（“第”字头、“其”字头及“首先”类序次语）之后。

示例 6：为什么许多人都有长不大的感觉呢？原因有三：第一，父母总认为自己比孩子成熟；第二，父母总要以自己的标准来衡量孩子；第三，父母出于爱心而总不想让孩子在成长的过程中走弯路。

示例 7：《玄秘塔碑》所以成为书法的范本，不外乎以下几方面的因素：其一，具有楷书点画、构体的典范性；其二，承上启下，成为唐楷的极致；其三，字如其人，爱人及字，柳公权高尚的书品、人品为后人所崇仰。

示例 8：下面从三个方面讲讲语言的污染问题：首先，是特殊语言环境中的语言污染问题；其次，是滥用缩略语引起的语言污染问题；再次，是空话和废话引起的语言污染问题。

4.5 顿号

4.5.1 定义

句内点号的一种，表示语段中并列词语之间或某些序次语之后的停顿。

4.5.2　形式

顿号的形式是“、”。

4.5.3　基本用法

4.5.3.1　用于并列词语之间。

示例 1：这里有自由、民主、平等、开放的风气和氛围。

示例 2：造型科学、技艺精湛、气韵生动，是盛唐石雕的特色。

4.5.3.2　用于需要停顿的重复词语之间。

示例：他几次三番、几次三番地辩解着。

4.5.3.3　用于某些序次语（不带括号的汉字数字或“天干地支”类序次语）之后。

示例 1：我准备讲两个问题：一、逻辑学是什么？二、怎样学好逻辑学？

示例 2：风格的具体内容主要有以下四点：甲、题材；乙、用字；丙、表达；丁、色彩。

4.5.3.4　相邻或相近两数字连用表示概数通常不用顿号。若相邻两数字连用为缩略形式，宜用顿号。

示例 1：飞机在 6 000 米高空水平飞行时，只能看到两侧八九公里和前方一二十公里范围内的地面。

示例 2：这种凶猛的动物常常三五成群地外出觅食和活动。

示例 3：农业是国民经济的基础，也是二、三产业的基础。

4.5.3.5　标有引号的并列成分之间、标有书名号的并列成分之间通常不用顿号。若有其他成分插在并列的引号之间或并列的书名号之间（如引语或书名号之后还有括注），宜用顿号。

示例 1：“日”“月”构成“明”字。

示例 2：店里挂着“顾客就是上帝”“质量就是生命”等横幅。

示例 3：《红楼梦》《三国演义》《西游记》《水浒传》，是我国长篇小说的四大名著。

示例 4：李白的“白发三千丈”（《秋浦歌》）、“朝如青丝暮成雪”（《将进酒》）都是脍炙人口的诗句。

示例5：办公室里订有《人民日报》（海外版）、《光明日报》和《时代周刊》等报刊。

4.6 分号

4.6.1 定义

句内点号的一种，表示复句内部并列关系分句之间的停顿，以及非并列关系的多重复句中第一层分句之间的停顿。

4.6.2 形式

分号的形式是“；”。

4.6.3 基本用法

4.6.3.1 表示复句内部并列关系的分句（尤其当分句内部还有逗号时）之间的停顿。

示例1：语言文字的学习，就理解方面说，是得到一种知识；就运用方面说，是养成一种习惯。

示例2：内容有分量，尽管文章短小，也是有分量的；内容没有分量，即使写得再长也没有用。

4.6.3.2 表示非并列关系的多重复句中第一层分句（主要是选择、转折等关系）之间的停顿。

示例1：人还没看见，已经先听见歌声了；或者人已经转过山头望不见了，歌声还余音袅袅。

示例2：尽管人民革命的力量在开始时总是弱小的，所以总是受压的；但是由于革命的力量代表历史发展的方向，因此本质上又是不可战胜的。

示例3：不管一个人如何伟大，也总是生活在一定的环境和条件下；因此，个人的见解总难免带有某种局限性。

示例4：昨天夜里下了一场雨，以为可以凉快些；谁知没有凉快下来，反而更热了。

4.6.3.3 用于分项列举的各项之间。

示例：特聘教授的岗位职责为：一、讲授本学科的主干基础课程；二、主持本学科的重大科研项目；三、领导本学科的学术队伍建设；四、带领本学科赶超或保持世界先进水平。

4.7　冒号

4.7.1　定义

句内点号的一种，表示语段中提示下文或总结上文的停顿。

4.7.2　形式

冒号的形式是"："。

4.7.3　基本用法

4.7.3.1　用于总说性或提示性词语（如"说""例如""证明"等）之后，表示提示下文。

示例 1：北京紫禁城有四座城门：午门、神武门、东华门和西华门。

示例 2：她高兴地说："咱们去好好庆祝一下吧！"

示例 3：小王笑着点了点头："我就是这么想的。"

示例 4：这一事实证明：人能创造环境，环境同样也能创造人。

4.7.3.2　表示总结上文。

示例：张华上了大学，李萍进了技校，我当了工人：我们都有美好的前途。

4.7.3.3　用在需要说明的词语之后，表示注释和说明。

示例 1：（本市将举办首届大型书市。）主办单位：市文化局；承办单位：市图书进出口公司；时间：8 月 15 日—20 日；地点：市体育馆观众休息厅。

示例 2：（做阅读理解题有两个办法。）办法之一：先读题干，再读原文，带着问题有针对性地读课文。办法之二：直接读原文，读完再做题，减少先入为主的干扰。

4.7.3.4　用于书信、讲话稿中称谓语或称呼语之后。

示例 1：广平先生：……

示例 2：同志们、朋友们：……

4.7.3.5　一个句子内部一般不应套用冒号。在列举式或条文式表述中，如不得不套用冒号时，宜另起段落来显示各个层次。

示例：第十条　遗产按照下列顺序继承：

第一顺序：配偶、子女、父母。

第二顺序：兄弟姐妹、祖父母、外祖父母。

4.8　引号

4.8.1　定义

标号的一种，标示语段中直接引用的内容或需要特别指出的成分。

4.8.2　形式

引号的形式有双引号"“ ”"和单引号"‘ ’"两种。左侧的为前引号，右侧的为后引号。

4.8.3　基本用法

4.8.3.1　标示语段中直接引用的内容。

示例：李白诗中就有“白发三千丈”这样极尽夸张的语句。

4.8.3.2　标示需要着重论述或强调的内容。

示例：这里所谓的“文”，并不是指文字，而是指文采。

4.8.3.3　标示语段中具有特殊含义而需要特别指出的成分，如别称、简称、反语等。

示例1：电视被称作“第九艺术”。

示例2：人类学上常把古人化石统称为尼安德特人，简称“尼人”。

示例3：有几个“慈祥”的老板把捡来的菜叶用盐浸浸就算作工友的菜肴。

4.8.3.4　当引号中还需要使用引号时，外面一层用双引号，里面一层用单引号。

示例：他问：“老师，‘七月流火’是什么意思？”

4.8.3.5　独立成段的引文如果只有一段，段首和段尾都用引号；不止一段时，每段开头仅用前引号，只在最后一段末尾用后引号。

示例：我曾在报纸上看到有人这样谈幸福：

“幸福是知道自己喜欢什么和不喜欢什么。……

“幸福是知道自己擅长什么和不擅长什么。……

“幸福是在正确的时间做了正确的选择。……”

4. 8.3.6　在书写带月、日的事件、节日或其他特定意义的短语（含简称）时，通常只标引其中的月和日；需要突出和强调该事件或节日本身时，也可连同事件或节日一起标引。

示例 1：“5·12”汶川大地震

示例 2：“五四”以来的话剧，是我国戏剧中的新形式。

示例 3：纪念“五四运动”90 周年

4.9　括号

4.9.1　定义

标号的一种，标示语段中的注释内容、补充说明或其他特定意义的语句。

4.9.2　形式

括号的主要形式是圆括号“（ ）”，其他形式还有方括号“[ ]”、六角括号“〔 〕”和方头括号“【 】”等。

4.9.3　基本用法

4.9.3. 1　标示下列各种情况，均用圆括号：

a）标示注释内容或补充说明。

示例 1：我校拥有特级教师（含已退休的）17 人。

示例 2：我们不但善于破坏一个旧世界，我们还将善于建设一个新世界！（热烈鼓掌）

b）标示订正或补加的文字。

示例 3：信纸上用稚嫩的字体写着：“阿夷（姨），你好！”。

示例 4：该建筑公司负责的建设工程全部达到优良工程（的标准）。

c）标示序次语。

示例 5：语言有三个要素：（1）声音；（2）结构；（3）意义。

示例 6：思想有三个条件：（一）事理；（二）心理；（三）伦理。

d）标示引语的出处。

示例7：他说得好："未画之前，不立一格；既画之后，不留一格。"（《板桥集·题画》）

e）标示汉语拼音注音。

示例8："的（de）"这个字在现代汉语中最常用。

4.9.3.2　标示作者国籍或所属朝代时，可用方括号或六角括号。

示例1：[英]赫胥黎《进化论与伦理学》

示例2：〔唐〕杜甫著

4.9.3.3　报刊标示电讯、报道的开头，可用方头括号。

示例：【新华社南京消息】

4.9.3.4　标示公文发文字号中的发文年份时，可用六角括号。

示例：国发〔2011〕3号文件

4.9.3.5　标示被注释的词语时，可用六角括号或方头括号。

示例1：〔奇观〕奇伟的景象。

示例2：【爱因斯坦】物理学家。生于德国，1933年因受纳粹政权迫害，移居美国。

4.9.3.6　除科技书刊中的数学、逻辑公式外，所有括号（特别是同一形式的括号）应尽量避免套用。必须套用括号时，宜采用不同的括号形式配合使用。

示例：〔茸（róng）毛〕很细很细的毛。

4.10　破折号

4.10.1　定义

标号的一种，标示语段中某些成分的注释、补充说明或语音、意义的变化。

4.10.2　形式

破折号的形式是"——"。

4.10.3　基本用法

4.10.3.1　标示注释内容或补充说明（也可用括号，见4.9.3.1；二者的区别另见B.1.7）。

示例1：一个矮小而结实的日本中年人——内山老板走了过来。

示例 2：我一直坚持读书，想借此唤起弟妹对生活的希望——无论环境多么困难。

4.10.3.2　标示插入语（也可用逗号，见 4.4.3.3）。

示例：这简直就是——说得不客气点——无耻的勾当！

4.10.3.3　标示总结上文或提示下文（也可用冒号，见 4.7.3.1、4.7.3.2）。

示例 1：坚强，纯洁，严于律己，客观公正——这一切都难得地集中在一个人身上。

示例 2：画家开始娓娓道来——

　　数年前的一个寒冬，……

4.10.3.4　标示话题的转换。

示例：“好香的干菜，——听到风声了吗？”赵七爷低声说道。

4.10.3.5　标示声音的延长。

示例：“嘎——”传过来一声水禽被惊动的鸣叫。

4.10.3.6　标示话语的中断或间隔。

示例 1：“班长他牺——”小马话没说完就大哭起来。

示例 2：“亲爱的妈妈，你不知道我多爱您。——还有你，我的孩子！”

4.10.3.7　标示引出对话。

示例：——你长大后想成为科学家吗？

　　——当然想了！

4.10.3.8　标示事项列举分承。

示例：根据研究对象的不同，环境物理学分为以下五个分支学科：

　　——环境声学；

　　——环境光学；

　　——环境热学；

　　——环境电磁学；

　　——环境空气动力学。

4.10.3.9　用于副标题之前。

示例：飞向太平洋

——我国新型号运载火箭发射目击记

4.10.3.10　用于引文、注文后，标示作者、出处或注释者。

示例1：先天下之忧而忧，后天下之乐而乐。

——范仲淹

示例2：乐浪海中有倭人，分为百余国。

——《汉书》

示例3：很多人写好信后把信笺折成方胜形，我看大可不必。（方胜，指古代妇女戴的方形首饰，用彩绸等制作，由两个斜方部分叠合而成。——编者注）

4.11　省略号

4.11.1　定义

标号的一种，标示语段中某些内容的省略及意义的断续等。

4.11.2　形式

省略号的形式是“……”。

4.11.3　基本用法

4.11.3.1　标示引文的省略。

示例：我们齐声朗诵起来：“……俱往矣，数风流人物，还看今朝。”

4.11.3.2　标示列举或重复词语的省略。

示例1：对政治的敏感，对生活的敏感，对性格的敏感，……这都是作家必须要有的素质。

示例2：他气得连声说：“好，好……算我没说。”

4.11.3.3　标示语意未尽。

示例1：在人迹罕至的深山密林里，假如突然看见一缕炊烟，……

示例2：你这样干，未免太……！

4.11.3.4　标示说话时断断续续。

示例：她磕磕巴巴地说：“可是……太太……我不知道……你一定是认错了。”

4.11.3.5　标示对话中的沉默不语。

示例：“还没结婚吧？”

“……”他飞红了脸，更加忸怩起来。

4.11.3.6　标示特定的成分虚缺。

示例：只要……就……

4.11.3.7　在标示诗行、段落的省略时，可连用两个省略号（即相当于十二连点）。

示例1：从隔壁房间传来缓缓而抑扬顿挫的吟咏声——

床前明月光，疑是地上霜。

…………

示例2：该刊根据工作质量、上稿数量、参与程度等方面的表现，评选出了高校十佳记者站。还根据发稿数量、提供新闻线索情况以及对刊物的关注度等，评选出了十佳通讯员。

…………

4.12　着重号

4.12.1　定义

标号的一种，标示语段中某些重要的或需要指明的文字。

4.12.2　形式

着重号的形式是“.”标注在相应文字的下方。

4.12.3　基本用法

4.12.3.1　标示语段中重要的文字。

示例1：诗人需要表现，而不是证明。

示例2：下面对本文的理解，不正确的一项是：……

4.12.3.2　标示语段中需要指明的文字。

示例：下边加点的字，除了在词中的读法外，还有哪些读法？

着急　子弹　强调

4.13　连接号

4.13.1　定义

标号的一种，标示某些相关联成分之间的连接。

4.13.2　形式

连接号的形式有短横线“-”、一字线“—”和浪纹线“～”三种。

4.13.3　基本用法

4.13.3.1　标示下列各种情况，均用短横线：

a）化合物的名称或表格、插图的编号。

示例1：3-戊酮为无色液体，对眼及皮肤有强烈刺激性。

示例2：参见下页表2-8、表2-9。

b）连接号码，包括门牌号码、电话号码，以及用阿拉伯数字表示年月日等。

示例3：安宁里东路26号院3-2-11室

示例4：联系电话：010-88842603

示例5：2011-02-15

c）在复合名词中起连接作用。

示例6：吐鲁番-哈密盆地

d）某些产品的名称和型号。

示例7：WZ-10直升机具有复杂天气和夜间作战的能力。

e）汉语拼音、外来语内部的分合。

示例8：shuōshuō-xiàoxiào（说说笑笑）

示例9：盎格鲁-撒克逊人

示例10：让-雅克·卢梭（“让-雅克”为双名）

示例11：皮埃尔·孟戴斯-弗朗斯（“孟戴斯-弗朗斯”为复姓）

4.13.3.2　标示下列各种情况，一般用一字线，有时也可用浪纹线：

a）标示相关项目（如时间、地域等）的起止。

示例1：沈括（1031—1095），宋朝人。

示例2：2011年2月3日—10日

示例3：北京—上海特别旅客快车

b）标示数值范围（由阿拉伯数字或汉字数字构成）的起止。

示例 4：25 ～ 30 g

示例 5：第五～八课

4.14　间隔号

4.14.1　定义

标号的一种，标示某些相关联成分之间的分界。

4.14.2　形式

间隔号的形式是“·”。

4.14.3　基本用法

4.14.3.1　标示外国人名或少数民族人名内部的分界。

示例 1：克里丝蒂娜·罗塞蒂

示例 2：阿依古丽·买买提

4.14.3.2　标示书名与篇（章、卷）名之间的分界。

示例：《淮南子·本经训》

4.14.3.3　标示词牌、曲牌、诗体名等和题名之间的分界。

示例 1：《沁园春·雪》

示例 2：《天净沙·秋思》

示例 3：《七律·冬云》

4.14.3.4　用在构成标题或栏目名称的并列词语之间。

示例：《天·地·人》

4.14.3.5　以月、日为标志的事件或节日，用汉字数字表示时，只在一、十一和十二月后用间隔号；当直接用阿拉伯数字表示时，月、日之间均用间隔号（半角字符）。

示例 1：“九一八”事变　“五四”运动

示例 2：“一·二八”事变　“一二·九”运动

示例 3：“3·15”消费者权益日　“9·11”恐怖袭击事件

4.15　书名号

4.15.1　定义

标号的一种，标示语段中出现的各种作品的名称。

4.15.2　形式

书名号的形式有双书名号“《》”和单书名号“〈〉”两种。

4.15.3　基本用法

4.15.3.1　标示书名、卷名、篇名、刊物名、报纸名、文件名等。

示例1：《红楼梦》（书名）

示例2：《史记·项羽本纪》（卷名）

示例3：《论雷峰塔的倒掉》（篇名）

示例4：《每周关注》（刊物名）

示例5：《人民日报》（报纸名）

示例6：《全国农村工作会议纪要》（文件名）

4.15.3.2　标示电影、电视、音乐、诗歌、雕塑等各类用文字、声音、图像等表现的作品的名称。

示例1：《渔光曲》（电影名）

示例2：《追梦录》（电视剧名）

示例3：《勿忘我》（歌曲名）

示例4：《沁园春·雪》（诗词名）

示例5：《东方欲晓》（雕塑名）

示例6：《光与影》（电视节目名）

示例7：《社会广角镜》（栏目名）

示例8：《庄子研究文献数据库》（光盘名）

示例9：《植物生理学系列挂图》（图片名）

4.15.3.3　标示全中文或中文在名称中占主导地位的软件名。

示例：科研人员正在研制《电脑卫士》杀毒软件。

4.15.3.4　标示作品名的简称。

示例：我读了《念青唐古拉山脉纪行》一文（以下简称《念》），收获很大。

4.15.3.5　当书名号中还需要书名号时，里面一层用单书名号，外面一层用双书名号。

示例：《教育部关于提请审议〈高等教育自学考试试行办法〉的报告》

4.16　专名号

4.16.1　定义

标号的一种，标示古籍和某些文史类著作中出现的特定类专有名词。

4.16.2　形式

专名号的形式是一条直线，标注在相应文字的下方。

4.16.3　基本用法

4.16.3.1　标示古籍、古籍引文或某些文史类著作中出现的专有名词，主要包括人名、地名、国名、民族名、朝代名、年号、宗教名、官署名、组织名等。

示例1：孙坚人马被刘表率军围得水泄不通。（人名）

示例2：于是聚集冀、青、幽、并四州兵马七十多万准备决一死战。（地名）

示例3：当时乌孙及西域各国都向汉派遣了使节。（国名、朝代名）

示例4：从咸宁二年到太康十年，匈奴、鲜卑、乌桓等族人徙居塞内。（年号、民族名）

4.16.3.2　现代汉语文本中的上述专有名词，以及古籍和现代文本中的单位名、官职名、事件名、会议名、书名等不应使用专名号。必须使用标号标示时，宜使用其他相应标号（如引号、书名号等）。

4.17　分隔号

4.17.1　定义

标号的一种，标示诗行、节拍及某些相关文字的分隔。

4.17.2　形式

分隔号的形式是“／”。

4.17.3　基本用法

4.17.3.1　诗歌接排时分隔诗行(也可使用逗号和分号，见4.4.3.1／4.6.3.1)。

示例：春眠不觉晓／处处闻啼鸟／夜来风雨声／花落知多少。

4.17.3.2　标示诗文中的音节节拍。

示例：横眉／冷对／千夫指，俯首／甘为／孺子牛。

4.17.3.3　分隔供选择或可转换的两项，表示“或”。

示例：动词短语中除了作为主体成分的述语动词之外，还包括述语动词所带的宾语和／或补语。

4.17.3.4　分隔组成一对的两项，表示“和”。

示例1：13/14次特别快车

示例2：羽毛球女双决赛中国组合杜婧／于洋两局完胜韩国名将李孝贞／李敬元。

4.17.3.5　分隔层级或类别。

示例：我国的行政区划分为：省（直辖市、自治区）／省辖市（地级市）／县（县级市、区、自治州）／乡（镇）／村（居委会）。

5　标点符号的位置和书写形式

5.1　横排文稿标点符号的位置和书写形式

5.1.1　句号、逗号、顿号、分号、冒号均置于相应文字之后，占一个字位置，居左下，不出现在一行之首。

5.1.2　问号、叹号均置于相应文字之后，占一个字位置，居左，不出现在一行之首。两个问号（或叹号）叠用时，占一个字位置；三个问号（或叹号）叠用时，占两个字位置；问号和叹号连用时，占一个字位置。

5.1.3　引号、括号、书名号中的两部分标在相应项目的两端，各占一个字位置。其中前一半不出现在一行之末，后一半不出现在一行之首。

5.1.4　破折号标在相应项目之间，占两个字位置，上下居中，不能中间断开分处上行之末和下行之首。

5.1.5　省略号占两个字位置，两个省略号连用时占四个字位置并须单独占一行。省略号不能中间断开分处上行之末和下行之首。

5.1.6　连接号中的短横线比汉字“一”略短，占半个字位置；一字线比汉字“一”略长，占一个字位置；浪纹线占一个字位置。连接号上下居中，不出现在一行之首。

5.1.7　间隔号标在需要隔开的项目之间，占半个字位置，上下居中，不出现在一行之首。

5.1.8　着重号和专名号标在相应文字的下边。

5.1.9　分隔号占半个字位置，不出现在一行之首或一行之末。

5.1.10　标点符号排在一行末尾时，若为全角字符则应占半角字符的宽度（即半个字位置），以使视觉效果更美观。

5.1.11　在实际编辑出版工作中，为排版美观、方便阅读等需要，或为避免某一小节最后一个汉字转行或出现在另外一页开头等情况（浪费版面及视觉效果差），可适当压缩标点符号所占用的空间。

5.2　竖排文稿标点符号的位置和书写形式

5.2.1　句号、问号、叹号、逗号、顿号、分号和冒号均置于相应文字之下偏右。

5.2.2　破折号、省略号、连接号、间隔号和分隔号置于相应文字之下居中，上下方向排列。

5.2.3　引号改用双引号“﹃”“﹄”和单引号“﹁”“﹂”，括号改用“︵”“︶”，标在相应项目的上下。

5.2.4　竖排文稿中使用浪线式书名号“﹏”，标在相应文字的左侧。

5.2.5　重号标在相应文字的右侧，专名号标在相应文字的左侧。

5.2.6　横排文稿中关于某些标点不能居行首或行末的要求，同样适用于竖排文稿。

附录A（规范性附录）　标点符号用法的补充规则

A.1　句号用法补充规则

图或表的短语式说明文字，中间可用逗号，但末尾不用句号。即使有时说明文字较长，前面的语段已出现句号，最后结尾处仍不用句号。

示例 1：行进中的学生方队

示例 2：经过治理，本市市容市貌焕然一新。这是某区街道一景

A. 2　问号用法补充规则

使用问号应以句子表示疑问语气为依据，而并不根据句子中包含有疑问词。当含有疑问词的语段充当某种句子成分，而句子并不表示疑问语气时，句末不用问号。

示例 1：他们的行为举止、审美趣味，甚至读什么书，坐什么车，都在媒体掌握之中。

示例 2：谁也不见，什么也不吃，哪儿也不去。

示例 3：我也不知道他究竟躲到什么地方去了。

A. 3　逗号用法补充规则

用顿号表示较长、较多或较复杂的并列成分之间的停顿时，最后一个成分前可用“以及（及）”进行连接，“以及（及）”之前应用逗号。

示例：压力过大、工作时间过长、作息不规律，以及忽视营养均衡等，均会导致健康状况的下降。

A. 4　顿号用法补充规则

A. 4. 1　表示含有顺序关系的并列各项间的停顿，用顿号，不用逗号。下例解释“对于”一词用法，“人”“事物”“行为”之间有顺序关系（即人和人、人和事物、人和行为、事物和事物、事物和行为、行为和行为等六种对待关系），各项之间应用顿号。

示例：〔对于〕表示人，事物，行为之间的相互对待关系。（误）

〔对于〕表示人、事物、行为之间的相互对待关系。（正）

A. 4. 2　用阿拉伯数字表示年月日的简写形式时，用短横线连接号，不用顿号。

示例：2010、03、02（误）

2010-03-02 （正）

A.5　**分号用法补充规则**

分项列举的各项有一项或多项已包含句号时，各项的末尾不能再用分号。

示例：本市先后建立起三大农业生产体系：一是建立甘蔗生产服务体系。成立糖业服务公司，主要给农民提供机耕等服务；二是建立蚕桑生产服务体系。……；三是建立热作服务体系。……。（误）

本市先后建立起三大农业生产体系：一是建立甘蔗生产服务体系。成立糖业服务公司，主要给农民提供机耕等服务。二是建立蚕桑生产服务体系。……。三是建立热作服务体系。……。（正）

A.6　**冒号用法补充规则**

A.6.1　冒号用在提示性话语之后引起下文。表面上类似但实际不是提示性话语的，其后用逗号。

示例1：郦道元《水经注》记载："沼西际山枕水，有唐叔虞祠。"（提示性话语）

示例2：据《苏州府志》载，苏州城内大小园林约有150多座，可算名副其实的园林之城。（非提示性话语）

A.6.2　冒号提示范围无论大小（一句话、几句话甚至几段话），都应与提示性话语保持一致（即在该范围的末尾要用句号点断）。应避免冒号涵盖范围过窄或过宽。

示例：艾滋病有三个传播途径：血液传播，性传播和母婴传播，日常接触是不会传播艾滋病的。（误）

艾滋病有三个传播途径：血液传播，性传播和母婴传播。日常接触是不会传播艾滋病的。（正）

A.6.3　冒号应用在有停顿处，无停顿处不应用冒号。

示例1：他头也不抬，冷冷地问："你叫什么名字？"（有停顿）

示例2：这事你得拿主意，光说"不知道"怎么行？（无停顿）

A.7　**引号用法补充规则**

"丛刊""文库""系列""书系"等作为系列著作的选题名，宜用引号标引。

当“丛刊”等为选题名的一部分时，放在引号之内，反之则放在引号之外。

示例 1：“汉译世界学术名著丛书”

示例 2：“中国哲学典籍文库”

示例 3：“20 世纪心理学通览”丛书

A.8　**括号用法补充规则**

括号可分为句内括号和句外括号。句内括号用于注释句子里的某些词语，即本身就是句子的一部分，应紧跟在被注释的词语之后。句外括号则用于注释句子、句群或段落，即本身结构独立，不属于前面的句子、句群或段落，应位于所注释语段的句末点号之后。

示例：标点符号是辅助文字记录语言的符号，是书面语的有机组成部分，用来表示语句的停顿、语气以及标示某些成分（主要是词语）的特定性质和作用。（数学符号、货币符号、校勘符号等特殊领域的专门符号不属于标点符号。）

A.9　**省略号用法补充规则**

A.9.1　不能用多于两个省略号（多于 12 点）连在一起表示省略。省略号须与多点连续的连珠号相区别（后者主要是用于表示目录中标题和页码对应和连接的专门符号）。

A.9.2　省略号和“等”“等等”“什么的”等词语不能同时使用。在需要读出来的地方用“等”“等等”“什么的”等词语，不用省略号。

示例：含有铁质的食物有猪肝、大豆、油菜、菠菜……等。（误）

含有铁质的食物有猪肝、大豆、油菜、菠菜等。（正）

A.10　**着重号用法补充规则**

不应使用文字下加直线或波浪线等形式表示着重。文字下加直线为专名号形式（4.16）；文字下加浪纹线是特殊书名号（A.13.6）。着重号的形式统一为相应项目下加小圆点。

示例：下面对本文的理解，<u>不正确</u>的一项是（误）

下面对本文的理解，不正确的一项是（正）

A.11　连接号用法补充规则

浪纹线连接号用于标示数值范围时，在不引起歧义的情况下，前一数值附加符号或计量单位可省略。

示例：5 公斤 ~ 100 公斤 （正）

5 ~ 100 公斤 （正）

A.12　间隔号用法补充规则

当并列短语构成的标题中已用间隔号隔开时，不应再用“和”类连词。

示例：《水星・火星和金星》（误）

《水星・火星・金星》（正）

A.13　书名号用法补充规则

A.13.1　不能视为作品的课程、课题、奖品奖状、商标、证照、组织机构、会议、活动等名称，不应用书名号。下面均为书名号误用的示例：

示例 1：下学期本中心将开设《现代企业财务管理》《市场营销》两门课程。

示例 2：明天将召开《关于“两保两挂”的多视觉理论思考》课题立项会。

示例 3：本市将向 70 岁以上（含 70 岁）老年人颁发《敬老证》。

示例 4：本校共获得《最佳印象》《自我审美》《卡拉 OK》等六个奖杯。

示例 5：《闪光》牌电池经久耐用。

示例 6：《文史杂志社》编辑力量比较雄厚。

示例 7：本市将召开《全国食用天然色素应用研讨会》。

示例 8：本报将于今年暑假举行《墨宝杯》书法大赛。

A.13.2　有的名称应根据指称意义的不同确定是否用书名号。如文艺晚会指一项活动时，不用书名号；而特指一种节目名称时，可用书名号。再如展览作为一种文化传播的组织形式时，不用书名号；特定情况下将某项展览作为一种创作的作品时，可用书名号。

示例 1：2008 年重阳联欢晚会受到观众的称赞和好评。

示例 2：本台将重播《2008 年重阳联欢晚会》。

示例 3：“雪域明珠——中国西藏文化展”今天隆重开幕。

示例 4：《大地飞歌艺术展》是一部大型现代艺术作品。

A. 13. 3　书名后面表示该作品所属类别的普通名词不标在书名号内。

示例：《我们》杂志

A. 13. 4　书名有时带有括注。如果括注是书名、篇名等的一部分，应放在书名号之内，反之则应放在书名号之外。

示例 1：《琵琶行（并序）》

示例 2：《中华人民共和国民事诉讼法（试行）》

示例 3：《新政治协商会议筹备会组织条例（草案）》

示例 4：《百科知识》（彩图本）

示例 5：《人民日报》（海外版）

A. 13. 5　书名、篇名末尾如有叹号或问号，应放在书名号之内。

示例 1：《日记何罪！》

示例 2：《如何做到同工又同酬？》

A. 13. 6　在古籍或某些文史类著作中，为与专名号配合，书名号也可改用浪线式“﹏”，标注在书名下方。这可以看作是特殊的专名号或特殊的书名号。

A. 14　分隔号用法补充规则

分隔号又称正斜线号，须与反斜线号“\”相区别（后者主要是用于编写计算机程序的专门符号）。使用分隔号时，紧贴着分隔号的前后通常不用点号。

附录 B（资料性附录）　标点符号若干用法的说明

B. 1　易混标点符号用法比较

B. 1. 1　逗号、顿号表示并列词语之间停顿的区别

逗号和顿号都表示停顿，但逗号表示的停顿长，顿号表示的停顿短。并列词语之间的停顿一般用顿号，但当并列词语较长或其后有语气词时，为了表示稍长一点的停顿，也可用逗号。

示例 1：我喜欢吃的水果有苹果、桃子、香蕉和菠萝。

示例 2：我们需要了解全局和局部的统一，必然和偶然的统一，本质和现象的统一。

示例 3：看游记最难弄清位置和方向，前啊，后啊，左啊，右啊，看了半天，还是不明白。

B.1.2　逗号、顿号在表列举省略的“等”“等等”之类词语前的使用

并列成分之间用顿号，末尾的并列成分之后用“等”“等等”之类词语时，“等”类词前不用顿号或其他点号；并列成分之间用逗号，末尾的并列成分之后用“等”类词时，“等”类词前应用逗号。

示例 1：现代生物学、物理学、化学、数学等基础科学的发展，带动了医学科学的进步。

示例 2：写文章前要想好：文章主题是什么，用哪些材料，哪些详写，哪些略写，等等。

B.1.3　逗号、分号表示分句间停顿的区别

当复句的表述不复杂、层次不多，相连的分句语气比较紧凑、分句内部也没有使用逗号表示停顿时，分句间的停顿多用逗号。当用逗号不易分清多重复句内部的层次（如分句内部已有逗号），而用句号又可能割裂前后关系的地方，应用分号表示停顿。

示例 1：她拿起钥匙，开了箱上的锁，又开了首饰盒上的锁，往老地方放钱。

示例 2：纵比，即以一事物的各个发展阶段作比；横比，则以此事物与彼事物相比。

B.1.4　顿号、逗号、分号在标示层次关系时的区别

句内点号中，顿号表示的停顿最短、层次最低，通常只能表示并列词语之间的停顿；分号表示的停顿最长、层次最高，可以用来表示复句的第一层分句之间的停顿；逗号介于两者之间，既可表示并列词语之间的停顿，也可表示复句中分句之间的停顿。若分句内部已用逗号，分句之间就应用分号（见 B.1.3 示例 2）。用分号隔开的几个并列分句不能由逗号统领或总结。

示例1：有的学会烤烟，自已做挺讲究的纸烟和雪茄；有的学会蔬菜加工，做的番茄酱能吃到冬天；有的学会蔬菜腌渍、窖藏，使秋菜接上春菜。

示例2：动物吃植物的方式多种多样，有的是把整个植物吃掉，如原生动物；有的是把植物的大部分吃掉，如鼠类；有的是吃掉植物的要害部位，如鸟类吃掉植物的嫩芽。（误）

动物吃植物的方式多种多样：有的是把整个植物吃掉，如原生动物；有的是把植物的大部分吃掉，如鼠类；有的是吃掉植物的要害部位，如鸟类吃掉植物的嫩芽。（正）

B.1.5 冒号、逗号用于“说”“道”之类词语后的区别

位于引文之前的“说”“道”后用冒号。位于引文之后的“说”“道”分两种情况：处于句末时，其后用句号；“说”“道”后还有其他成分时，其后用逗号。插在话语中间的“说”“道”类词语后只能用逗号表示停顿。

示例1：他说：“晚上就来家里吃饭吧。”

示例2：“我真的很期待。”他说。

示例3：“我有件事忘了说……”他说，表情有点为难。

示例4：“现在请皇上脱下衣服，”两个骗子说，“好让我们为您换上新衣。”

B.1.6 不同点号表示停顿长短的排序

各种点号都表示说话时的停顿。句号、问号、叹号都表示句子完结，停顿最长。分号用于复句的分句之间，停顿长度介于句末点号和逗号之间，而短于冒号。逗号表示一句话中间的停顿，又短于分号。顿号用于并列词语之间，停顿最短。通常情况下，各种点号表示的停顿由长到短为：句号＝问号＝叹号＞冒号（指涵盖范围为一句话的冒号）＞分号＞逗号＞顿号。

B.1.7 破折号与括号表示注释或补充说明时的区别

破折号用于表示比较重要的解释说明，这种补充是正文的一部分，可与前后文连读；而括号表示比较一般的解释说明，只是注释而非正文，可不与前后文连读。

示例1：在今年——农历虎年，必须取得比去年更大的成绩。

示例2：哈雷在牛顿思想的启发下，终于认出了他所关注的彗星（该星后人称为哈雷彗里）。

B.1.8　**书名号、引号在“题为……”“以……为题”格式中的使用**

“题为……”“以……为题”中的“题”，如果是诗文、图书、报告或其他作品可作为篇名、书名看待时，可用书名号；如果是写作、科研、辩论、谈话的主题，非特定作品的标题，应用引号。即“题为……”“以……为题”中的“题”应根据其类别分别按书名号和引号的用法处理。

示例1：有篇题为《柳宗元的诗》的文章，全文才2000字，引文不实却达11处之多。

示例2：今天一个以“地球·人口·资源·环境”为题的大型宣传活动在此间举行。

示例3：《我的老师》写于1956年9月，是作者应《教师报》之约而写的。

示例4：“我的老师”这类题目，同学们也许都写过。

B.2　**两个标点符号连用的说明**

B.2.1　**行文中表示引用的引号内外的标点用法**

当引文完整且独立使用，或虽不独立使用但带有问号或叹号时，引号内句末点号应保留。除此之外，引号内不用句末点号。当引文处于句子停顿处（包括句子末尾）且引号内未使用点号时，引号外应使用点号；当引文位于非停顿处或者引号内已使用句末点号时，引号外不用点号。

示例1：“沉舟侧畔千帆过，病树前头万木春。”他最喜欢这两句诗。

示例2：书价上涨令许多读者难以接受，有些人甚至发出“还买得起书吗？”的疑问。

示例3：他以“条件还不成熟，准备还不充分”为由，否决了我们的提议。

示例4：你这样“明日复明日”地要拖到什么时候？

示例5：司马迁为了完成《史记》的写作，使之“藏之名山”，忍受了人间最大的侮辱。

示例6：在施工中要始终坚持“把质量当生命”。

示例 7：“言之无文，行而不远”这句话，说明了文采的重要。

示例 8：俗话说：“墙头一根草，风吹两边倒。”用这句话来形容此辈再恰当不过。

B.2.2　行文中括号内外的标点用法

括号内行文末尾需要时可用问号、叹号和省略号。除此之外，句内括号行文末尾通常不用标点符号。句外括号行文末尾是否用句号由括号内的语段结构决定：若语段较长、内容复杂，应用句号。句内括号外是否用点号取决于括号所处位置：若句内括号处于句子停顿处，应用点号。句外括号外通常不用点号。

示例 1：如果不采取（但应如何采取呢？）十分具体的控制措施，事态将进一步扩大。

示例 2：3 分钟过去了（仅仅才 3 分钟！），从眼前穿梭而过的出租车竟达 32 辆！

示例 3：她介绍时用了一连串比喻（有的状如树枝，有的貌似星海……），非常形象。

示例 4：科技协作合同（包括科研、试制、成果推广等）根据上级主管部门或有关部门的计划签订。

示例 5：应把夏朝看作原始公社向奴隶制国家过渡时期。（龙山文化遗址里，也有俯身葬。俯身者很可能就是奴隶。）

示例 6：问：你对你不喜欢的上司是什么态度？

答：感情上疏远，组织上服从。（掌声，笑声）

示例 7：古汉语（特别是上古汉语），对于我来说，有着常人无法想象的吸引力。

示例 8：由于这种推断尚未经过实践的考验，我们只能把它作为假设（或假说）提出来。

示例 9：人际交往过程就是使用语词传达意义的过程。（严格说，这里的“语词”应为语词指号。）

B.2.3　**破折号前后的标点用法**

破折号之前通常不用点号；但根据句子结构和行文需要，有时也可分别使用句内点号或句末点号。破折号之后通常不会紧跟着使用其他点号；但当破折号表示语音的停顿或延长时，根据语气表达的需要，其后可紧接问号或叹号。

示例1：小妹说："我现在工作得挺好，老板对我不错，工资也挺高。——我能抽支烟吗？"（表示话题的转折）

示例2：我不是自然主义者，我主张文学高于现实，能够稍稍居高临下地去看现实，因为文学的任务不仅在于反映现实。光描写现存的事物还不够，还必须记住我们所希望的和可能产生的事物。必须使现象典型化。应该把微小而有代表性的事物写成重大的和典型的事物。——这就是文学的任务。（表示对前几句话的总结）

示例3："是他——？"石一川简直不敢相信自己的耳朵。

示例4："我终于考上大学啦！我终于考上啦——！"金石开兴奋得快要晕过去了。

B.2.4　**省略号前后的标点用法**

省略号之前通常不用点号。以下两种情况例外：省略号前的句子表示强烈语气、句末使用问号或叹号时；省略号前不用点号就无法标示停顿或表明结构关系时。省略号之后通常也不用点号，但当句末表达强烈的语气或感情时，可在省略号后用问号或叹号；当省略号后还有别的话、省略的文字和后面的话不连续且有停顿时，应在省略号后用点号；当表示特定格式的成分虚缺时，省略号后可用点号。

示例1：想起这些，我就觉得一辈子都对不起你。你对梁家的好，我感激不尽！……

示例2：他进来了，……一身军装，一张朴实的脸，站在我们面前显得很高大，很年轻。

示例3：这，这是……？

示例4：动物界的规矩比人类还多，野骆驼、野猪、黄羊……，直至塔里木兔、跳鼠，都是各行其路，决不混淆。

示例 5：大火被渐渐扑灭，但一片片油污又旋即出现在遇难船旁……。清污船迅速赶来，并施放围栏以控制油污。

示例 6：如果……，那么……。

B.3 序次语之后的标点用法

B.3.1 “第”“其”字头序次语，或“首先”“其次”“最后”等做序次语时，后用逗号（见 4.4.3.3）。

B.3.2 不带括号的汉字数字或“天干地支”做序次语时，后用顿号（见 4.5.3.2）。

B.3.3 不带括号的阿拉伯数字、拉丁字母或罗马数字做序次语时，后面用下脚点（该符号属于外文的标点符号）。

示例 1：总之，语言的社会功能有三点：1. 传递信息，交流思想；2. 确定关系，调节关系；3. 组织生活，组织生产。

示例 2：本课一共讲解三个要点：A. 生理停顿；B. 逻辑停顿；C. 语法停顿。

B.3.4 加括号的序次语后面不用任何点号。

示例 1：受教育者应履行以下义务：（一）遵守法律、法规；（二）努力学习，完成规定的学习任务；（三）遵守所在学校或其他教育机构的制度。

示例 2：科学家很重视下面几种才能：（1）想象力；（2）直觉的理解力；（3）数学能力。

B.3.5 阿拉伯数字与下脚点结合表示章节关系的序次语末尾不用任何点号。

示例：3 停顿

3.1 生理停顿

3.2 逻辑停顿

B.3.6 用于章节、条款的序次语后宜用空格表示停顿。

示例：第一课 春天来了

B.3.7 序次简单、叙述性较强的序次语后不用标点符号。

示例：语言的社会功能共有三点：一是传递信息；二是确定关系；三是组

织生活。

B. 3. 8　**同类数字形式的序次语，带括号的通常位于不带括号的下一层。**通常第一层是带有顿号的汉字数字；第二层是带括号的汉字数字；第三层是带下脚点的阿拉伯数字；第四层是带括号的阿拉伯数字；再往下可以是带圈的阿拉伯数字或小写拉丁字母。一般可根据文章特点选择从某一层序次语开始行文，选定之后应顺着序次语的层次向下行文，但使用层次较低的序次语之后不宜反过来再使用层次更高的序次语。

示例：一、……

（一）……

1. ……

（1）……

①／ a. ……

B. 4　**文章标题的标点用法**

文章标题的末尾通常不用标点符号，但有时根据需要可用问号、叹号或省略号。

示例 1：看看电脑会有多聪明，让它下盘围棋吧

示例 2：猛龙过江：本店特色名菜

示例 3：严防“电脑黄毒”危害少年

示例 4：回家的感觉真好

——访大赛归来的本市运动员

示例 5：里海是湖，还是海？

示例 6：人体也是污染源！

示例 7：和平协议签署之后……

第七编

图书出版相关政策法规

中华人民共和国著作权法

（1990 年 9 月 7 日第七届全国人民代表大会常务委员会第十五次会议通过　根据 2001 年 10 月 27 日第九届全国人民代表大会常务委员会第二十四次会议《关于修改〈中华人民共和国著作权法〉的决定》第一次修正　根据 2010 年 2 月 26 日第十一届全国人民代表大会常务委员会第十三次会议《关于修改〈中华人民共和国著作权法〉的决定》第二次修正）

第一章　总　　则

第一条　为保护文学、艺术和科学作品作者的著作权，以及与著作权有关的权益，鼓励有益于社会主义精神文明、物质文明建设的作品的创作和传播，促进社会主义文化和科学事业的发展与繁荣，根据宪法制定本法。

第二条　中国公民、法人或者其他组织的作品，不论是否发表，依照本法享有著作权。

外国人、无国籍人的作品根据其作者所属国或者经常居住地国同中国签订的协议或者共同参加的国际条约享有的著作权，受本法保护。

外国人、无国籍人的作品首先在中国境内出版的，依照本法享有著作权。

未与中国签订协议或者共同参加国际条约的国家的作者以及无国籍人的作品首次在中国参加的国际条约的成员国出版的，或者在成员国和非成员国同时出版的，受本法保护。

第三条　本法所称的作品，包括以下列形式创作的文学、艺术和自然科学、社会科学、工程技术等作品：

（一）文字作品；

（二）口述作品；

（三）音乐、戏剧、曲艺、舞蹈、杂技艺术作品；

（四）美术、建筑作品；

（五）摄影作品；

（六）电影作品和以类似摄制电影的方法创作的作品；

（七）工程设计图、产品设计图、地图、示意图等图形作品和模型作品；

（八）计算机软件；

（九）法律、行政法规规定的其他作品。

第四条　著作权人行使著作权，不得违反宪法和法律，不得损害公共利益。国家对作品的出版、传播依法进行监督管理。

第五条　本法不适用于：

（一）法律、法规，国家机关的决议、决定、命令和其他具有立法、行政、司法性质的文件，及其官方正式译文；

（二）时事新闻；

（三）历法、通用数表、通用表格和公式。

第六条　民间文学艺术作品的著作权保护办法由国务院另行规定。

第七条　国务院著作权行政管理部门主管全国的著作权管理工作；各省、自治区、直辖市人民政府的著作权行政管理部门主管本行政区域的著作权管理工作。

第八条　著作权人和与著作权有关的权利人可以授权著作权集体管理组织行使著作权或者与著作权有关的权利。著作权集体管理组织被授权后，可以以自己的名义为著作权人和与著作权有关的权利人主张权利，并可以作为当事人进行涉及著作权或者与著作权有关的权利的诉讼、仲裁活动。

著作权集体管理组织是非营利性组织，其设立方式、权利义务、著作权许可使用费的收取和分配，以及对其监督和管理等由国务院另行规定。

第二章　著　作　权

第一节　著作权人及其权利

第九条　著作权人包括：

（一）作者；

（二）其他依照本法享有著作权的公民、法人或者其他组织。

第十条　著作权包括下列人身权和财产权：

（一）发表权，即决定作品是否公之于众的权利；

（二）署名权，即表明作者身份，在作品上署名的权利；

（三）修改权，即修改或者授权他人修改作品的权利；

（四）保护作品完整权，即保护作品不受歪曲、篡改的权利；

（五）复制权，即以印刷、复印、拓印、录音、录像、翻录、翻拍等方式将作品制作一份或者多份的权利；

（六）发行权，即以出售或者赠予方式向公众提供作品的原件或者复制件的权利；

（七）出租权，即有偿许可他人临时使用电影作品和以类似摄制电影的方法创作的作品、计算机软件的权利，计算机软件不是出租的主要标的的除外；

（八）展览权，即公开陈列美术作品、摄影作品的原件或者复制件的权利；

（九）表演权，即公开表演作品，以及用各种手段公开播送作品的表演的权利；

（十）放映权，即通过放映机、幻灯机等技术设备公开再现美术、摄影、电影和以类似摄制电影的方法创作的作品等的权利；

（十一）广播权，即以无线方式公开广播或者传播作品，以有线传播或者转播的方式向公众传播广播的作品，以及通过扩音器或者其他传送符号、声音、图像的类似工具向公众传播广播的作品的权利；

（十二）信息网络传播权，即以有线或者无线方式向公众提供作品，使公众可以在其个人选定的时间和地点获得作品的权利；

（十三）摄制权，即以摄制电影或者以类似摄制电影的方法将作品固定在载体上的权利；

（十四）改编权，即改变作品，创作出具有独创性的新作品的权利；

（十五）翻译权，即将作品从一种语言文字转换成另一种语言文字的权利；

（十六）汇编权，即将作品或者作品的片段通过选择或者编排，汇集成新作品的权利；

（十七）应当由著作权人享有的其他权利。

著作权人可以许可他人行使前款第（五）项至第（十七）项规定的权利，并依照约定或者本法有关规定获得报酬。

著作权人可以全部或者部分转让本条第一款第（五）项至第（十七）项规定的权利，并依照约定或者本法有关规定获得报酬。

第二节　著作权归属

第十一条　著作权属于作者，本法另有规定的除外。

创作作品的公民是作者。

由法人或者其他组织主持，代表法人或者其他组织意志创作，并由法人或者其他组织承担责任的作品，法人或者其他组织视为作者。

如无相反证明，在作品上署名的公民、法人或者其他组织为作者。

第十二条　改编、翻译、注释、整理已有作品而产生的作品，其著作权由改编、翻译、注释、整理人享有，但行使著作权时不得侵犯原作品的著作权。

第十三条　两人以上合作创作的作品，著作权由合作作者共同享有。没有参加创作的人，不能成为合作作者。

合作作品可以分割使用的，作者对各自创作的部分可以单独享有著作权，但行使著作权时不得侵犯合作作品整体的著作权。

第十四条　汇编若干作品、作品的片段或者不构成作品的数据或者其他材料，对其内容的选择或者编排体现独创性的作品，为汇编作品，其著作权由汇编人享有，但行使著作权时，不得侵犯原作品的著作权。

第十五条 电影作品和以类似摄制电影的方法创作的作品的著作权由制片者享有，但编剧、导演、摄影、作词、作曲等作者享有署名权，并有权按照与制片者签订的合同获得报酬。

电影作品和以类似摄制电影的方法创作的作品中的剧本、音乐等可以单独使用的作品的作者有权单独行使其著作权。

第十六条 公民为完成法人或者其他组织工作任务所创作的作品是职务作品，除本条第二款的规定以外，著作权由作者享有，但法人或者其他组织有权在其业务范围内优先使用。作品完成两年内，未经单位同意，作者不得许可第三人以与单位使用的相同方式使用该作品。

有下列情形之一的职务作品，作者享有署名权，著作权的其他权利由法人或者其他组织享有，法人或者其他组织可以给予作者奖励：

（一）主要是利用法人或者其他组织的物质技术条件创作，并由法人或者其他组织承担责任的工程设计图、产品设计图、地图、计算机软件等职务作品；

（二）法律、行政法规规定或者合同约定著作权由法人或者其他组织享有的职务作品。

第十七条 受委托创作的作品，著作权的归属由委托人和受托人通过合同约定。合同未作明确约定或者没有订立合同的，著作权属于受托人。

第十八条 美术等作品原件所有权的转移，不视为作品著作权的转移，但美术作品原件的展览权由原件所有人享有。

第十九条 著作权属于公民的，公民死亡后，其本法第十条第一款第（五）项至第（十七）项规定的权利在本法规定的保护期内，依照继承法的规定转移。

著作权属于法人或者其他组织的，法人或者其他组织变更、终止后，其本法第十条第一款第（五）项至第（十七）项规定的权利在本法规定的保护期内，由承受其权利义务的法人或者其他组织享有；没有承受其权利义务的法人或者其他组织的，由国家享有。

第三节　权利的保护期

第二十条　作者的署名权、修改权、保护作品完整权的保护期不受限制。

第二十一条　公民的作品，其发表权、本法第十条第一款第（五）项至第（十七）项规定的权利的保护期为作者终生及其死亡后五十年，截止于作者死亡后第五十年的 12 月 31 日；如果是合作作品，截止于最后死亡的作者死亡后第五十年的 12 月 31 日。

法人或者其他组织的作品、著作权（署名权除外）由法人或者其他组织享有的职务作品，其发表权、本法第十条第一款第（五）项至第（十七）项规定的权利的保护期为五十年，截止于作品首次发表后第五十年的 12 月 31 日，但作品自创作完成后五十年内未发表的，本法不再保护。

电影作品和以类似摄制电影的方法创作的作品、摄影作品，其发表权、本法第十条第一款第（五）项至第（十七）项规定的权利的保护期为五十年，截止于作品首次发表后第五十年的 12 月 31 日，但作品自创作完成后五十年内未发表的，本法不再保护。

第四节　权利的限制

第二十二条　在下列情况下使用作品，可以不经著作权人许可，不向其支付报酬，但应当指明作者姓名、作品名称，并且不得侵犯著作权人依照本法享有的其他权利：

（一）为个人学习、研究或者欣赏，使用他人已经发表的作品；

（二）为介绍、评论某一作品或者说明某一问题，在作品中适当引用他人已经发表的作品；

（三）为报道时事新闻，在报纸、期刊、广播电台、电视台等媒体中不可避免地再现或者引用已经发表的作品；

（四）报纸、期刊、广播电台、电视台等媒体刊登或者播放其他报纸、期刊、广播电台、电视台等媒体已经发表的关于政治、经济、宗教问题的时事性文章，但作者声明不许刊登、播放的除外；

（五）报纸、期刊、广播电台、电视台等媒体刊登或者播放在公众集会上发表的讲话，但作者声明不许刊登、播放的除外；

（六）为学校课堂教学或者科学研究，翻译或者少量复制已经发表的作品，供教学或者科研人员使用，但不得出版发行；

（七）国家机关为执行公务在合理范围内使用已经发表的作品；

（八）图书馆、档案馆、纪念馆、博物馆、美术馆等为陈列或者保存版本的需要，复制本馆收藏的作品；

（九）免费表演已经发表的作品，该表演未向公众收取费用，也未向表演者支付报酬；

（十）对设置或者陈列在室外公共场所的艺术作品进行临摹、绘画、摄影、录像；

（十一）将中国公民、法人或者其他组织已经发表的以汉语言文字创作的作品翻译成少数民族语言文字作品在国内出版发行；

（十二）将已经发表的作品改成盲文出版。

前款规定适用于对出版者、表演者、录音录像制作者、广播电台、电视台的权利的限制。

第二十三条 为实施九年制义务教育和国家教育规划而编写出版教科书，除作者事先声明不许使用的外，可以不经著作权人许可，在教科书中汇编已经发表的作品片段或者短小的文字作品、音乐作品或者单幅的美术作品、摄影作品，但应当按照规定支付报酬，指明作者姓名、作品名称，并且不得侵犯著作权人依照本法享有的其他权利。

前款规定适用于对出版者、表演者、录音录像制作者、广播电台、电视台的权利的限制。

第三章　著作权许可使用和转让合同

第二十四条　使用他人作品应当同著作权人订立许可使用合同，本法规定可以不经许可的除外。

许可使用合同包括下列主要内容：

（一）许可使用的权利种类；

（二）许可使用的权利是专有使用权或者非专有使用权；

（三）许可使用的地域范围、期间；

（四）付酬标准和办法；

（五）违约责任；

（六）双方认为需要约定的其他内容。

第二十五条　转让本法第十条第一款第（五）项至第（十七）项规定的权利，应当订立书面合同。

权利转让合同包括下列主要内容：

（一）作品的名称；

（二）转让的权利种类、地域范围；

（三）转让价金；

（四）交付转让价金的日期和方式；

（五）违约责任；

（六）双方认为需要约定的其他内容。

第二十六条　以著作权出质的，由出质人和质权人向国务院著作权行政管理部门办理出质登记。

第二十七条　许可使用合同和转让合同中著作权人未明确许可、转让的权利，未经著作权人同意，另一方当事人不得行使。

第二十八条　使用作品的付酬标准可以由当事人约定，也可以按照国务院著作权行政管理部门会同有关部门制定的付酬标准支付报酬。当事人约定不明确的，按照国务院著作权行政管理部门会同有关部门制定的付酬标准支付报酬。

第二十九条 出版者、表演者、录音录像制作者、广播电台、电视台等依照本法有关规定使用他人作品的，不得侵犯作者的署名权、修改权、保护作品完整权和获得报酬的权利。

第四章 出版、表演、录音录像、播放

第一节 图书、报刊的出版

第三十条 图书出版者出版图书应当和著作权人订立出版合同，并支付报酬。

第三十一条 图书出版者对著作权人交付出版的作品，按照合同约定享有的专有出版权受法律保护，他人不得出版该作品。

第三十二条 著作权人应当按照合同约定期限交付作品。图书出版者应当按照合同约定的出版质量、期限出版图书。

图书出版者不按照合同约定期限出版，应当依照本法第五十四条的规定承担民事责任。

图书出版者重印、再版作品的，应当通知著作权人，并支付报酬。图书脱销后，图书出版者拒绝重印、再版的，著作权人有权终止合同。

第三十三条 著作权人向报社、期刊社投稿的，自稿件发出之日起十五日内未收到报社通知决定刊登的，或者自稿件发出之日起三十日内未收到期刊社通知决定刊登的，可以将同一作品向其他报社、期刊社投稿。双方另有约定的除外。

作品刊登后，除著作权人声明不得转载、摘编的外，其他报刊可以转载或者作为文摘、资料刊登，但应当按照规定向著作权人支付报酬。

第三十四条 图书出版者经作者许可，可以对作品修改、删节。

报社、期刊社可以对作品作文字性修改、删节。对内容的修改，应当经作者许可。

第三十五条　出版改编、翻译、注释、整理、汇编已有作品而产生的作品，应当取得改编、翻译、注释、整理、汇编作品的著作权人和原作品的著作权人许可，并支付报酬。

第三十六条　出版者有权许可或者禁止他人使用其出版的图书、期刊的版式设计。

前款规定的权利的保护期为十年，截止于使用该版式设计的图书、期刊首次出版后第十年的 12 月 31 日。

第二节　表　演

第三十七条　使用他人作品演出，表演者（演员、演出单位）应当取得著作权人许可，并支付报酬。演出组织者组织演出，由该组织者取得著作权人许可，并支付报酬。

使用改编、翻译、注释、整理已有作品而产生的作品进行演出，应当取得改编、翻译、注释、整理作品的著作权人和原作品的著作权人许可，并支付报酬。

第三十八条　表演者对其表演享有下列权利：

（一）表明表演者身份；

（二）保护表演形象不受歪曲；

（三）许可他人从现场直播和公开传送其现场表演，并获得报酬；

（四）许可他人录音录像，并获得报酬；

（五）许可他人复制、发行录有其表演的录音录像制品，并获得报酬；

（六）许可他人通过信息网络向公众传播其表演，并获得报酬。

被许可人以前款第（三）项至第（六）项规定的方式使用作品，还应当取得著作权人许可，并支付报酬。

第三十九条　本法第三十八条第一款第（一）项、第（二）项规定的权利的保护期不受限制。

本法第三十八条第一款第（三）项至第（六）项规定的权利的保护期为五十年，

截止于该表演发生后第五十年的 12 月 31 日。

第三节 录音录像

第四十条 录音录像制作者使用他人作品制作录音录像制品，应当取得著作权人许可，并支付报酬。

录音录像制作者使用改编、翻译、注释、整理已有作品而产生的作品，应当取得改编、翻译、注释、整理作品的著作权人和原作品著作权人许可，并支付报酬。

录音制作者使用他人已经合法录制为录音制品的音乐作品制作录音制品，可以不经著作权人许可，但应当按照规定支付报酬；著作权人声明不许使用的不得使用。

第四十一条 录音录像制作者制作录音录像制品，应当同表演者订立合同，并支付报酬。

第四十二条 录音录像制作者对其制作的录音录像制品，享有许可他人复制、发行、出租、通过信息网络向公众传播并获得报酬的权利；权利的保护期为五十年，截止于该制品首次制作完成后第五十年的 12 月 31 日。

被许可人复制、发行、通过信息网络向公众传播录音录像制品，还应当取得著作权人、表演者许可，并支付报酬。

第四节 广播电台、电视台播放

第四十三条 广播电台、电视台播放他人未发表的作品，应当取得著作权人许可，并支付报酬。

广播电台、电视台播放他人已发表的作品，可以不经著作权人许可，但应当支付报酬。

第四十四条 广播电台、电视台播放已经出版的录音制品，可以不经著作权人许可，但应当支付报酬。当事人另有约定的除外。具体办法由国务院规定。

第四十五条　广播电台、电视台有权禁止未经其许可的下列行为：

（一）将其播放的广播、电视转播；

（二）将其播放的广播、电视录制在音像载体上以及复制音像载体。

前款规定的权利的保护期为五十年，截止于该广播、电视首次播放后第五十年的12月31日。

第四十六条　电视台播放他人的电影作品和以类似摄制电影的方法创作的作品、录像制品，应当取得制片者或者录像制作者许可，并支付报酬；播放他人的录像制品，还应当取得著作权人许可，并支付报酬。

第五章　法律责任和执法措施

第四十七条　有下列侵权行为的，应当根据情况，承担停止侵害、消除影响、赔礼道歉、赔偿损失等民事责任：

（一）未经著作权人许可，发表其作品的；

（二）未经合作作者许可，将与他人合作创作的作品当作自己单独创作的作品发表的；

（三）没有参加创作，为谋取个人名利，在他人作品上署名的；

（四）歪曲、篡改他人作品的；

（五）剽窃他人作品的；

（六）未经著作权人许可，以展览、摄制电影和以类似摄制电影的方法使用作品，或者以改编、翻译、注释等方式使用作品的，本法另有规定的除外；

（七）使用他人作品，应当支付报酬而未支付的；

（八）未经电影作品和以类似摄制电影的方法创作的作品、计算机软件、录音录像制品的著作权人或者与著作权有关的权利人许可，出租其作品或者录音录像制品的，本法另有规定的除外；

（九）未经出版者许可，使用其出版的图书、期刊的版式设计的；

（十）未经表演者许可，从现场直播或者公开传送其现场表演，或者录制其表演的；

（十一）其他侵犯著作权以及与著作权有关的权益的行为。

第四十八条 有下列侵权行为的，应当根据情况，承担停止侵害、消除影响、赔礼道歉、赔偿损失等民事责任；同时损害公共利益的，可以由著作权行政管理部门责令停止侵权行为，没收违法所得，没收、销毁侵权复制品，并可处以罚款；情节严重的，著作权行政管理部门还可以没收主要用于制作侵权复制品的材料、工具、设备等；构成犯罪的，依法追究刑事责任：

（一）未经著作权人许可，复制、发行、表演、放映、广播、汇编、通过信息网络向公众传播其作品的，本法另有规定的除外；

（二）出版他人享有专有出版权的图书的；

（三）未经表演者许可，复制、发行录有其表演的录音录像制品，或者通过信息网络向公众传播其表演的，本法另有规定的除外；

（四）未经录音录像制作者许可，复制、发行、通过信息网络向公众传播其制作的录音录像制品的，本法另有规定的除外；

（五）未经许可，播放或者复制广播、电视的，本法另有规定的除外；

（六）未经著作权人或者与著作权有关的权利人许可，故意避开或者破坏权利人为其作品、录音录像制品等采取的保护著作权或者与著作权有关的权利的技术措施的，法律、行政法规另有规定的除外；

（七）未经著作权人或者与著作权有关的权利人许可，故意删除或者改变作品、录音录像制品等的权利管理电子信息的，法律、行政法规另有规定的除外；

（八）制作、出售假冒他人署名的作品的。

第四十九条 侵犯著作权或者与著作权有关的权利的，侵权人应当按照权利人的实际损失给予赔偿；实际损失难以计算的，可以按照侵权人的违法所得给予赔偿。赔偿数额还应当包括权利人为制止侵权行为所支付的合理开支。

权利人的实际损失或者侵权人的违法所得不能确定的，由人民法院根据侵权行为的情节，判决给予五十万元以下的赔偿。

第五十条　著作权人或者与著作权有关的权利人有证据证明他人正在实施或者即将实施侵犯其权利的行为，如不及时制止将会使其合法权益受到难以弥补的损害的，可以在起诉前向人民法院申请采取责令停止有关行为和财产保全的措施。

人民法院处理前款申请，适用《中华人民共和国民事诉讼法》第九十三条至第九十六条和第九十九条的规定。

第五十一条　为制止侵权行为，在证据可能灭失或者以后难以取得的情况下，著作权人或者与著作权有关的权利人可以在起诉前向人民法院申请保全证据。

人民法院接受申请后，必须在四十八小时内作出裁定；裁定采取保全措施的，应当立即开始执行。

人民法院可以责令申请人提供担保，申请人不提供担保的，驳回申请。

申请人在人民法院采取保全措施后十五日内不起诉的，人民法院应当解除保全措施。

第五十二条　人民法院审理案件，对于侵犯著作权或者与著作权有关的权利的，可以没收违法所得、侵权复制品以及进行违法活动的财物。

第五十三条　复制品的出版者、制作者不能证明其出版、制作有合法授权的，复制品的发行者或者电影作品或者以类似摄制电影的方法创作的作品、计算机软件、录音录像制品的复制品的出租者不能证明其发行、出租的复制品有合法来源的，应当承担法律责任。

第五十四条　当事人不履行合同义务或者履行合同义务不符合约定条件的，应当依照《中华人民共和国民法通则》、《中华人民共和国合同法》等有关法律规定承担民事责任。

第五十五条　著作权纠纷可以调解，也可以根据当事人达成的书面仲裁协议或者著作权合同中的仲裁条款，向仲裁机构申请仲裁。

当事人没有书面仲裁协议，也没有在著作权合同中订立仲裁条款的，可以直接向人民法院起诉。

第五十六条 当事人对行政处罚不服的，可以自收到行政处罚决定书之日起三个月内向人民法院起诉，期满不起诉又不履行的，著作权行政管理部门可以申请人民法院执行。

第六章 附 则

第五十七条 本法所称的著作权即版权。

第五十八条 本法第二条所称的出版，指作品的复制、发行。

第五十九条 计算机软件、信息网络传播权的保护办法由国务院另行规定。

第六十条 本法规定的著作权人和出版者、表演者、录音录像制作者、广播电台、电视台的权利，在本法施行之日尚未超过本法规定的保护期的，依照本法予以保护。

本法施行前发生的侵权或者违约行为，依照侵权或者违约行为发生时的有关规定和政策处理。

第六十一条 本法自1991年6月1日起施行。

中华人民共和国著作权法实施条例

（2002 年 8 月 2 日中华人民共和国国务院令第 359 号公布　根据 2011 年 1 月 8 日《国务院关于废止和修改部分行政法规的决定》第一次修订　根据 2013 年 1 月 30 日《国务院关于修改〈中华人民共和国著作权法实施条例〉的决定》第二次修订）

第一条　根据《中华人民共和国著作权法》（以下简称著作权法），制定本条例。

第二条　著作权法所称作品，是指文学、艺术和科学领域内具有独创性并能以某种有形形式复制的智力成果。

第三条　著作权法所称创作，是指直接产生文学、艺术和科学作品的智力活动。

为他人创作进行组织工作，提供咨询意见、物质条件，或者进行其他辅助工作，均不视为创作。

第四条　著作权法和本条例中下列作品的含义：

（一）文字作品，是指小说、诗词、散文、论文等以文字形式表现的作品；

（二）口述作品，是指即兴的演说、授课、法庭辩论等以口头语言形式表现的作品；

（三）音乐作品，是指歌曲、交响乐等能够演唱或者演奏的带词或者不带词的作品；

（四）戏剧作品，是指话剧、歌剧、地方戏等供舞台演出的作品；

（五）曲艺作品，是指相声、快书、大鼓、评书等以说唱为主要形式表演的作品；

（六）舞蹈作品，是指通过连续的动作、姿势、表情等表现思想情感的作品；

（七）杂技艺术作品，是指杂技、魔术、马戏等通过形体动作和技巧表现的作品；

（八）美术作品，是指绘画、书法、雕塑等以线条、色彩或者其他方式构成的有审美意义的平面或者立体的造型艺术作品；

（九）建筑作品，是指以建筑物或者构筑物形式表现的有审美意义的作品；

（十）摄影作品，是指借助器械在感光材料或者其他介质上记录客观物体形象的艺术作品；

（十一）电影作品和以类似摄制电影的方法创作的作品，是指摄制在一定介质上，由一系列有伴音或者无伴音的画面组成，并且借助适当装置放映或者以其他方式传播的作品；

（十二）图形作品，是指为施工、生产绘制的工程设计图、产品设计图，以及反映地理现象、说明事物原理或者结构的地图、示意图等作品；

（十三）模型作品，是指为展示、试验或者观测等用途，根据物体的形状和结构，按照一定比例制成的立体作品。

第五条 著作权法和本条例中下列用语的含义：

（一）时事新闻，是指通过报纸、期刊、广播电台、电视台等媒体报道的单纯事实消息；

（二）录音制品，是指任何对表演的声音和其他声音的录制品；

（三）录像制品，是指电影作品和以类似摄制电影的方法创作的作品以外的任何有伴音或者无伴音的连续相关形象、图像的录制品；

（四）录音制作者，是指录音制品的首次制作人；

（五）录像制作者，是指录像制品的首次制作人；

（六）表演者，是指演员、演出单位或者其他表演文学、艺术作品的人。

第六条 著作权自作品创作完成之日起产生。

第七条 著作权法第二条第三款规定的首先在中国境内出版的外国人、无国籍人的作品，其著作权自首次出版之日起受保护。

第八条　外国人、无国籍人的作品在中国境外首先出版后，30 日内在中国境内出版的，视为该作品同时在中国境内出版。

第九条　合作作品不可以分割使用的，其著作权由各合作作者共同享有，通过协商一致行使；不能协商一致，又无正当理由的，任何一方不得阻止他方行使除转让以外的其他权利，但是所得收益应当合理分配给所有合作作者。

第十条　著作权人许可他人将其作品摄制成电影作品和以类似摄制电影的方法创作的作品的，视为已同意对其作品进行必要的改动，但是这种改动不得歪曲篡改原作品。

第十一条　著作权法第十六条第一款关于职务作品的规定中的“工作任务”，是指公民在该法人或者该组织中应当履行的职责。

著作权法第十六条第二款关于职务作品的规定中的“物质技术条件”，是指该法人或者该组织为公民完成创作专门提供的资金、设备或者资料。

第十二条　职务作品完成两年内，经单位同意，作者许可第三人以与单位使用的相同方式使用作品所获报酬，由作者与单位按约定的比例分配。

作品完成两年的期限，自作者向单位交付作品之日起计算。

第十三条　作者身份不明的作品，由作品原件的所有人行使除署名权以外的著作权。作者身份确定后，由作者或者其继承人行使著作权。

第十四条　合作作者之一死亡后，其对合作作品享有的著作权法第十条第一款第五项至第十七项规定的权利无人继承又无人受遗赠的，由其他合作作者享有。

第十五条　作者死亡后，其著作权中的署名权、修改权和保护作品完整权由作者的继承人或者受遗赠人保护。

著作权无人继承又无人受遗赠的，其署名权、修改权和保护作品完整权由著作权行政管理部门保护。

第十六条　国家享有著作权的作品的使用，由国务院著作权行政管理部门管理。

第十七条　作者生前未发表的作品，如果作者未明确表示不发表，作者死亡后50年内，其发表权可由继承人或者受遗赠人行使；没有继承人又无人受遗赠的，由作品原件的所有人行使。

第十八条 作者身份不明的作品，其著作权法第十条第一款第五项至第十七项规定的权利的保护期截止于作品首次发表后第50年的12月31日。作者身份确定后，适用著作权法第二十一条的规定。

第十九条 使用他人作品的，应当指明作者姓名、作品名称；但是，当事人另有约定或者由于作品使用方式的特性无法指明的除外。

第二十条 著作权法所称已经发表的作品，是指著作权人自行或者许可他人公之于众的作品。

第二十一条 依照著作权法有关规定，使用可以不经著作权人许可的已经发表的作品的，不得影响该作品的正常使用，也不得不合理地损害著作权人的合法利益。

第二十二条 依照著作权法第二十三条、第三十三条第二款、第四十条第三款的规定使用作品的付酬标准，由国务院著作权行政管理部门会同国务院价格主管部门制定、公布。

第二十三条 使用他人作品应当同著作权人订立许可使用合同，许可使用的权利是专有使用权的，应当采取书面形式，但是报社、期刊社刊登作品除外。

第二十四条 著作权法第二十四条规定的专有使用权的内容由合同约定，合同没有约定或者约定不明的，视为被许可人有权排除包括著作权人在内的任何人以同样的方式使用作品；除合同另有约定外，被许可人许可第三人行使同一权利，必须取得著作权人的许可。

第二十五条 与著作权人订立专有许可使用合同、转让合同的，可以向著作权行政管理部门备案。

第二十六条 著作权法和本条例所称与著作权有关的权益，是指出版者对其出版的图书和期刊的版式设计享有的权利，表演者对其表演享有的权利，录音录像制作者对其制作的录音录像制品享有的权利，广播电台、电视台对其播放的广播、电视节目享有的权利。

第二十七条　出版者、表演者、录音录像制作者、广播电台、电视台行使权利，不得损害被使用作品和原作品著作权人的权利。

第二十八条　图书出版合同中约定图书出版者享有专有出版权但没有明确其具体内容的，视为图书出版者享有在合同有效期限内和在合同约定的地域范围内以同种文字的原版、修订版出版图书的专有权利。

第二十九条　著作权人寄给图书出版者的两份订单在 6 个月内未能得到履行，视为著作权法第三十二条所称图书脱销。

第三十条　著作权人依照著作权法第三十三条第二款声明不得转载、摘编其作品的，应当在报纸、期刊刊登该作品时附带声明。

第三十一条　著作权人依照著作权法第四十条第三款声明不得对其作品制作录音制品的，应当在该作品合法录制为录音制品时声明。

第三十二条　依照著作权法第二十三条、第三十三条第二款、第四十条第三款的规定，使用他人作品的，应当自使用该作品之日起 2 个月内向著作权人支付报酬。

第三十三条　外国人、无国籍人在中国境内的表演，受著作权法保护。

外国人、无国籍人根据中国参加的国际条约对其表演享有的权利，受著作权法保护。

第三十四条　外国人、无国籍人在中国境内制作、发行的录音制品，受著作权法保护。

外国人、无国籍人根据中国参加的国际条约对其制作、发行的录音制品享有的权利，受著作权法保护。

第三十五条　外国的广播电台、电视台根据中国参加的国际条约对其播放的广播、电视节目享有的权利，受著作权法保护。

第三十六条　有著作权法第四十八条所列侵权行为，同时损害社会公共利益，非法经营额 5 万元以上的，著作权行政管理部门可处非法经营额 1 倍以上 5 倍以下的罚款；没有非法经营额或者非法经营额 5 万元以下的，著作权行政管理部门根据情节轻重，可处 25 万元以下的罚款。

第三十七条 有著作权法第四十八条所列侵权行为，同时损害社会公共利益的，由地方人民政府著作权行政管理部门负责查处。

国务院著作权行政管理部门可以查处在全国有重大影响的侵权行为。

第三十八条 本条例自 2002 年 9 月 15 日起施行。1991 年 5 月 24 日国务院批准、1991 年 5 月 30 日国家版权局发布的《中华人民共和国著作权法实施条例》同时废止。

出版管理条例

（2001 年 12 月 25 日中华人民共和国国务院令第 343 号公布　根据 2011 年 3 月 19 日《国务院关于修改〈出版管理条例〉的决定》第一次修订　根据 2013 年 7 月 18 日《国务院关于废止和修改部分行政法规的决定》第二次修订　根据 2014 年 7 月 29 日《国务院关于修改部分行政法规的决定》第三次修订　根据 2016 年 2 月 6 日《国务院关于修改部分行政法规的决定》第四次修订）

第一章　总　　则

第一条　为了加强对出版活动的管理，发展和繁荣有中国特色社会主义出版产业和出版事业，保障公民依法行使出版自由的权利，促进社会主义精神文明和物质文明建设，根据宪法，制定本条例。

第二条　在中华人民共和国境内从事出版活动，适用本条例。

本条例所称出版活动，包括出版物的出版、印刷或者复制、进口、发行。

本条例所称出版物，是指报纸、期刊、图书、音像制品、电子出版物等。

第三条　出版活动必须坚持为人民服务、为社会主义服务的方向，坚持以马克思列宁主义、毛泽东思想、邓小平理论和“三个代表”重要思想为指导，贯彻落实科学发展观，传播和积累有益于提高民族素质、有益于经济发展和社会进步的科学技术和文化知识，弘扬民族优秀文化，促进国际文化交流，丰富和提高人民的精神生活。

第四条　从事出版活动，应当将社会效益放在首位，实现社会效益与经济效益相结合。

第五条　公民依法行使出版自由的权利，各级人民政府应当予以保障。

公民在行使出版自由的权利的时候，必须遵守宪法和法律，不得反对宪法确定的基本原则，不得损害国家的、社会的、集体的利益和其他公民的合法的自由和权利。

第六条 国务院出版行政主管部门负责全国的出版活动的监督管理工作。国务院其他有关部门按照国务院规定的职责分工，负责有关的出版活动的监督管理工作。

县级以上地方各级人民政府负责出版管理的部门（以下简称出版行政主管部门）负责本行政区域内出版活动的监督管理工作。县级以上地方各级人民政府其他有关部门在各自的职责范围内，负责有关的出版活动的监督管理工作。

第七条 出版行政主管部门根据已经取得的违法嫌疑证据或者举报，对涉嫌违法从事出版物出版、印刷或者复制、进口、发行等活动的行为进行查处时，可以检查与涉嫌违法活动有关的物品和经营场所；对有证据证明是与违法活动有关的物品，可以查封或者扣押。

第八条 出版行业的社会团体按照其章程，在出版行政主管部门的指导下，实行自律管理。

第二章 出版单位的设立与管理

第九条 报纸、期刊、图书、音像制品和电子出版物等应当由出版单位出版。

本条例所称出版单位，包括报社、期刊社、图书出版社、音像出版社和电子出版物出版社等。

法人出版报纸、期刊，不设立报社、期刊社的，其设立的报纸编辑部、期刊编辑部视为出版单位。

第十条 国务院出版行政主管部门制定全国出版单位总量、结构、布局的规划，指导、协调出版产业和出版事业发展。

第十一条 设立出版单位，应当具备下列条件：

（一）有出版单位的名称、章程；

（二）有符合国务院出版行政主管部门认定的主办单位及其主管机关；

（三）有确定的业务范围；

（四）有 30 万元以上的注册资本和固定的工作场所；

（五）有适应业务范围需要的组织机构和符合国家规定的资格条件的编辑出版专业人员；

（六）法律、行政法规规定的其他条件。

审批设立出版单位，除依照前款所列条件外，还应当符合国家关于出版单位总量、结构、布局的规划。

第十二条　设立出版单位，由其主办单位向所在地省、自治区、直辖市人民政府出版行政主管部门提出申请；省、自治区、直辖市人民政府出版行政主管部门审核同意后，报国务院出版行政主管部门审批。设立的出版单位为事业单位的，还应当办理机构编制审批手续。

第十三条　设立出版单位的申请书应当载明下列事项：

（一）出版单位的名称、地址；

（二）出版单位的主办单位及其主管机关的名称、地址；

（三）出版单位的法定代表人或者主要负责人的姓名、住址、资格证明文件；

（四）出版单位的资金来源及数额。

设立报社、期刊社或者报纸编辑部、期刊编辑部的，申请书还应当载明报纸或者期刊的名称、刊期、开版或者开本、印刷场所。

申请书应当附具出版单位的章程和设立出版单位的主办单位及其主管机关的有关证明材料。

第十四条　国务院出版行政主管部门应当自受理设立出版单位的申请之日起 60 日内，作出批准或者不批准的决定，并由省、自治区、直辖市人民政府出版行政主管部门书面通知主办单位；不批准的，应当说明理由。

第十五条　设立出版单位的主办单位应当自收到批准决定之日起 60 日内，向所在地省、自治区、直辖市人民政府出版行政主管部门登记，领取出版许可证。登记事项由国务院出版行政主管部门规定。

出版单位领取出版许可证后，属于事业单位法人的，持出版许可证向事业单位登记管理机关登记，依法领取事业单位法人证书；属于企业法人的，持出版许可证向工商行政管理部门登记，依法领取营业执照。

第十六条 报社、期刊社、图书出版社、音像出版社和电子出版物出版社等应当具备法人条件，经核准登记后，取得法人资格，以其全部法人财产独立承担民事责任。

依照本条例第九条第三款的规定，视为出版单位的报纸编辑部、期刊编辑部不具有法人资格，其民事责任由其主办单位承担。

第十七条 出版单位变更名称、主办单位或者其主管机关、业务范围、资本结构，合并或者分立，设立分支机构，出版新的报纸、期刊，或者报纸、期刊变更名称的，应当依照本条例第十二条、第十三条的规定办理审批手续。出版单位属于事业单位法人的，还应当持批准文件到事业单位登记管理机关办理相应的登记手续；属于企业法人的，还应当持批准文件到工商行政管理部门办理相应的登记手续。

出版单位除前款所列变更事项外的其他事项的变更，应当经主办单位及其主管机关审查同意，向所在地省、自治区、直辖市人民政府出版行政主管部门申请变更登记，并报国务院出版行政主管部门备案。出版单位属于事业单位法人的，还应当持批准文件到事业单位登记管理机关办理变更登记；属于企业法人的，还应当持批准文件到工商行政管理部门办理变更登记。

第十八条 出版单位中止出版活动的，应当向所在地省、自治区、直辖市人民政府出版行政主管部门备案并说明理由和期限；出版单位中止出版活动不得超过180日。

出版单位终止出版活动的，由主办单位提出申请并经主管机关同意后，由主办单位向所在地省、自治区、直辖市人民政府出版行政主管部门办理注销登记，并报国务院出版行政主管部门备案。出版单位属于事业单位法人的，还应当持批准文件到事业单位登记管理机关办理注销登记；属于企业法人的，还应当持批准文件到工商行政管理部门办理注销登记。

第十九条　图书出版社、音像出版社和电子出版物出版社自登记之日起满180日未从事出版活动的，报社、期刊社自登记之日起满90日未出版报纸、期刊的，由原登记的出版行政主管部门注销登记，并报国务院出版行政主管部门备案。

因不可抗力或者其他正当理由发生前款所列情形的，出版单位可以向原登记的出版行政主管部门申请延期。

第二十条　图书出版社、音像出版社和电子出版物出版社的年度出版计划及涉及国家安全、社会安定等方面的重大选题，应当经所在地省、自治区、直辖市人民政府出版行政主管部门审核后报国务院出版行政主管部门备案；涉及重大选题，未在出版前报备案的出版物，不得出版。具体办法由国务院出版行政主管部门制定。

期刊社的重大选题，应当依照前款规定办理备案手续。

第二十一条　出版单位不得向任何单位或者个人出售或者以其他形式转让本单位的名称、书号、刊号或者版号、版面，并不得出租本单位的名称、刊号。

出版单位及其从业人员不得利用出版活动谋取其他不正当利益。

第二十二条　出版单位应当按照国家有关规定向国家图书馆、中国版本图书馆和国务院出版行政主管部门免费送交样本。

第三章　出版物的出版

第二十三条　公民可以依照本条例规定，在出版物上自由表达自己对国家事务、经济和文化事业、社会事务的见解和意愿，自由发表自己从事科学研究、文学艺术创作和其他文化活动的成果。

合法出版物受法律保护，任何组织和个人不得非法干扰、阻止、破坏出版物的出版。

第二十四条　出版单位实行编辑责任制度，保障出版物刊载的内容符合本条例的规定。

第二十五条 任何出版物不得含有下列内容：

（一）反对宪法确定的基本原则的；

（二）危害国家统一、主权和领土完整的；

（三）泄露国家秘密、危害国家安全或者损害国家荣誉和利益的；

（四）煽动民族仇恨、民族歧视，破坏民族团结，或者侵害民族风俗、习惯的；

（五）宣扬邪教、迷信的；

（六）扰乱社会秩序，破坏社会稳定的；

（七）宣扬淫秽、赌博、暴力或者教唆犯罪的；

（八）侮辱或者诽谤他人，侵害他人合法权益的；

（九）危害社会公德或者民族优秀文化传统的；

（十）有法律、行政法规和国家规定禁止的其他内容的。

第二十六条 以未成年人为对象的出版物不得含有诱发未成年人模仿违反社会公德的行为和违法犯罪的行为的内容，不得含有恐怖、残酷等妨害未成年人身心健康的内容。

第二十七条 出版物的内容不真实或者不公正，致使公民、法人或者其他组织的合法权益受到侵害的，其出版单位应当公开更正，消除影响，并依法承担其他民事责任。

报纸、期刊发表的作品内容不真实或者不公正，致使公民、法人或者其他组织的合法权益受到侵害的，当事人有权要求有关出版单位更正或者答辩，有关出版单位应当在其近期出版的报纸、期刊上予以发表；拒绝发表的，当事人可以向人民法院提起诉讼。

第二十八条 出版物必须按照国家的有关规定载明作者、出版者、印刷者或者复制者、发行者的名称、地址，书号、刊号或者版号，在版编目数据，出版日期、刊期以及其他有关事项。

出版物的规格、开本、版式、装帧、校对等必须符合国家标准和规范要求，保证出版物的质量。

出版物使用语言文字必须符合国家法律规定和有关标准、规范。

第二十九条　任何单位和个人不得伪造、假冒出版单位名称或者报纸、期刊名称出版出版物。

第三十条　中学小学教科书由国务院教育行政主管部门审定；其出版、发行单位应当具有适应教科书出版、发行业务需要的资金、组织机构和人员等条件，并取得国务院出版行政主管部门批准的教科书出版、发行资质。纳入政府采购范围的中学小学教科书，其发行单位按照《中华人民共和国政府采购法》的有关规定确定。其他任何单位或者个人不得从事中学小学教科书的出版、发行业务。

第四章　出版物的印刷或者复制和发行

第三十一条　从事出版物印刷或者复制业务的单位，应当向所在地省、自治区、直辖市人民政府出版行政主管部门提出申请，经审核许可，并依照国家有关规定到工商行政管理部门办理相关手续后，方可从事出版物的印刷或者复制。

未经许可并办理相关手续的，不得印刷报纸、期刊、图书，不得复制音像制品、电子出版物。

第三十二条　出版单位不得委托未取得出版物印刷或者复制许可的单位印刷或者复制出版物。

出版单位委托印刷或者复制单位印刷或者复制出版物的，必须提供符合国家规定的印刷或者复制出版物的有关证明，并依法与印刷或者复制单位签订合同。

印刷或者复制单位不得接受非出版单位和个人的委托印刷报纸、期刊、图书或者复制音像制品、电子出版物，不得擅自印刷、发行报纸、期刊、图书或者复制、发行音像制品、电子出版物。

第三十三条　印刷或者复制单位经所在地省、自治区、直辖市人民政府出版行政主管部门批准，可以承接境外出版物的印刷或者复制业务；但是，印刷或者复制的境外出版物必须全部运输出境，不得在境内发行。

境外委托印刷或者复制的出版物的内容，应当经省、自治区、直辖市人民政府出版行政主管部门审核。委托人应当持有著作权人授权书，并向著作权行政管理部门登记。

第三十四条 印刷或者复制单位应当自完成出版物的印刷或者复制之日起2年内，留存一份承接的出版物样本备查。

第三十五条 单位从事出版物批发业务的，须经省、自治区、直辖市人民政府出版行政主管部门审核许可，取得《出版物经营许可证》。

单位和个体工商户从事出版物零售业务的，须经县级人民政府出版行政主管部门审核许可，取得《出版物经营许可证》。

第三十六条 通过互联网等信息网络从事出版物发行业务的单位或者个体工商户，应当依照本条例规定取得《出版物经营许可证》。

提供网络交易平台服务的经营者应当对申请通过网络交易平台从事出版物发行业务的单位或者个体工商户的经营主体身份进行审查，验证其《出版物经营许可证》。

第三十七条 从事出版物发行业务的单位和个体工商户变更《出版物经营许可证》登记事项，或者兼并、合并、分立的，应当依照本条例第三十五条的规定办理审批手续。

从事出版物发行业务的单位和个体工商户终止经营活动的，应当向原批准的出版行政主管部门备案。

第三十八条 出版单位可以发行本出版单位出版的出版物，不得发行其他出版单位出版的出版物。

第三十九条 国家允许设立从事图书、报纸、期刊、电子出版物发行业务的中外合资经营企业、中外合作经营企业、外资企业。

第四十条 印刷或者复制单位、发行单位或者个体工商户不得印刷或者复制、发行有下列情形之一的出版物：

（一）含有本条例第二十五条、第二十六条禁止内容的；

（二）非法进口的；

（三）伪造、假冒出版单位名称或者报纸、期刊名称的；

（四）未署出版单位名称的；

（五）中学小学教科书未经依法审定的；

（六）侵犯他人著作权的。

第五章　出版物的进口

第四十一条　出版物进口业务，由依照本条例设立的出版物进口经营单位经营；其他单位和个人不得从事出版物进口业务。

第四十二条　设立出版物进口经营单位，应当具备下列条件：

（一）有出版物进口经营单位的名称、章程；

（二）有符合国务院出版行政主管部门认定的主办单位及其主管机关；

（三）有确定的业务范围；

（四）具有进口出版物内容审查能力；

（五）有与出版物进口业务相适应的资金；

（六）有固定的经营场所；

（七）法律、行政法规和国家规定的其他条件。

第四十三条　设立出版物进口经营单位，应当向国务院出版行政主管部门提出申请，经审查批准，取得国务院出版行政主管部门核发的出版物进口经营许可证后，持证到工商行政管理部门依法领取营业执照。

设立出版物进口经营单位，还应当依照对外贸易法律、行政法规的规定办理相应手续。

第四十四条　出版物进口经营单位变更名称、业务范围、资本结构、主办单位或者其主管机关，合并或者分立，设立分支机构，应当依照本条例第四十二条、第四十三条的规定办理审批手续，并持批准文件到工商行政管理部门办理相应的登记手续。

第四十五条　出版物进口经营单位进口的出版物，不得含有本条例第二十五条、第二十六条禁止的内容。

出版物进口经营单位负责对其进口的出版物进行内容审查。省级以上人民政府出版行政主管部门可以对出版物进口经营单位进口的出版物直接进行内容审查。出版物进口经营单位无法判断其进口的出版物是否含有本条例第二十五条、第二十六条禁止内容的，可以请求省级以上人民政府出版行政主管部门进行内容审查。省级以上人民政府出版行政主管部门应出版物进口经营单位的请求，对其进口的出版物进行内容审查的，可以按照国务院价格主管部门批准的标准收取费用。

国务院出版行政主管部门可以禁止特定出版物的进口。

第四十六条 出版物进口经营单位应当在进口出版物前将拟进口的出版物目录报省级以上人民政府出版行政主管部门备案；省级以上人民政府出版行政主管部门发现有禁止进口的或者暂缓进口的出版物的，应当及时通知出版物进口经营单位并通报海关。对通报禁止进口或者暂缓进口的出版物，出版物进口经营单位不得进口，海关不得放行。

出版物进口备案的具体办法由国务院出版行政主管部门制定。

第四十七条 发行进口出版物的，必须从依法设立的出版物进口经营单位进货。

第四十八条 出版物进口经营单位在境内举办境外出版物展览，必须报经国务院出版行政主管部门批准。未经批准，任何单位和个人不得举办境外出版物展览。

依照前款规定展览的境外出版物需要销售的，应当按照国家有关规定办理相关手续。

第六章 监督与管理

第四十九条 出版行政主管部门应当加强对本行政区域内出版单位出版活动的日常监督管理；出版单位的主办单位及其主管机关对所属出版单位出版活动负有直接管理责任，并应当配合出版行政主管部门督促所属出版单位执行各项管理规定。

出版单位和出版物进口经营单位应当按照国务院出版行政主管部门的规定，将从事出版活动和出版物进口活动的情况向出版行政主管部门提出书面报告。

第五十条　出版行政主管部门履行下列职责：

（一）对出版物的出版、印刷、复制、发行、进口单位进行行业监管，实施准入和退出管理；

（二）对出版活动进行监管，对违反本条例的行为进行查处；

（三）对出版物内容和质量进行监管；

（四）根据国家有关规定对出版从业人员进行管理。

第五十一条　出版行政主管部门根据有关规定和标准，对出版物的内容、编校、印刷或者复制、装帧设计等方面质量实施监督检查。

第五十二条　国务院出版行政主管部门制定出版单位综合评估办法，对出版单位分类实施综合评估。

出版物的出版、印刷或者复制、发行和进口经营单位不再具备行政许可的法定条件的，由出版行政主管部门责令限期改正；逾期仍未改正的，由原发证机关撤销行政许可。

第五十三条　国家对在出版单位从事出版专业技术工作的人员实行职业资格制度；出版专业技术人员通过国家专业技术人员资格考试取得专业技术资格。具体办法由国务院人力资源社会保障主管部门、国务院出版行政主管部门共同制定。

第七章　保障与奖励

第五十四条　国家制定有关政策，保障、促进出版产业和出版事业的发展与繁荣。

第五十五条　国家支持、鼓励下列优秀的、重点的出版物的出版：

（一）对阐述、传播宪法确定的基本原则有重大作用的；

（二）对弘扬社会主义核心价值体系，在人民中进行爱国主义、集体主义、社会主义和民族团结教育以及弘扬社会公德、职业道德、家庭美德有重要意义的；

（三）对弘扬民族优秀文化，促进国际文化交流有重大作用的；

（四）对推进文化创新，及时反映国内外新的科学文化成果有重大贡献的；

（五）对服务农业、农村和农民，促进公共文化服务有重大作用的；

（六）其他具有重要思想价值、科学价值或者文化艺术价值的。

第五十六条 国家对教科书的出版发行，予以保障。

国家扶持少数民族语言文字出版物和盲文出版物的出版发行。

国家对在少数民族地区、边疆地区、经济不发达地区和在农村发行出版物，实行优惠政策。

第五十七条 报纸、期刊交由邮政企业发行的，邮政企业应当保证按照合同约定及时、准确发行。

承运出版物的运输企业，应当对出版物的运输提供方便。

第五十八条 对为发展、繁荣出版产业和出版事业作出重要贡献的单位和个人，按照国家有关规定给予奖励。

第五十九条 对非法干扰、阻止和破坏出版物出版、印刷或者复制、进口、发行的行为，县级以上各级人民政府出版行政主管部门及其他有关部门，应当及时采取措施，予以制止。

第八章 法律责任

第六十条 出版行政主管部门或者其他有关部门的工作人员，利用职务上的便利收受他人财物或者其他好处，批准不符合法定条件的申请人取得许可证、批准文件，或者不履行监督职责，或者发现违法行为不予查处，造成严重后果的，依法给予降级直至开除的处分；构成犯罪的，依照刑法关于受贿罪、滥用职权罪、玩忽职守罪或者其他罪的规定，依法追究刑事责任。

第六十一条 未经批准，擅自设立出版物的出版、印刷或者复制、进口单位，或者擅自从事出版物的出版、印刷或者复制、进口、发行业务，假冒出版单位名称或者伪造、假冒报纸、期刊名称出版出版物的，由出版行政主管部门、工商行政管理部门依照法定职权予以取缔；依照刑法关于非法经营罪的规定，依法追究刑事责任；尚不够刑事处罚的，没收出版物、违法所得和从事违法活动的专用工具、设备，违法经营额1万元以上的，并处违法经营额5倍以上10倍以下的罚款，违法经营额不足1万元的，可以处5万元以下的罚款；侵犯他人合法权益的，依法承担民事责任。

第六十二条　有下列行为之一，触犯刑律的，依照刑法有关规定，依法追究刑事责任；尚不够刑事处罚的，由出版行政主管部门责令限期停业整顿，没收出版物、违法所得，违法经营额1万元以上的，并处违法经营额5倍以上10倍以下的罚款；违法经营额不足1万元的，可以处5万元以下的罚款；情节严重的，由原发证机关吊销许可证：

（一）出版、进口含有本条例第二十五条、第二十六条禁止内容的出版物的；

（二）明知或者应知出版物含有本条例第二十五条、第二十六条禁止内容而印刷或者复制、发行的；

（三）明知或者应知他人出版含有本条例第二十五条、第二十六条禁止内容的出版物而向其出售或者以其他形式转让本出版单位的名称、书号、刊号、版号、版面，或者出租本单位的名称、刊号的。

第六十三条　有下列行为之一的，由出版行政主管部门责令停止违法行为，没收出版物、违法所得，违法经营额1万元以上的，并处违法经营额5倍以上10倍以下的罚款；违法经营额不足1万元的，可以处5万元以下的罚款；情节严重的，责令限期停业整顿或者由原发证机关吊销许可证：

（一）进口、印刷或者复制、发行国务院出版行政主管部门禁止进口的出版物的；

（二）印刷或者复制走私的境外出版物的；

（三）发行进口出版物未从本条例规定的出版物进口经营单位进货的。

第六十四条　走私出版物的，依照刑法关于走私罪的规定，依法追究刑事责任；尚不够刑事处罚的，由海关依照海关法的规定给予行政处罚。

第六十五条 有下列行为之一的，由出版行政主管部门没收出版物、违法所得，违法经营额1万元以上的，并处违法经营额5倍以上10倍以下的罚款；违法经营额不足1万元的，可以处5万元以下的罚款；情节严重的，责令限期停业整顿或者由原发证机关吊销许可证：

（一）出版单位委托未取得出版物印刷或者复制许可的单位印刷或者复制出版物的；

（二）印刷或者复制单位未取得印刷或者复制许可而印刷或者复制出版物的；

（三）印刷或者复制单位接受非出版单位和个人的委托印刷或者复制出版物的；

（四）印刷或者复制单位未履行法定手续印刷或者复制境外出版物的，印刷或者复制的境外出版物没有全部运输出境的；

（五）印刷或者复制单位、发行单位或者个体工商户印刷或者复制、发行未署出版单位名称的出版物的；

（六）印刷或者复制单位、发行单位或者个体工商户印刷或者复制、发行伪造、假冒出版单位名称或者报纸、期刊名称的出版物的；

（七）出版、印刷、发行单位出版、印刷、发行未经依法审定的中学小学教科书，或者非依照本条例规定确定的单位从事中学小学教科书的出版、发行业务的。

第六十六条 出版单位有下列行为之一的，由出版行政主管部门责令停止违法行为，给予警告，没收违法经营的出版物、违法所得，违法经营额1万元以上的，并处违法经营额5倍以上10倍以下的罚款；违法经营额不足1万元的，可以处5万元以下的罚款；情节严重的，责令限期停业整顿或者由原发证机关吊销许可证：

（一）出售或者以其他形式转让本出版单位的名称、书号、刊号、版号、版面，或者出租本单位的名称、刊号的；

（二）利用出版活动谋取其他不正当利益的。

第六十七条 有下列行为之一的，由出版行政主管部门责令改正，给予警告；

情节严重的，责令限期停业整顿或者由原发证机关吊销许可证：

（一）出版单位变更名称、主办单位或者其主管机关、业务范围，合并或者分立，出版新的报纸、期刊，或者报纸、期刊改变名称，以及出版单位变更其他事项，未依照本条例的规定到出版行政主管部门办理审批、变更登记手续的；

（二）出版单位未将其年度出版计划和涉及国家安全、社会安定等方面的重大选题备案的；

（三）出版单位未依照本条例的规定送交出版物的样本的；

（四）印刷或者复制单位未依照本条例的规定留存备查的材料的；

（五）出版物进口经营单位未将其进口的出版物目录报送备案的；

（六）出版单位擅自中止出版活动超过 180 日的；

（七）出版物发行单位、出版物进口经营单位未依照本条例的规定办理变更审批手续的；

（八）出版物质量不符合有关规定和标准的。

第六十八条 未经批准，举办境外出版物展览的，由出版行政主管部门责令停止违法行为，没收出版物、违法所得；情节严重的，责令限期停业整顿或者由原发证机关吊销许可证。

第六十九条 印刷或者复制、批发、零售、出租、散发含有本条例第二十五条、第二十六条禁止内容的出版物或者其他非法出版物的，当事人对非法出版物的来源作出说明、指认，经查证属实的，没收出版物、违法所得，可以减轻或者免除其他行政处罚。

第七十条 单位违反本条例被处以吊销许可证行政处罚的，其法定代表人或者主要负责人自许可证被吊销之日起 10 年内不得担任出版、印刷或者复制、进口、发行单位的法定代表人或者主要负责人。

出版从业人员违反本条例规定，情节严重的，由原发证机关吊销其资格证书。

第七十一条 依照本条例的规定实施罚款的行政处罚，应当依照有关法律、行政法规的规定，实行罚款决定与罚款收缴分离；收缴的罚款必须全部上缴国库。

第九章　附　　则

第七十二条　行政法规对音像制品和电子出版物的出版、复制、进口、发行另有规定的，适用其规定。

接受境外机构或者个人赠送出版物的管理办法、订户订购境外出版物的管理办法、网络出版审批和管理办法，由国务院出版行政主管部门根据本条例的原则另行制定。

第七十三条　本条例自 2002 年 2 月 1 日起施行。1997 年 1 月 2 日国务院发布的《出版管理条例》同时废止。

图书质量管理规定

（2004年12月24日中华人民共和国新闻出版总署令第26号公布）

第一条　为建立健全图书质量管理机制，规范图书出版秩序，促进图书出版业的繁荣和发展，保护消费者的合法权益，根据《中华人民共和国产品质量法》和国务院《出版管理条例》，制定本规定。

第二条　本规定适用于依法设立的图书出版单位出版的图书的质量管理。

出版时间超过十年且无再版或者重印的图书，不适用本规定。

第三条　图书质量包括内容、编校、设计、印制四项，分为合格、不合格两个等级。

内容、编校、设计、印制四项均合格的图书，其质量属合格。内容、编校、设计、印制四项中有一项不合格的图书，其质量属不合格。

第四条　符合《出版管理条例》第二十六、二十七条规定的图书，其内容质量属合格。

不符合《出版管理条例》第二十六、二十七条规定的图书，其内容质量属不合格。

第五条　差错率不超过万分之一的图书，其编校质量属合格。

差错率超过万分之一的图书，其编校质量属不合格。

图书编校质量差错的判定以国家正式颁布的法律法规、国家标准和相关行业制定的行业标准为依据。图书编校质量差错率的计算按照本规定附件《图书编校质量差错率计算方法》执行。

第六条　图书的整体设计和封面（包括封一、封二、封三、封底、勒口、护封、封套、书脊）、扉页、插图等设计均符合国家有关技术标准和规定，其设计质量属合格。

图书的整体设计和封面（包括封一、封二、封三、封底、勒口、护封、封套、书脊）、扉页、插图等设计中有一项不符合国家有关技术标准和规定的，其设计质量属不合格。

第七条 符合中华人民共和国出版行业标准《印刷产品质量评价和分等导则》（CY/T 2-1999）规定的图书，其印制质量属合格。

不符合中华人民共和国出版行业标准《印刷产品质量评价和分等导则》（CY/T 2-1999）规定的图书，其印制质量属不合格。

第八条 新闻出版总署负责全国图书质量管理工作，依照本规定实施图书质量检查，并向社会及时公布检查结果。

第九条 各省、自治区、直辖市新闻出版行政部门负责本行政区域内的图书质量管理工作，依照本规定实施图书质量检查，并向社会及时公布检查结果。

第十条 图书出版单位的主办单位和主管机关应当履行其主办、主管职能，尽其责任，协助新闻出版行政部门实施图书质量管理，对不合格图书提出处理意见。

第十一条 图书出版单位应当设立图书质量管理机构，制定图书质量管理制度，保证图书质量合格。

第十二条 新闻出版行政部门对图书质量实施的检查包括：图书的正文、封面（包括封一、封二、封三、封底、勒口、护封、封套、书脊）、扉页、版权页、前言（或序）、后记（或跋）、目录、插图及其文字说明等。正文部分的抽查必须内容（或页码）连续且不少于 10 万字，全书字数不足 10 万字的必须检查全书。

第十三条 新闻出版行政部门实施图书质量检查，须将审读记录和检查结果书面通知出版单位。出版单位如有异议，可以在接到通知后 15 日内提出申辩意见，请求复检。对复检结论仍有异议的，可以向上一级新闻出版行政部门请求裁定。

第十四条 对在图书质量检查中被认定为成绩突出的出版单位和个人，新闻出版行政部门给予表扬或者奖励。

第十五条 对图书内容违反《出版管理条例》第二十六、二十七条规定的，根据《出版管理条例》第五十六条实施处罚。

第十六条 对出版编校质量不合格图书的出版单位，由省级以上新闻出版行政部门予以警告，可以根据情节并处3万元以下罚款。

第十七条 经检查属编校质量不合格的图书，差错率在万分之一以上万分之五以下的，出版单位必须自检查结果公布之日起30天内全部收回，改正重印后可以继续发行；差错率在万分之五以上的，出版单位必须自检查结果公布之日起30天内全部收回。

出版单位违反本规定继续发行编校质量不合格图书的，由省级以上新闻出版行政部门按照《中华人民共和国产品质量法》第五十条的规定处理。

第十八条 对于印制质量不合格的图书，出版单位必须及时予以收回、调换。

出版单位违反本规定继续发行印制质量不合格图书的，由省级以上新闻出版行政部门按照《中华人民共和国产品质量法》第五十条的规定处理。

第十九条 一年内造成三种以上图书不合格或者连续两年造成图书不合格的直接责任者，由省、自治区、直辖市新闻出版行政部门注销其出版专业技术人员职业资格，三年之内不得从事出版编辑工作。

第二十条 本规定自2005年3月1日起实施。新闻出版署于1997年3月3日公布的《图书质量管理规定》同时停止执行。

附件：图书编校质量差错率计算方法

一、图书编校差错率

图书编校差错率，是指一本图书的编校差错数占全书总字数的比率，用万分比表示。实际鉴定时，可以依据抽查结果对全书进行认定。如检查的总字数为 10 万，检查后发现两个差错，则其差错率为 0.2/10000。

二、图书总字数的计算方法

图书总字数的计算方法，一律以该书的版面字数为准，即：总字数 = 每行字数 × 每面行数 × 总面数。

1. 除环衬等空白面不计字数外，凡连续编排页码的正文、目录、辅文等，不论是否排字，均按一面满版计算字数。分栏排版的图书，各栏之间的空白也计算版面字数。

2. 书眉（或中缝）和单排的页码、边码作为行数或每行字数计入正文，一并计算字数。

3. 索引、附录等字号有变化时，分别按实际版面计算字数。

4. 用小号字排版的脚注文字超过 5 行不足 10 行的，该面按正文满版字数加 15% 计算；超过 10 行的，该面按注文满版计算字数。对小号字排版的夹注文字，可采用折合行数的方法，比照脚注文字进行计算。

5. 封一、封二、封三、封底、护封、封套、扉页，除空白面不计以外，每面按正文满版字数的 50% 计算；版权页、书脊、有文字的勒口，各按正文的一面满版计算。

6. 正文中的插图、表格，按正文的版面字数计算：插图占一面的，按正文满版字数的 20% 计算字数。

7. 以图片为主的图书，有文字说明的版面，按满版字数的 50% 计算；没有文字说明的版面，按满版字数的 20% 计算。

8. 乐谱类图书、地图类图书，按满版字数全额计算。

9. 外文图书、少数民族文字图书，拼音图书的拼音部分，以对应字号的中文满版字数加 30% 计算。

三、图书编校差错的计算方法

1. 文字差错的计算标准

（1）封底、勒口、版权页、正文、目录、出版说明（或凡例）、前言（或序）、后记（或跋），注释、索引、图表、附录、参考文献等中的一般性错字、别字、多字、漏字、倒字，每处计 1 个差错。前后颠倒字，可以用一个校对符号改正的，每处计 1 个差错。书眉（或中缝）中的差错，每处计 1 个差错；同样性质的差错重复出现，全书按一面差错基数加 1 倍计算。阿拉伯数字、罗马数字差错，无论几位数，都计 1 个差错。

（2）同一错字重复出现，每面计 1 个差错，全书最多计 4 个差错。每处多、漏 2 ~ 5 个字，计 2 个差错，5 个字以上计 4 个差错。

（3）封一、扉页上的文字差错，每处计 2 个差错；相关文字不一致，有一项计 1 个差错。

（4）知识性、逻辑性、语法性差错，每处计 2 个差错。

（5）外文、少数民族文字、国际音标，以一个单词为单位，无论其中几处有错，计 1 个差错。汉语拼音不符合《汉语拼音方案》和《汉语拼音正词法基本规则》（GB/T 16159-1996）规定的，以一个对应的汉字或词组为单位，计 1 个差错。

（6）字母大小写和正斜体、黑白体误用，不同文种字母混用的（如把英文字母 N 错为俄文字母 И），字母与其他符号混用的（如把汉字的○错为英文字母 O），每处计 0.5 个差错；同一差错在全书超过 3 处，计 1.5 处差错。

（7）简化字、繁体字混用，每处计 0.5 个差错；同一差错在全书超过 3 个，计 1.5 个差错。

（8）工具书的科技条目、科技类教材、学习辅导书和其他科技图书，使用计量单位不符合国家标准《量和单位》（GB 3100-3102-1993）的中文名称的、使用科技术语不符合全国科学技术名词审定委员会公布的规范词的，每处计 1 个差错；同一差错多次出现，每面只计 1 个差错，同一错误全书最多计 3 个差错。

（9）阿拉伯数字与汉语数字用法不符合《出版物上数字用法的规定》

（GB/T 15835-1995）的，每处计 0.1 个差错。全书最多计 1 个差错。

2. 标点符号和其他符号差错的计算标准

（1）标点符号的一般错用、漏用、多用，每处计 0.1 个差错。

（2）小数点误为中圆点，或中圆点误为小数点的，以及冒号误为比号，或比号误为冒号的，每处计 0.1 个差错。专名线、着重点的错位、多、漏，每处计 0.1 个差错。

（3）破折号误为一字线、半字线，每处计 0.1 个差错。标点符号误在行首、行末的，每处计 0.1 个差错。

（4）外文复合词、外文单词按音节转行，漏排连接号的，每处计 0.1 个差错；同样差错在每面超过 3 个，计 0.3 个差错，全书最多计 1 个差错。

（5）法定计量单位和符号、科学技术各学科中的科学符号、乐谱符号等差错，每处计 0.5 个差错；同样差错同一面内不重复计算，全书最多计 1.5 个差错。

（6）图序、表序、公式序等标注差错，每处计 0.1 个差错；全书超过 3 处，计 1 个差错。

3. 格式差错的计算标准

（1）影响文意、不合版式要求的另页、另面、另段、另行、接排、空行，需要空行、空格而未空的，每处计 0.1 个差错。

（2）字体错、字号错或字体、字号同时错，每处计 0.1 个差错；同一面内不重复计算，全书最多计 1 个差错。

（3）同一面上几个同级标题的位置、转行格式不统一且影响理解的，计 0.1 个差错；需要空格而未空格的，每处计 0.1 个差错。

（4）阿拉伯数字、外文缩写词转行的，外文单词未按音节转行的，每处计 0.1 个差错。

（5）图、表的位置错，每处计 1 个差错。图、表的内容与说明文字不符，每处计 2 个差错。

（6）书眉单双页位置互错，每处计 0.1 个差错，全书最多计 1 个差错。

（7）正文注码与注文注码不符，每处计 0.1 个差错。

图书质量保障体系

（1997 年 6 月 26 日中华人民共和国新闻出版署令第 8 号公布）

第一章 总 则

第一条 依据国务院颁布的《出版管理条例》，建立和实施严格、有效、可操作的图书质量保障体系，是实现图书出版从扩大规模数量为主向提高质量效益为主的转变，提高图书出版整体水平，繁荣社会主义出版事业的重要措施。

第二条 建立和实施图书质量保障体系的指导思想：以马克思列宁主义、毛泽东思想和邓小平建设有中国特色社会主义理论为指导，坚持党的基本路线和基本方针，以建立适应社会主义市场经济体制，符合社会主义精神文明建设要求，体现出版工作自身规律的出版体制为目的，坚持为人民服务、为社会主义服务的方向，坚持百花齐放、百家争鸣的方针，坚持精神文明重在建设，繁荣出版重在质量的思想，把能否提高图书质量当作衡量出版工作是否健康发展、检验出版改革成功与否的重要标志。提高认识，强化管理，使出版事业朝着健康、有序、优质、高效的方向发展。

第三条 实施图书质量保障体系的基本原则：图书质量保障体系是一项系统工程，要有严密的组织，需要各出版社、出版社的主管部门、各级出版行政部门以及社会各界的共同参与，形成网络；要有科学、严格、有效的机制，根据图书生产、销售和管理的规律，分部门、分阶段、分层次组织实施，分清任务，明确责任，提高管理和运行水平；要有称职的队伍，各单位要制定计划，对各级、各类的出版从业人员，特别是从事编辑工作和出版行政管理工作人员，进行考核和培训，提高思想、政策、职业道德、专业技术水平。

第四条 加强图书出版法制建设。加强图书出版的法制建设，是图书质量保障体系正常、有效实施的根本保证。国务院颁布的《出版管理条例》是出版行业的重要法规，也是图书质量保障体系依法实施的保证。各级出版行政部门要依据《出版管理条例》，做到依法管理，对违反《出版管理条例》和《图书质量保障体系》的行为，要依据相应的法规和规定，坚决予以查处，以维护社会主义出版法规和规定的权威性和严肃性。各省、自治区、直辖市新闻出版局、出版社主管部门和出版社在认真执行《出版管理条例》和《图书质量保障体系》的同时，还可根据这些法规和规定，制定本地区、本部门和出版社内部的管理规定、制度，提高图书出版管理水平。

第二章　编辑出版责任机制

第一节　前期保障机制

第五条 坚持按专业分工出书制度。按专业分工出书对于发挥出版社的专业人才、资源优势和特点，为本行业、本部门、本地区服务，提高图书质量，形成出版特色，具有重要作用。各出版社必须严格按照新闻出版署核定的出书范围和有关规定执行。

第六条 加强选题策划工作。

（一）图书质量的提高，首先取决于选题的优化，优化的第一步要搞好选题的策划工作。

（二）策划是出版工作的重要环节，出版社的全体编辑人员应认真履行编辑职责，积极参与选题的策划工作。

（三）出版社编辑人员在策划选题时，要注意广泛收集、积累、研究与本社出书范围有关的信息，注意加强与有关学术、科研、教学、创作等部门和专家、学者的联系，倾听他们的意见，提高策划水平。

第七条 坚持选题论证制度。选题质量的优劣，直接影响图书质量，也影响出版社的整体出版水平。出版社要对选题进行多方面的考察，既要从微观上论证选题的可行性，又要从宏观上考虑各类选题的合理结构，为此要注意以下三点：

（一）选题论证应当坚持以马克思列宁主义、毛泽东思想、邓小平同志建设有中国特色社会主义理论为指导，坚持党的基本路线，贯彻“为人民服务、为社会主义服务、为全党全国工作大局服务”和“百花齐放、百家争鸣”的方针，始终以社会效益为最高准则，在此前提下，注意经济效益，力争做到“两个效益”的最佳结合。使选题论证结果符合质量第一的原则，符合控制总量、优化结构、提高质量、增进效益的总体要求。

（二）要加强调研工作，充分运用各方面的信息资源和群体的知识资源，进行深入的调查研究，研究有关的学术、学科发展状况，了解读者的需求，掌握图书市场的供求情况，使选题的确定建立在准确、可靠、科学的基础上。

（三）坚持民主和集中相结合的论证方法。召开选题论证会议，论证时，人人平等，各抒己见，重科学分析，有理有据，力争取得一致意见。在意见不一致的情况下，由社长或总编辑决定。

第二节　中期保障机制

第八条　坚持稿件三审责任制度。审稿是编辑工作的中心环节，是一种从出版专业角度，对书稿进行科学分析判断的理性活动。因此，在选题获得批准后，要做好编前准备工作，加强与作者的联系。稿件交来后，要切实做好初审、复审和终审工作，三个环节缺一不可。三审环节中，任何两个环节的审稿工作不能同时由一人担任。在三审过程中，始终要注意政治性和政策性问题，同时切实检查稿件的科学性、艺术性和知识性问题。

（一）初审，应由具有编辑职称或具备一定条件的助理编辑人员担任（一般为责任编辑），在审读全部稿件的基础上，主要负责从专业的角度对稿件的社会价值和文化学术价值进行审查，把好政治关、知识关、文字关。要写出初审报告，并对稿件提出取舍意见和修改建议。

（二）复审，应由具有正、副编审职称的编辑室主任一级的人员担任。复审应审读全部稿件，并对稿件质量及初审报告提出复审意见，作出总的评价，并解决初审中提出的问题。

（三）终审，应由具有正、副编审职称的社长、总编辑（副社长、副总编辑）或由社长、总编辑指定的具有正、副编审职称的人员担任（非社长、总编辑终审的书稿意见，要经过社长、总编辑审核），根据初、复审意见，主要负责对稿件的内容，包括思想政治倾向、学术质量、社会效果、是否符合党和国家的政策规定等方面作出评价。如果选题涉及国家安全、社会安定等方面内容，属于应当由主管部门转报国务院出版行政部门备案的重大选题，或初审和复审意见不一致的，终审者应通读稿件，在此基础上，对稿件能否采用作出决定。

第九条 坚持责任编辑制度。图书的责任编辑由出版社指定，一般由初审者担任。除负责初审工作外，还要负责稿件的编辑加工整理和付印样的通读工作，使稿件的内容更完善，体例更严谨，材料更准确，语言文字更通达，逻辑更严密，消除一般技术性差错，防止出现原则性错误；并负责对编辑、设计、排版、校对、印刷等出版环节的质量进行监督。为保证图书质量，也可根据稿件情况，适当增加责任编辑人数。

第十条 坚持责任设计编辑制度和设计方案三级审核制度。图书的整体设计，包括图书外部装帧设计和内文版式设计。设计质量是图书整体质量的重要组成部分。提高图书的整体设计质量，是提高图书质量的重要方面。出版社每出一种书，都要指定一名具有相应专业职称的编辑为责任设计编辑，主要负责提出图书的整体设计方案、具体设计或对委托他人设计的方案和设计的成品质量进行把关。图书的整体设计也要严格执行责任设计编辑、编辑室主任、社长或总编辑（副社长或副总编辑）三级审核制度。

第十一条 坚持责任校对制度和“三校一读”制度。

专业校对是出版流程中不可缺少的环节，直接影响图书的质量。出版社应配备足够的具有专业技术职称的专职校对人员，负责专业校对工作。出版社每出一种书，都要指定一名具有专业技术职称的专职校对人员为责任校对，负责校样的文字技术整理工作，监督检查各校次的质量，并负责付印样的通读工作。一般图书的专业校对应不低于三个校次，重点图书、工具书等，应相应增加校次。终校必须由本社有中级以上专业技术职称的专职校对人员担任。聘请的社外校对人员，必须具有相应的专业技术职称和丰富的校对经验。对采用现代排版技术的图书，还要通读付印软片或软片样。

第十二条　坚持印刷质量标准和《委托书》制度。出版社印制图书必须到有“书报刊印刷许可证”的印装厂印制。印装厂承接图书印制业务时，必须查验出版社开具的全国统一的由新闻出版署监制的《委托书》，否则，不得承印。印制时必须严格按照国家技术监督部门和出版行政部门制定的有关书刊印刷标准和书刊印刷产品质量监督管理规定执行。

第十三条　坚持图书书名页使用标准。图书书名页是图书正文之前载有完整书名信息的书页，包括主书名页和附书名页。主书名页应载有完整的书名、著作责任说明、版权说明、图书在版编目数据、版本记录等内容；附书名页应载有多卷书、丛书、翻译书等有关书名信息。图书书名页是图书不可缺少的部分，具有重要信息价值。出版社出版的图书必须严格按照国家的有关标准执行。

第十四条　坚持中国标准书号和图书条码使用标准。中国标准书号是目前国际通用的一种科学合理的图书编码系统。条码技术是国际上通行的一种主要的信息标识技术，图书使用条码技术，有利于图书信息在销售中的广泛、快捷地传播、使用。出版社必须严格按照国家标准和有关规定，正确使用中国标准书号和条码技术。

第三节　后期保障机制

第十五条　坚持图书成批装订前的样书检查制度。印装厂在每种书封面和内文印刷完毕、未成批装订前，必须先装订 10 本样书，送出版社查验。出版社负责联系印制的业务人员、责任编辑、责任校对及主管社领导，应从总体上对装订样书的质量进行审核，如发现问题，立即通知印装厂，封存待装订的印成品并进行处理；如无问题，要正式具文通知印装厂开始装订。出版社应在接到样书后 3 日内通知印装厂。印装厂在未接到出版社的通知前，不得擅自将待装订的印成品装订出厂。

第十六条 坚持出书后的评审制度。出版社要成立图书质量评审委员会。评审委员会由具有高级职称的在职或离职的编辑以及社会上的专家学者组成，定期对本社新出版的图书的质量进行认真的审读、评议。出版社根据评议结果，奖优罚劣，并对质量有问题的图书，根据有关规定，进行相应处理。

第十七条 坚持图书征订广告审核制度。出版社法人代表应对本版图书的广告质量负全部责任。出版、发行单位为推销图书印制的征订单和广告，必须事先报出版社审核，经出版社法人指定的部门负责人和责任编辑审核同意并出具书面意见后，才可印制、散发。

第十八条 坚持图书样本缴送制度。出版社每新出一种图书，应在出书后一个月内，按规定分别向新闻出版署、中宣部出版局、中国版本图书馆、北京图书馆缴送样书一册（套）备查。

第十九条 坚持图书重版前审读制度。图书重版有利于扩大图书的社会效益和经济效益，因此，更需要对图书内容质量严格把关。出版社出版的新书首次重版前，必须组织具有高级职称的编辑人员（含具有高级职称的离退休者）对图书内容和质量重新进行审读，写出书面审读意见，由社长或总编辑核定。

第二十条 坚持稿件及图书质量资料归档制度。出版社应将稿件连同图书出版合同、稿件审读意见、稿费通知单、印刷委托书、排印单、样书等一起归档。同时，还必须把图书出版过程中每一环节的质量情况以及读者和学术界对图书质量的意见，书评和各种奖励或处罚情况，采用表格形式记录在案并归档，便于对图书质量整体情况进行分析研究，提高图书出版质量的管理水平。

第二十一条 坚持出版社与作者和读者联系制度。出版社要保持同作者和读者长期、紧密的联系，依靠作者，并在可能的条件下为作者的创作、研究提供必要条件；同时，倾听作者和读者对图书质量的意见，及时改进工作。

第三章　出版管理宏观调控机制

第一节　预 报 机 制

第二十二条　坚持年度选题计划审批和备案制度。各省、自治区、直辖市新闻出版局和出版社的主管部门负有对所辖、所属出版社选题计划的审批责任，必须按有关法规、规定严格把关；同时要送交本省（自治区、直辖市）党委宣传部门备案。经省（自治区、直辖市）新闻出版局和出版社主管部门批准的各出版社的选题计划，必须报新闻出版署备案。新闻出版署可对导向、总量、结构和趋势等问题提出指导性意见，对不符合国家法规、规定的选题进行调整或通知撤销。

第二十三条　坚持重大选题备案制度。对涉及政治、军事、安全、外交、宗教、民族等敏感问题的重大选题和其他需宏观调控的重大选题，必须按照国务院《出版管理条例》和国务院出版行政部门的有关规定履行备案手续。凡列入备案范围内的重大选题，出版社在出版之前，必须报新闻出版署备案，未申报备案或报来后未得到备案答复的，一律不得出版。重大选题备案的一般程序是：先由出版社写出申请报告和对稿件的审读意见（写明没有把握要请示的问题），连同稿件一并报主管部门；主管部门经审读稿件后如认为有出版价值，再正式向新闻出版署申报备案，申报时，应当填写备案登记表并提交下列材料：

（一）备案的报告；

（二）稿件；

（三）出版社的上级主管部门的具体审读意见。

上述备案材料不齐备时，新闻出版署负责备案的部门不予受理。新闻出版署受理备案之后，按照有关规定予以答复。

第二十四条　坚持对全国发排新书目的审核制度。《全国发排新书半月报》是国家出版行政部门及时了解出版信息，掌握出版动态的重要资料。各出版社要按时、认真报送发排新书目，以便于国家出版行政部门审核研究，对倾向性问题，及时发现，及时解决。

第二节 引导机制

第二十五条 坚持出版通气会制度。由中宣部和新闻出版署主持的出版通气会，定期召开，由有关部委、省委宣传部、省（自治区、直辖市）新闻出版局负责同志参加，主要贯彻中央和国务院的新精神，通报出版工作的新情况、新问题，及时对全国的出版工作提出指导意见。

第二十六条 坚持出版法规强化培训制度。针对出版工作中发生的值得注意的新问题，中宣部、新闻出版署召集有关出版社及其党政主管部门的负责人，举办强化培训班，学习出版法规，分析研究问题，制定整改措施。

第二十七条 坚持舆论引导制度。出版行政部门应充分发挥各种新闻传播媒体的宣传引导作用，围绕提高图书质量，通报政策、沟通信息、交流经验、评荐好书、批评坏书。

第二十八条 坚持制定和实施中长期出版规划制度，加强对制定年度选题计划的指导。制订规划的目的是抓导向、抓质量，促进图书出版整体质量的提高，推动出版事业长期、稳定地发展。新闻出版署主要做好国家五年重点图书出版规划、重要门类的选题出版规划以及国家重点出版工程的制定工作。各省、自治区、直辖市新闻出版局和出版社的主管部门也要根据地区、部门的特点和需要，制订好地方和部门出版规划。规划务求精当、突出重点、体现导向。搞好年度选题计划对于提高图书质量十分关键。新闻出版署一般于本年度末对下一年度制定选题计划的指导思想和重点内容提出原则意见。各省、自治区、直辖市新闻出版局和出版社主管部门可结合本地区、本部门实际提出具体实施意见。

第二十九条 坚持出版基金保障制度。在社会主义市场经济条件下，各省、自治区、直辖市新闻出版局和出版社的主管部门以及各出版社要创造条件，面向社会，多渠道筹集资金，建立多层次、多形式的出版基金，发挥经济政策的引导和调控作用，扶持优秀图书的出版。同时要制定科学、可行的基金管理和使用办法。

第三节　约束机制

第三十条　坚持出版社年检登记制度。出版社年检实行“一年一自检，两年一统检”，即每年出版社结合总结工作，自我检查；每两年由新闻出版署组织全国出版社统一检查。统一年检是在学习和总结的基础上，先由出版社进行自查，提出改进工作的措施，写出总结报告，经主管部门审核并提出意见后，报新闻出版署核验批准。经新闻出版署批准合格者，可以办理换证登记手续。不合格者，给予暂缓登记处分，停止其出版业务。暂缓登记期自发文之日起六个月。六个月内，经整改仍达不到年检登记基本条件者，取消其出版社登记资格及出版者前缀号。

第三十一条　坚持书号使用总量宏观调控制度。合理控制书号使用总量，有利于优化选题、调整结构、提高质量，保证重点图书、学术著作的出版，也有利于出版资源的合理配置。各省、自治区、直辖市新闻出版局、出版社主管部门和出版社必须严格执行新闻出版署制定的有关对书号使用总量进行宏观调控的规定。

第三十二条　坚持图书跨省印制审批制度。凡跨省印制的图书，由出版社持印制《委托书》到所在地省、自治区、直辖市新闻出版局办理出省印制手续，再到承印厂所在省（自治区、直辖市）新闻出版局办理进省印制手续。《委托书》必须由两省（自治区、直辖市）新闻出版局分别审核批准，否则承印厂不得承接。

第三十三条　坚持图书售前送审制度。加强对批发、零售样书的售前审核，是有效控制图书负面影响的重要手段之一。图书市场管理部门要严格按照有关规定加强对批发、零售样书的售前审核，不论是批发市场还是零售市场（摊点），凡进场（摊点）销售的图书必须报经当地图书市场管理部门审核，未经报审批准，不得批发、零售；擅自批发、进货销售者，应根据有关规定，给予行政处罚。同时，图书市场管理部门要严格依法办事，提高工作效率。

第四节　监督机制

第三十四条　坚持随机抽样审读制度。各级出版行政部门要有重点、有目的、有针对性地组织有经验、有水平的审读人员，对所辖地区出版社出版的和市场上销售的图书内容进行随机抽样审读，对优秀图书要向读者大力推荐；对有问题的图书要及时处理并向上报告；对倾向性问题要及时向上汇报，向下打招呼。

第三十五条　坚持图书出版定期综合分析制度。各省、自治区、直辖市新闻出版局要对本地区各出版社出版的图书进行跟踪了解，每半年对已出版的图书做一次综合性分析（包括重点书审读情况，出书结构、特点、趋势、问题等），写出书面报告，报新闻出版署。

第三十六条　坚持图书编校、印装质量检查制度。编校、印装质量是图书整体质量的重要组成部分，对图书的社会效益和经济效益产生重要影响。坚持经常性地对图书编校、印装质量进行检查，有利于提高图书的整体质量。各出版社和主管部门要根据国家制定的图书质量管理规定，每年至少分别进行两次图书编校、印装质量检查。新闻出版署也将每年不定期对部分图书进行抽样检查。对不合格的图书或不合格图书的比例超过规定标准的出版社，按有关规定进行处罚。

第三十七条　坚持图书市场的动态监测制度。巩固和完善图书市场动态监测网络，有利于图书市场朝着健康、有序的方向发展，各地图书市场管理部门要密切配合，做到信息准确，反应灵敏，措施有力。

第五节　奖惩机制

第三十八条　坚持优秀图书奖励制度。奖励优秀图书，有利于调动广大出版工作者的积极性，有利于向广大读者推荐优秀图书，从而促进图书质量的提高。各级出版行政部门和出版社，应严格执行中央和国务院有关图书评奖的规定，并认真做好优秀图书评奖工作。特别是中央宣传部精神文明建设“五个一工程”的“一本好书奖”和新闻出版署主办的国家级政府奖“国家图书奖”及中国出版工作者协会组织的“中国图书奖”的评选工作。同时，各省、自治区、直辖市新闻出版局和有关部门也可根据有关规定开展地区和部门内的优秀图书评奖活动，并使之制度化。

第三十九条　坚持优秀编辑出版人员表彰制度。编辑队伍是提高图书质量的主力军。新闻出版署、人事部每五年评选一次“出版系统先进集体、先进工作者（劳动模范）”；中国出版工作者协会每两年评选一次“百佳出版工作者”，每五年评选一次“韬奋奖”。各级出版行政部门要分层次、分门类定期做好编辑出版人员的表彰工作，充分调动编辑出版人员的积极性，鼓励他们不断提高自身的思想和业务水平。

第四十条　坚持优秀和良好出版社表彰制度。在全国出版社年检的基础上，评选出优秀出版社和良好出版社，予以表彰，对鼓励出版社坚持正确出版方向，提高图书质量，办出特色具有重要意义。每次全国统一年检结束后，评选出良好出版社，然后在良好出版社中，评选出优秀出版社。对受到表彰后出现问题的出版社，一经查实，立即取消其荣誉称号。

第四十一条　坚持对违规出版社和责任人的处罚制度。本着依法管理，有法必依，违法必究的原则，对出版违反国家法律、法规和出版行政管理规定的图书的出版社和责任人要严肃处理。各级出版行政部门要切实负起责任，除对违规图书根据定性作出处理外，对出版社则根据所犯错误的性质，依据有关法规和规定作出行政处罚，处罚包括：批评、警告、没收利润、罚款、停止某一编辑室业务、停止某一类图书出版权、全社停业整顿、吊销社号；对因渎职导致出版坏书、出版社被停业整顿或被吊销社号的，出版社有关责任人必须调离出版业务岗位，有关领导者不得再担任出版社领导职务。对构成犯罪的，要依法追究刑事责任。

第六节　责 任 机 制

第四十二条　坚持分级管理责任制度。各级出版行政部门，肩负着党和政府赋予的重要管理职责，应尽职尽责，做好管理工作。一旦出现问题，涉及哪一级，就追究哪一级部门的领导责任。坚决杜绝那种日常管理不负责任，出了问题推卸责任的现象。

第四十三条　坚持主管、主办单位负责制。主管、主办单位对所属出版社负有直接领导责任，必须切实承担起管理的职责。要指定部门，并配备合格的管理人员，既要指导、监督所属出版社自觉按照党和国家的方针、政策，多出好书，同时也要为出版社出好书提供必要的条件。

第四十四条　坚持出版社业务人员持证上岗制度。出版行政部门应根据国家制定的有关出版从业人员（包括出版社负责人、编辑、校对等）资格认定标准和业绩考核办法，定期、分层次、分类别对出版社的业务人员进行资格认定和业绩考核，考核前先培训，合格者，持证上岗；不合格者，要下岗再培训，经再培训考核仍不合格者，调离业务岗位。

第四章　社会监督机制

第四十五条　坚持出版行业协会监督制度。出版行业协会是出版行政部门的有力补充。中国出版工作者协会、中国编辑学会、中国书刊业发行协会、中国印刷技术协会以及其他专业协会和各地相应的团体，都应根据各自的特点建立和完善行规行约，从保护会员合法权益和履行应尽义务的角度，在图书质量保障方面，做好自我约束和调研、咨询、协调、监督工作，形成网络。

第四十六条　坚持社会团体监督制度。各种群众团体、学术组织集中了社会各方面的人才，代表着社会上广大群众的利益，反映各阶层群众的呼声。出版行政部门、出版社主管部门和出版社要紧紧依靠他们，同他们建立固定的联系渠道，主动征求、随时听取他们对提高图书质量的意见、建议，不断改进工作。

第四十七条　坚持读者投诉反馈制度。广大读者既是对图书质量进行社会监督的主要力量，也是出版行政部门搞好宏观调控的社会基础。出版行政部门要充分重视和发挥读者的监督作用，认真对待读者对图书质量问题的投诉，本着实事求是、真诚负责的态度，对质量不合格的图书，要按有关规定坚决处理。出版社有义务解决读者投诉提出的问题并予以回复，使读者满意。

第四十八条　坚持社会舆论监督制度。出版行政部门和出版社对社会各界人士通过各种媒介对图书质量发表的意见要予以高度重视，充分发挥社会舆论的监督作用，对维护良好的出版秩序，依法进行出版行政管理具有重要意义。特别是在社会主义市场经济条件下，有利于抵制部门和地方保护主义对图书质量保障体系的干扰，防止出版行政部门在行使管理职权时，有法不依、滥用职权，甚至执法犯法。

第五章　附　　则

第四十九条　本体系由新闻出版署制定并负责解释。各省、自治区、直辖市新闻出版局、出版社的主管部门和出版社可根据本体系的有关原则，制定本地区、本部门和本社的具体实施细则，并报新闻出版署备案。

第五十条　本体系自发布之日起生效。

图书出版管理规定

（2008年2月21日中华人民共和国新闻出版总署令第36号公布　根据2015年8月28日国家新闻出版广电总局令第3号《关于修改部分规章和规范性文件的决定》修订）

第一章　总　　则

第一条　为了规范图书出版，加强对图书出版的监督管理，促进图书出版的发展和繁荣，根据国务院《出版管理条例》及相关法律法规，制定本规定。

第二条　在中华人民共和国境内从事图书出版，适用本规定。

本规定所称图书，是指书籍、地图、年画、图片、画册，以及含有文字、图画内容的年历、月历、日历，以及由新闻出版总署认定的其他内容载体形式。

第三条　图书出版必须坚持为人民服务、为社会主义服务的方向，坚持马克思列宁主义、毛泽东思想、邓小平理论和“三个代表”重要思想，坚持科学发展观，坚持正确的舆论导向和出版方向，坚持把社会效益放在首位、社会效益和经济效益相统一的原则，传播和积累有益于提高民族素质、推动经济发展、促进社会和谐与进步的科学技术和文化知识，弘扬民族优秀文化，促进国际文化交流，丰富人民群众的精神文化生活。

第四条　新闻出版总署负责全国图书出版的监督管理工作，建立健全监督管理制度，制定并实施全国图书出版总量、结构、布局的规划。

省、自治区、直辖市新闻出版行政部门负责本行政区域内图书出版的监督管理工作。

第五条　图书出版单位依法从事图书的编辑、出版等活动。

图书出版单位合法的出版活动受法律保护，任何组织和个人不得非法干扰、阻止、破坏。

第六条　新闻出版总署对为发展、繁荣我国图书出版事业作出重要贡献的图书出版单位及个人给予奖励，并评选奖励优秀图书。

第七条　图书出版行业的社会团体按照其章程，在新闻出版行政部门的指导下，实行自律管理。

第二章　图书出版单位的设立

第八条　图书由依法设立的图书出版单位出版。设立图书出版单位须经新闻出版总署批准，取得图书出版许可证。

本规定所称图书出版单位，是指依照国家有关法规设立，经新闻出版总署批准并履行登记注册手续的图书出版法人实体。

第九条　设立图书出版单位，应当具备下列条件：

（一）有图书出版单位的名称、章程；

（二）有符合新闻出版总署认定条件的主办单位、主管单位；

（三）有确定的图书出版业务范围；

（四）有 30 万元以上的注册资本；

（五）有适应图书出版需要的组织机构和符合国家规定资格条件的编辑出版专业人员；

（六）有确定的法定代表人或者主要负责人，该法定代表人或者主要负责人必须是在境内长久居住的具有完全行为能力的中国公民；

（七）有与主办单位在同一省级行政区域的固定工作场所；

（八）法律、行政法规规定的其他条件。

设立图书出版单位，除前款所列条件外，还应当符合国家关于图书出版单位总量、结构、布局的规划。

第十条　中央在京单位设立图书出版单位，由主办单位提出申请，经主管单位审核同意后，由主办单位报新闻出版总署审批。

中国人民解放军和中国人民武装警察部队系统设立图书出版单位，由主办单位提出申请，经中国人民解放军总政治部宣传部新闻出版局审核同意后，报新闻出版总署审批。

其他单位设立图书出版单位，经主管单位审核同意后，由主办单位向所在地省、自治区、直辖市新闻出版行政部门提出申请，省、自治区、直辖市新闻出版行政部门审核同意后，报新闻出版总署审批。

第十一条 申请设立图书出版单位，须提交以下材料：

（一）按要求填写的设立图书出版单位申请表；

（二）主管单位、主办单位的有关资质证明材料；

（三）拟任图书出版单位法定代表人或者主要负责人简历、身份证明文件；

（四）编辑出版人员的出版专业职业资格证书；

（五）注册资本数额、来源及性质证明；

（六）图书出版单位的章程；

（七）工作场所使用证明；

（八）设立图书出版单位的可行性论证报告。

第十二条 新闻出版总署应当自收到设立图书出版单位申请之日起90日内，作出批准或者不批准的决定，并直接或者由省、自治区、直辖市新闻出版行政部门书面通知主办单位；不批准的，应当说明理由。

第十三条 申请设立图书出版单位的主办单位应当自收到新闻出版总署批准文件之日起60日内办理如下注册登记手续：

（一）持批准文件到所在地省、自治区、直辖市新闻出版行政部门领取图书出版单位登记表，经主管单位审核签章后，报所在地省、自治区、直辖市新闻出版行政部门；

（二）图书出版单位登记表一式五份，图书出版单位，主办单位，主管单位及省、自治区、直辖市新闻出版行政部门各存一份，另一份由省、自治区、直辖市新闻出版行政部门在收到之日起15日内，报送新闻出版总署备案；

（三）新闻出版总署对图书出版单位登记表审核后，在 10 日内通过中国标准书号中心分配其出版者号并通知省、自治区、直辖市新闻出版行政部门；

（四）省、自治区、直辖市新闻出版行政部门对图书出版单位登记表审核后，在 10 日内向主办单位发放图书出版许可证；

（五）图书出版单位持图书出版许可证到工商行政管理部门办理登记手续，依法领取营业执照。

第十四条　图书出版单位的主办单位自收到新闻出版总署批准文件之日起 60 日内未办理注册登记手续，批准文件自行失效，登记机关不再受理登记，图书出版单位的主办单位须将有关批准文件缴回新闻出版总署。

图书出版单位自登记之日起满 180 日未从事图书出版的，由原登记的新闻出版行政部门注销登记，收回图书出版许可证，并报新闻出版总署备案。

因不可抗力或者其他正当理由发生前款所列情形的，图书出版单位可以向原登记的新闻出版行政部门申请延期。

第十五条　图书出版单位应当具备法人条件，经核准登记后，取得法人资格，以其全部法人财产独立承担民事责任。

第十六条　图书出版单位变更名称、主办单位或者主管单位、业务范围，合并或者分立，改变资本结构，依照本规定第九条至第十三条的规定办理审批、登记手续。

图书出版单位除前款所列变更事项外的其他事项的变更，应当经其主办单位和主管单位审查同意后，向所在地省、自治区、直辖市新闻出版行政部门申请变更登记，由省、自治区、直辖市新闻出版行政部门报新闻出版总署备案。

第十七条　图书出版单位终止图书出版的，由主办单位提出申请并经主管单位同意后，由主办单位向所在地省、自治区、直辖市新闻出版行政部门办理注销登记，并由省、自治区、直辖市新闻出版行政部门报新闻出版总署备案。

第十八条　组建图书出版集团，参照本规定第十条办理。

第三章 图书的出版

第十九条 任何图书不得含有《出版管理条例》和其他有关法律、法规以及国家规定禁止的内容。

第二十条 图书出版实行编辑责任制度，保障图书内容符合国家法律规定。

第二十一条 出版辞书、地图、中小学教科书等类别的图书，实行资格准入制度，出版单位须按照新闻出版总署批准的业务范围出版。具体办法由新闻出版总署另行规定。

第二十二条 图书出版实行重大选题备案制度。涉及国家安全、社会安定等方面的重大选题，涉及重大革命题材和重大历史题材的选题，应当按照新闻出版总署有关选题备案管理的规定办理备案手续。未经备案的重大选题，不得出版。

第二十三条 图书出版实行年度出版计划备案制度。图书出版单位的年度出版计划，须经省、自治区、直辖市新闻出版行政部门审核后报新闻出版总署备案。

第二十四条 图书出版单位实行选题论证制度、图书稿件三审责任制度、责任编辑制度、责任校对制度、图书重版前审读制度、稿件及图书资料归档制度等管理制度，保障图书出版质量。

第二十五条 图书使用语言文字须符合国家语言文字法律规定。

图书出版质量须符合国家标准、行业标准和新闻出版总署关于图书出版质量的管理规定。

第二十六条 图书使用中国标准书号或者全国统一书号、图书条码以及图书在版编目数据须符合有关标准和规定。

第二十七条 图书出版单位不得向任何单位或者个人出售或者以其他形式转让本单位的名称、中国标准书号或者全国统一书号。

第二十八条 图书出版单位不得以一个中国标准书号或者全国统一书号出版多种图书，不得以中国标准书号或者全国统一书号出版期刊。中国标准书号使用管理办法由新闻出版总署另行规定。

第二十九条　图书出版单位租型出版图书、合作出版图书、出版自费图书须按照新闻出版总署的有关规定执行。

第三十条　图书出版单位与境外出版机构在境内开展合作出版，在合作出版的图书上双方共同署名，须经新闻出版总署批准。

第三十一条　图书出版单位须按照国家有关规定在其出版的图书上载明图书版本记录事项。

第三十二条　图书出版单位应当委托依法设立的出版物印刷单位印刷图书，并按照国家规定使用印刷委托书。

第三十三条　图书出版单位须遵守国家统计规定，依法向新闻出版行政部门报送统计资料。

第三十四条　图书出版单位在图书出版30日内，应当按照国家有关规定向国家图书馆、中国版本图书馆、新闻出版总署免费送交样书。

第四章　监督管理

第三十五条　图书出版的监督管理实行属地原则。

省、自治区、直辖市新闻出版行政部门依法对本行政区域内的图书出版进行监督管理，负责本行政区域内图书出版单位的审核登记、年度核验及其出版图书的审读、质量评估等管理工作。

第三十六条　图书出版管理实行审读制度、质量保障管理制度、出版单位分级管理制度、出版单位年度核验制度和出版从业人员职业资格管理制度。

第三十七条　新闻出版总署负责全国图书审读工作。省、自治区、直辖市新闻出版行政部门负责对本行政区域内出版的图书进行审读，并定期向新闻出版总署提交审读报告。

第三十八条　新闻出版行政部门可以根据新闻出版总署《图书质量管理规定》等规定，对图书质量进行检查，并予以奖惩。

第三十九条 新闻出版总署制定图书出版单位等级评估办法，对图书出版单位进行评估，并实行分级管理。

第四十条 图书出版单位实行年度核验制度，年度核验每两年进行一次。

年度核验按照以下程序进行：

（一）图书出版单位提出年度自查报告，填写由新闻出版总署统一印制的图书出版年度核验表，经图书出版单位的主办单位、主管单位审核盖章后，在规定时间内报所在地省、自治区、直辖市新闻出版行政部门；

（二）省、自治区、直辖市新闻出版行政部门在收到图书出版单位自查报告、图书出版年度核验表等年度核验材料 30 日内予以审核查验、出具审核意见，报送新闻出版总署；

（三）新闻出版总署在收到省、自治区、直辖市新闻出版行政部门报送的图书出版单位年度核验材料和审核意见 60 日内作出是否予以通过年度核验的批复；

（四）图书出版单位持新闻出版总署予以通过年度核验的批复文件、图书出版许可证副本等相关材料，到所在地省、自治区、直辖市新闻出版行政部门办理登记手续。

第四十一条 图书出版单位有下列情形之一的，暂缓年度核验：

（一）正在限期停业整顿的；

（二）经审核发现有违法情况应予处罚的；

（三）主管单位、主办单位未认真履行管理责任，导致图书出版管理混乱的；

（四）所报年度核验自查报告内容严重失实的；

（五）存在其他违法嫌疑需要进一步核查的。

暂缓年度核验的期限为 6 个月。在暂缓年度核验期间，图书出版单位除教科书、在印图书可继续出版外，其他图书出版一律停止。缓验期满，按照本规定重新办理年度核验手续。

第四十二条 图书出版单位有下列情形之一的，不予通过年度核验：

（一）出版导向严重违反管理规定并未及时纠正的；

（二）违法行为被查处后拒不改正或者在整改期满后没有明显效果的；

（三）图书出版质量长期达不到规定标准的；

（四）经营恶化已经资不抵债的；

（五）已经不具备本规定第九条规定条件的；

（六）暂缓登记期满，仍未符合年度核验基本条件的；

（七）不按规定参加年度核验，经催告仍未参加的；

（八）存在其他严重违法行为的。

对不予通过年度核验的图书出版单位，由新闻出版总署撤销图书出版许可证，所在地省、自治区、直辖市新闻出版行政部门注销登记。

第四十三条　年度核验结果，新闻出版总署和省、自治区、直辖市新闻出版行政部门可以向社会公布。

第四十四条　图书出版从业人员，应具备国家规定的出版职业资格条件。

第四十五条　图书出版单位的社长、总编辑须符合国家规定的任职资格和条件。

图书出版单位的社长、总编辑须参加新闻出版行政部门组织的岗位培训，取得岗位培训合格证书后才能上岗。

第五章　法律责任

第四十六条　图书出版单位违反本规定的，新闻出版总署或者省、自治区、直辖市新闻出版行政部门可以采取下列行政措施：

（一）下达警示通知书；

（二）通报批评；

（三）责令公开检讨；

（四）责令改正；

（五）核减中国标准书号数量；

（六）责令停止印制、发行图书；

（七）责令收回图书；

（八）责成主办单位、主管单位监督图书出版单位整改。

警示通知书由新闻出版总署制定统一格式，由新闻出版总署或者省、自治区、直辖市新闻出版行政部门下达给违法的图书出版单位，并抄送违法图书出版单位的主办单位及其主管单位。

本条所列行政措施可以并用。

第四十七条 未经批准，擅自设立图书出版单位，或者擅自从事图书出版业务，假冒、伪造图书出版单位名称出版图书的，依照《出版管理条例》第五十五条处罚。

第四十八条 图书出版单位出版含有《出版管理条例》和其他有关法律、法规以及国家规定禁止内容图书的，由新闻出版总署或者省、自治区、直辖市新闻出版行政部门依照《出版管理条例》第五十六条处罚。

第四十九条 图书出版单位违反本规定第二十七条的，由新闻出版总署或者省、自治区、直辖市新闻出版行政部门依照《出版管理条例》第六十条处罚。

第五十条 图书出版单位有下列行为之一的，由新闻出版总署或者省、自治区、直辖市新闻出版行政部门依照《出版管理条例》第六十一条处罚：

（一）变更名称、主办单位或者主管单位、业务范围，合并或分立，改变资本结构，未依法办理审批手续的；

（二）未按规定将其年度出版计划备案的；

（三）未按规定履行重大选题备案的；

（四）未按规定送交样书的。

第五十一条 图书出版单位有下列行为之一的，由新闻出版总署或者省、自治区、直辖市新闻出版行政部门给予警告，并处3万元以下罚款：

（一）未按规定使用中国标准书号或者全国统一书号、图书条码、图书在版编目数据的；

（二）图书出版单位违反本规定第二十八条的；

（三）图书出版单位擅自在境内与境外出版机构开展合作出版，在合作出版的图书上双方共同署名的；

（四）未按规定载明图书版本记录事项的；

（五）图书出版单位委托非依法设立的出版物印刷单位印刷图书的，或者未按照国家规定使用印刷委托书的。

第五十二条　图书出版单位租型出版图书、合作出版图书、出版自费图书，违反新闻出版总署有关规定的，由新闻出版总署或者省、自治区、直辖市新闻出版行政部门给予警告，并处 3 万元以下罚款。

第五十三条　图书出版单位出版质量不合格的图书，依据新闻出版总署《图书质量管理规定》处罚。

第五十四条　图书出版单位未依法向新闻出版行政部门报送统计资料的，依据新闻出版总署、国家统计局联合颁布的《新闻出版统计管理办法》处罚。

第五十五条　对图书出版单位作出行政处罚，新闻出版行政部门应告知其主办单位和主管单位，可以通过媒体向社会公布。

对图书出版单位作出行政处罚，新闻出版行政部门可以建议其主办单位或者主管单位对直接责任人和主要负责人予以行政处分或者调离岗位。

第六章　附　　则

第五十六条　本规定自 2008 年 5 月 1 日起施行。

自本规定施行起，此前新闻出版行政部门对图书出版的其他规定，凡与本规定不一致的，以本规定为准。

关于重申对出版反映党和国家主要领导人工作和生活情况图书加强管理的紧急通知

（新闻出版署 1997年1月24日 新出图〔1997〕15号）

出版反映党和国家主要领导人工作和生活情况的图书，是一项政治性很强的工作，必须十分慎重、严肃对待，必须严格执行中央和国家主管部门的有关规定。最近，个别出版社违反规定，未经专题报批，出版这类图书，在社会上造成不良影响。为严肃出版纪律，我署将于近期对已出版的反映党和国家主要领导人工作和生活情况的图书进行一次全面检查，凡违反规定的，严肃处理。现根据《关于对描写党和国家主要领导人的出版物加强管理的规定》（中宣发文〔1990〕5号、〔90〕新出图字第551号）、《关于发表和出版有关党和国家主要领导人工作和生活情况作品的补充规定》（中宣发文〔1993〕5号）、《关于出版反映党和国家主要领导人工作和生活情况的摄影画册的规定》（新出图〔1995〕215号）等有关规定，经中央宣传部同意，重申如下：

一、反映现任或曾任党中央政治局常委，国家主席、副主席，国务院总理，中央军委主席，全国人大常务委员会委员长，全国政协主席工作和生活情况的图书必须专题报批。上述领导人的身边工作人员、战友和子女、亲属撰写的作品中有涉及党和国家主要领导人工作和生活情况的内容的，也必须专题报批。

二、反映党和国家主要领导人工作和生活情况的图书包括：专著、传记、回忆录、纪实文学、报告文学、摄影画册、图片以及有关作品的汇编集等。

三、反映党和国家主要领导人工作和生活情况的图书，只能由国家指定的出版社按专业分工范围出版，其他出版社一律不得安排出版。

四、出版反映党和国家主要领导人工作和生活情况的图书，必须严格执行专题申报、审批制度。中央和国家有关部委所属出版社，须将选题和稿件报主管部门审核并提出意见后，报送新闻出版署审批；地方出版社，须将选题和稿件报省、自治区、直辖市新闻出版局审核并提出意见，经省、自治区、直辖市党委宣传部同意后，报新闻出版署审批。新闻出版署在审批过程中，必要时可视不同情况，分别送中央宣传部、中央文献研究室、中央党史研究室和军事科学院等部门协助审核。凡出版反映健在的党和国家主要领导人工作和生活情况的图书，必须征得本人同意才能出版。

五、严禁用党和国家主要领导人的形象和声誉作广告或变相作广告。

六、凡宣传地方、行业、部门及企事业单位发展业绩的图书，内容涉及党和国家主要领导人的，不论是否正式出版、公开发行，均应按照有关规定申报、审批。

七、严禁采用买卖书号，或变相买卖书号、协作出版等方式出版反映党和国家主要领导人工作和生活情况的图书。严禁借出版反映党和国家主要领导人工作和生活情况的图书，向有关单位收取任何费用。

八、违反规定未经报批出版这类图书的，除对图书作出处理外，还将追究有关出版社负责人的责任。

九、出版社不出示新闻出版署的批准件，印刷单位不得承印这类图书，违者，从严处罚，并追究印刷单位负责人的责任。

十、出版社不出示新闻出版署的批准件，任何单位不得征订并批销这类图书，违者，从严处罚，并追究有关征订和批销单位负责人的责任。

十一、各省、自治区、直辖市新闻出版局接到本通知后应立即组织人员对所属出版社和本地图书市场出版和销售的这类图书进行一次全面检查，凡违反规定未经报批出版的，一律停售、封存；全国各出版社接到本通知后，应按照有关规定，立即进行一次自查，对违反规定未经报批出版的这类图书，主动停售、封存，并写出检查报告，经主管部门审核提出意见后，于1997年2月底前报新闻出版署作出处理。逾期不报者，从重处罚。

本通知由各省、自治区、直辖市新闻出版局转发所辖地区各有关单位和出版社。

关于认定淫秽及色情出版物的暂行规定

（新闻出版署 1988年12月27日 〔1988〕新出办字第1512号）

第一条 为了实施国务院《关于严禁淫秽物品的规定》和《关于重申严禁淫秽出版物的规定》，明确淫秽及色情出版物的认定标准，特制定本暂行规定。

第二条 淫秽出版物是指在整体上宣扬淫秽行为，具有下列内容之一，挑动人们的性欲，足以导致普通人腐化堕落，而又没有艺术价值或者科学价值的出版物：

（一）淫亵性地具体描写性行为、性交及其心理感受；

（二）公然宣扬色情淫荡形象；

（三）淫亵性地描述或者传授性技巧；

（四）具体描写乱伦、强奸或者其他性犯罪的手段、过程或者细节，足以诱发犯罪的；

（五）具体描写少年儿童的性行为；

（六）淫亵性地具体描写同性恋的性行为或者其他性变态行为，或者具体描写与性变态有关的暴力、虐待、侮辱行为；

（七）其他令普通人不能容忍的对性行为淫亵性描写。

第三条 色情出版物是指在整体上不是淫秽的，但其中一部分有第二条（一）至（七）项规定的内容，对普通人特别是未成年人的身心健康有毒害，而缺乏艺术价值或者科学价值的出版物。

第四条 夹杂淫秽、色情内容而具有艺术价值的文艺作品；表现人体美的美术作品；有关人体的解剖生理知识、生育知识、疾病防治和其他有关性知识、性道德、性社会学等自然科学和社会科学作品，不属于淫秽出版物、色情出版物的范围。

第五条　淫秽出版物、色情出版物由新闻出版署负责鉴定或者认定。新闻出版署组织有关部门的专家组成淫秽及色情出版物鉴定委员会，承担淫秽出版物、色情出版物的鉴定工作。

各省、自治区、直辖市新闻出版局组织有关部门的专家组成淫秽及色情出版物鉴定委员会，对本行政区域内发现的淫秽出版物、色情出版物提出鉴定或者认定意见报新闻出版署。

第六条　本规定所称的出版物包括书籍、报纸、杂志、图片、画册、挂历、音像制品和印刷宣传品。

本规定所称的普通人是指生理和精神正常的成年人。

第七条　本规定由新闻出版署负责解释。

第八条　本规定自公布之日起施行。

关于部分应取缔出版物认定标准的暂行规定

（新闻出版署　1989年11月3日　〔1989〕新出政字第1064号）

中共中央办公厅、国务院办公厅于1989年9月16日发布的《关于整顿、清理书报刊和音像市场严厉打击犯罪活动的通知》明确规定："凡属于下列范围的书报刊和音像制品一律取缔：宣扬资产阶级自由化或其他内容反动的；有严重政治错误的；淫秽色情的；夹杂淫秽色情内容、低级庸俗、有害于青少年身心健康的；宣传封建迷信、凶杀暴力的；封面、插图、广告及其他宣传品存在上述问题的；非法出版的书报刊和音像制品。"据此，为使整顿、清理书报刊和音像市场工作顺利进行，现对部分应取缔的出版物的认定标准作如下具体规定：

一、"夹杂淫秽色情内容、低级庸俗、有害于青少年身心健康的"出版物（简称"夹杂淫秽内容的出版物"），是指尚不能定性为淫秽、色情出版物，但具有下列内容之一，低级庸俗，妨害社会公德，缺乏艺术价值或者科学价值，公开展示或阅读会对普通人特别是青少年身心健康产生危害，甚至诱发青少年犯罪的出版物：

1. 描写性行为、性心理，着力表现生殖器官，会使青少年产生不健康意识的；

2. 宣传性开放、性自由观念的；

3. 具体描写腐化堕落行为，足以导致青少年仿效的；

4. 具体描写诱奸、通奸、淫乱、卖淫的细节的；

5. 具体描写与性行为有关的疾病，如梅毒、淋病、艾滋病等，令普通人厌恶的；

6. 其他刊载的猥亵情节，令普通人厌恶或难以容忍的。

二、"宣扬封建迷信"的出版物，是指除符合国家规定出版的宗教出版物外，其他违反科学、违反理性，宣扬愚昧迷信的出版物：

1. 以看相、算命、看风水、占卜为主要内容的；

2. 宣扬求神问卜、驱鬼治病、算命相面以及其他传播迷信谣言、荒诞信息，足以蛊惑人心，扰乱公共秩序的。

三、宣扬“凶杀暴力”的出版物，是指以有害方式描述凶杀等犯罪活动或暴力行为，足以诱发犯罪，破坏社会治安的出版物：

1. 描写罪犯形象，足以引起青少年对罪犯同情或赞赏的；

2. 描述罪犯践踏法律的行为，唆使人们蔑视法律尊严的；

3. 描述犯罪方法或细节，会诱发或鼓动人们模仿犯罪行为的；

4. 描述离奇荒诞、有悖人性的残酷行为或暴力行为，令普通人感到恐怖、会对青少年造成心理伤害的；

5. 正面肯定抢劫、偷窃、诈骗等具有犯罪性质的行为的。

图书、期刊、音像制品、电子出版物重大选题备案办法

（新闻出版署　1997 年 10 月 10 日　新出图〔1997〕860 号）

第一条　根据《出版管理条例》第十九条的规定，为了实施图书、音像制品、电子出版物重大选题备案制度，制定本办法。

第二条　凡列入备案范围内的重大选题，图书、音像制品、电子出版物出版单位在出版之前，必须依照本办法报新闻出版署备案。未经备案的，不得出版发行。

第三条　本办法所称重大选题，是指涉及国家安全、社会安定等方面的内容，对国家的政治、经济、文化、军事等会产生较大影响的选题，具体包括：

（一）有关党和国家的重要文件、文献选题；

（二）有关党和国家曾任和现任主要领导人的著作、文章以及有关其生活和工作情况的选题；

（三）涉及党和国家秘密的选题；

（四）集中介绍政府机构设置和党政领导干部情况的选题；

（五）涉及民族问题和宗教问题的选题；

（六）涉及我国国防建设及我军各个历史时期的战役、战斗、工作、生活和重要人物的选题；

（七）涉及“文化大革命”的选题；

（八）涉及中共党史上的重大历史事件和重要历史人物的选题；

（九）涉及国民党上层人物和其他上层统战对象的选题；

（十）涉及苏联、东欧以及其他兄弟党和国家重大事件和主要领导人的选题；

（十一）涉及中国国界的各类地图选题；

（十二）涉及香港特别行政区和澳门、台湾地区图书的选题；

（十三）大型古籍白话今译的选题（指500万字以及500万字以上的项目）；

（十四）引进版动画读物的选题；

（十五）以单位名称、通讯地址等为内容的各类“名录”的选题。

前款所列重大选题的范围,新闻出版署将根据情况适时予以调整并另行公布。

第四条 出版单位向新闻出版署申报重大选题备案时，应当填写备案登记表并提交下列材料：

（一）备案申请报告；

（二）选题、书稿、文章、图片或者样片、样带；

（三）出版单位的上级主管部门或所在地党委宣传部门的审核意见。

前款备案材料不齐备时，不予受理。

本条所称出版单位的上级主管部门，是指：（一）中央各部门的出版社，其主管部门是中共中央和国务院各部委、各民主党派和人民团体；（二）解放军系统的出版单位，其主管部门是解放军总政治部宣传部；（三）属地方的出版单位，其主管部门是所在地省级新闻出版局或音像出版行政管理部门。

第五条 新闻出版署自决定受理备案之日起30日内，对备案申请予以答复或者提出意见，逾期未予答复或者提出意见的，备案即自动生效。

第六条 新闻出版署对备案的重大选题进行审核，必要时可以转请有关部门协助审核。

第七条 出版单位违反本办法，未经备案出版属于重大选题范围内的出版物的，由省级新闻出版局或新闻出版署责成其上级主管部门对出版单位的主要负责人员给予行政处分；停止出版、发行该出版物，并责令该出版单位按照本办法的规定办理申报备案手续；违反《出版管理条例》的，依照有关规定处罚。

第八条 根据《出版管理条例》的精神和期刊出版中存在的问题，本办法适用于期刊中涉及的重大选题。

第九条 本办法自发布之日起施行。

使用文字作品支付报酬办法

（2014 年 9 月 23 日中华人民共和国国家版权局　中华人民共和国国家发展和改革委员会令第 11 号公布）

第一条　为保护文字作品著作权人的著作权，规范使用文字作品的行为，促进文字作品的创作与传播，根据《中华人民共和国著作权法》及相关行政法规，制定本办法。

第二条　除法律、行政法规另有规定外，使用文字作品支付报酬由当事人约定；当事人没有约定或者约定不明的，适用本办法。

第三条　以纸介质出版方式使用文字作品支付报酬可以选择版税、基本稿酬加印数稿酬或者一次性付酬等方式。

版税，是指使用者以图书定价 × 实际销售数或者印数 × 版税率的方式向著作权人支付的报酬。

基本稿酬，是指使用者按作品的字数，以千字为单位向著作权人支付的报酬。

印数稿酬，是指使用者根据图书的印数，以千册为单位按基本稿酬的一定比例向著作权人支付的报酬。

一次性付酬，是指使用者根据作品的质量、篇幅、作者的知名度、影响力以及使用方式、使用范围和授权期限等因素，一次性向著作权人支付的报酬。

第四条　版税率标准和计算方法：

（一）原创作品：3%~10%

（二）演绎作品：1%~7%

采用版税方式支付报酬的，著作权人可以与使用者在合同中约定，在交付作品时或者签订合同时由使用者向著作权人预付首次实际印数或者最低保底发行数的版税。

首次出版发行数不足千册的，按千册支付版税，但在下次结算版税时对已经支付版税部分不再重复支付。

第五条　基本稿酬标准和计算方法：

（一）原创作品：每千字 80~300 元，注释部分参照该标准执行。

（二）演绎作品：

1. 改编：每千字 20~100 元。

2. 汇编：每千字 10~20 元。

3. 翻译：每千字 50~200 元。

支付基本稿酬以千字为单位，不足千字部分按千字计算。

支付报酬的字数按实有正文计算，即以排印的版面每行字数乘全部实有的行数计算。占行题目或者末尾排不足一行的，按一行计算。

诗词每十行按一千字计算，作品不足十行的按十行计算。

辞书类作品按双栏排版的版面折合的字数计算。

第六条　印数稿酬标准和计算方法：

每印一千册，按基本稿酬的 1% 支付。不足一千册的，按一千册计算。

作品重印时只支付印数稿酬，不再支付基本稿酬。

采用基本稿酬加印数稿酬的付酬方式的，著作权人可以与使用者在合同中约定，在交付作品时由使用者支付基本稿酬的 30%~50%。除非合同另有约定，作品一经使用，使用者应当在 6 个月内付清全部报酬。作品重印的，应在重印后 6 个月内付清印数稿酬。

第七条　一次性付酬的，可以参照本办法第五条规定的基本稿酬标准及其计算方法。

第八条　使用演绎作品，除合同另有约定或者原作品已进入公有领域外，使用者还应当取得原作品著作权人的许可并支付报酬。

第九条 使用者未与著作权人签订书面合同，或者签订了书面合同但未约定付酬方式和标准，与著作权人发生争议的，应当按本办法第四条、第五条规定的付酬标准的上限分别计算报酬，以较高者向著作权人支付，并不得以出版物抵作报酬。

第十条 著作权人许可使用者通过转授权方式在境外出版作品，但对支付报酬没有约定或约定不明的，使用者应当将所得报酬扣除合理成本后的70%支付给著作权人。

第十一条 报刊刊载作品只适用一次性付酬方式。

第十二条 报刊刊载未发表的作品，除合同另有约定外，应当自刊载后1个月内按每千字不低于100元的标准向著作权人支付报酬。

报刊刊载未发表的作品，不足五百字的按千字作半计算；超过五百字不足千字的按千字计算。

第十三条 报刊依照《中华人民共和国著作权法》的相关规定转载、摘编其他报刊已发表的作品，应当自报刊出版之日起2个月内，按每千字100元的付酬标准向著作权人支付报酬，不足五百字的按千字作半计算，超过五百字不足千字的按千字计算。

报刊出版者未按前款规定向著作权人支付报酬的，应当将报酬连同邮资以及转载、摘编作品的有关情况送交中国文字著作权协会代为收转。中国文字著作权协会收到相关报酬后，应当按相关规定及时向著作权人转付，并编制报酬收转记录。

报刊出版者按前款规定将相关报酬转交给中国文字著作权协会后，对著作权人不再承担支付报酬的义务。

第十四条 以纸介质出版方式之外的其他方式使用文字作品，除合同另有约定外，使用者应当参照本办法规定的付酬标准和付酬方式付酬。

在数字或者网络环境下使用文字作品，除合同另有约定外，使用者可以参照本办法规定的付酬标准和付酬方式付酬。

第十五条 教科书法定许可使用文字作品适用《教科书法定许可使用作品

支付报酬办法》。

第十六条　本办法由国家版权局会同国家发展和改革委员会负责解释。

第十七条　本办法自 2014 年 11 月 1 日起施行。国家版权局 1999 年 4 月 5 日发布的《出版文字作品报酬规定》同时废止。

后　记

编写《图书出版必备》一书，是我们多年来在责编和审读各类书稿过程中，产生的一种越来越迫切的强烈愿望。俗话说，历经寒冬，备感太阳的温暖，如履薄冰，方晓脚踏实地之重要。过去，人们常说，无错不成书，不亲身经历编审图书的实践，还以为这是读者的嘲讽戏言。

实践是最好的老师，实践是最公正的“裁判”。翻开近几年编审图书的手记，查阅电脑文稿的原始记录，我们十分震惊地发现，在所有作者提供的原始书稿中，无论是名闻遐迩的著名作家，还是初露头角的网络写手，文稿中都有这样或那样程度不同的差错：有的是错别字，有的是语法不通的病句，有的是引用古典诗词和历史事件等方面的错讹，我们把这些“病之不重”的差错称为“苍蝇”“蚊子”，在编审中逐一仔细地加以修改校正。然而，时常让我们感到忧心和后怕的是，在一些书稿的字里行间，有的隐藏着“地雷”，有的埋藏着“导火线”，更有的赤裸裸地攻击现实，而且这些“踩红线”“触地雷”的严重政治性差错，不是凤毛麟角，而是林林总总，所在多有。我们把这些“病入膏肓”的政治性差错称为“癌症”和“老虎”，要毫不留情地“动手术”“开杀戒”。否则，这样的书稿不经过精心地删节修改，一旦出版发行，后果不堪设想，不只是出版单位“赔了夫人又折兵”，更重要的是会给党和人民带来严重损害。

正是每天司空见惯地面对着诸多形形色色、轻重不一的各类书稿差错，作为出版人和编辑者对“酿造”精神食粮的责任感、使命感油然而生。于是，我们在酷热的盛夏，从堆积如山的千余种各类图书原始书稿中，从业已编发的六十余期图书审读简报中，从我们保留的图书责编和审读原始笔记中，像老中医诊断病人的病情一样，把脉端详，“望闻问切”并梳理归纳，总共筛选出书稿中存在的二十五种较为典型的差错，在本书中有选择、有重点地加以披露，并不时配有言简意赅的点评，旨在向出版人和读者展示出一幅幅色彩各异、“病灶”清晰的书稿“病情现状图”。我们相信这部别开生面的有关图书编审工作专业书籍的出版，将会给全国各级各类出版机构和图书出版从业人员，带来诸多深刻的思考和应有的教益。

出版关全局，出书无小事。《图书出版必备》一书所披露的种种问题和其彰显出的鲜明的政治立场，进一步生动论证了习近平总书记关于党报姓“党”、出版姓“党”的重要性，不得不令我们更加自律和警醒。这里特别需要说明的是，书稿中列举的种种差错，可能会使某些作者“对号入座”，甚至提出这样或那样的意见，这是正常的也是可以理解的。但是，为了总结写作中的经验教训，更为了启迪后人和现在的图书编辑提高自己的素养及辨识能力，我们不得不据实罗列出某些书稿中的差错实例，而且全部隐去作者的姓名，敬请相关的同志予以理解，我们表示真诚的谢意。

在该书即将出版之际，我们要特别感谢北京时代华语国际传媒股份有限公司董事长朱大平多年来对图书质检工作的高度重视与全力支持，同时要感谢中国书籍出版社社长王平及相关编辑同志的精心修改与润色，这是该书得以顺利出版发行的一大原因。但鉴于经验和水平所限，我们在编辑整理该书的过程中，难免会有一些疏漏或言词上的不尽完善之处，敬请专家、学者和广大读者批评指正。

张芬之

2017 年 8 月 16 日